Klaus Polkehn
Krieg um Wasser?

Klaus Polkehn

Krieg um Wasser?

Der Jahrhundertkonflikt im Nahen Osten

MORGENBUCH VERLAG

1. Auflage
© Morgenbuch Verlag Volker Spiess, Berlin 1992
Umschlaggestaltung: W. Eagle, Hamburg
Satz: Volker Spiess, Berlin
Gesamtherstellung: Ebner Ulm
ISBN 3-371-00326-4

Inhalt

Droht ein Krieg um Wasser?
Der Nahe Osten dürstet – Experten schlagen Alarm 7

Ägypten – ein Geschenk des Nil
Das längste Flußsystem der Erde –
Eine Wiege der Zivilisation 19

An den Ufern von Euphrat und Tigris
Deutsche und Engländer, Türken und Kurden,
Iraner, Iraker und Amerikaner –
alle haben in diesem Jahrhundert
hier schon geschossen 89

Man hört so gut wie niemals vom Orontes
Ist das die Folge »innerer Symmetrie«? 145

Der Litani
Als einziger Fluß der Region fließt er nur
in einem Land – Von Nachbarn begehrlich betrachtet 149

Der Streit um das Wasser des Jordan
Wo Jesus getauft wurde und Petrus fischte 157

Pläne für einen Krieg mit Wasser
Man sucht nach Alternativen –
Phantastische Projekte im Angebot 196

Anhang 213

Literaturverzeichnis 220

Droht ein Krieg um Wasser?
Der Nahe Osten dürstet – Experten schlagen Alarm

300 Wissenschaftler aus aller Welt und die Regierungschefs fast aller Staaten trafen sich im Juni 1992 in Rio de Janeiro zu einem Umweltgipfel. Sie diskutierten über das Ozonloch und den Treibhauseffekt, über das Sterben des tropischen Regenwaldes, über Stickstoff- und CO_2-Emissionen. Sie nahmen auch ein weiteres Mal zur Kenntnis, daß die Wüsten unseres Planeten auf dem Vormarsch sind. In jedem Jahr verwandelt sich ein Gebiet von der Größe Sri Lankas in Wüste. In jedem Jahr wird eine Fläche von der Größe Guayanas unproduktiv – in Folge von Trockenheit. Außerdem gehen alljährlich 24 Milliarden Tonnen fruchtbaren Bodens durch Erosion verloren. Die Experten haben errechnet, daß letztlich 1,2 Milliarden Menschen direkt durch das Wachsen der Wüsten betroffen werden könnten.

Die Erdkarte zeigt zwei Wüstengürtel auf unserem Planeten, nördlich und südlich des Äquators. Im Süden sind es die Namib in Afrika, die Atacamawüste in Chile und Peru, das Innere Australiens. Im Norden sind die Staaten im Südwesten der USA und Mexiko betroffen, und sodann der breite Gürtel von der Sahara über die arabische Wüste bis hin nach Zentralasien.

Die in Rio versammelten Wissenschaftler befürchten: »Die Wüste Sahara könnte sich über das Mittelmeer nach Spanien, Sizilien und Griechenland ausdehnen und den Nahen Osten überrennen.«

Morgen, übermorgen sind – vielleicht – auch wir bedroht. Die Länder der Wüstengürtel sind es schon heute.

In Damaskus ist das Wasser so knapp, daß im Sommer ganze Stadtviertel kein Leitungswasser mehr erhalten. In der Umgebung der jordanischen Hauptstadt Amman sank der Grundwasserspiegel in den letzten Jahren jährlich um drei Meter.

Eine wachsende Bevölkerung und eine junge Industrie benötigen immer mohr Wasser. Die großen Flüsse, der Nil, der Euphrat und der Tigris, auch der Jordan und der Litani haben durch die Jahrtausende hindurch immer genug Wasser für die Menschen an ihren Ufern geführt. Doch nun ist der Augenblick gekommen, wo die scheinbar unerschöpflichen Vorräte nicht mehr ausreichen. Ein Dürreperiode kommt hinzu, verschärft das Problem.

Wird man den großen Durst löschen können?

Muß man nicht befürchten, daß sich auch im Nahen Osten das Gesetz des Dschungels durchsetzt? Daß die Stärkeren sich nehmen, was sie brauchen. Daß die Schwächeren mit dem Mut der tödlichen Verzweiflung antreten.

Die Szenarien vom Krieg um Wasser scheinen schon nicht mehr übertrieben. Vieles ist vorstellbar. Von der Attacke gepanzerter Armeen über die Drohung mit Nuklearwaffen, vom Einsatz chemischer Kampfmittel bis zu allen schrecklichen Formen des Terrorismus. Schon hat der Kampf um das Wasser des Nahen Ostens begonnen.

Das Boot des Herrn

Es waren schlimme Tage für die Bauern. Aber gut waren sie für die Archäologen. Seit Anfang 1990 sank der Wasserspiegel des Sees Genezareth beständig. Der kritische Augenblick schien absehbar, wann man die Pumpen würde abstellen müssen. Dann wäre Schluß mit der Bewässerung der Felder und Obstgärten der Kibbuzim in Israel. Der Jordan, der im Süden den See verläßt, war zu einem dünnen Rinnsal zusammengeschrumpft.

Indessen marschierten zwei Archäologen um den See und drehten, wie sie danach bemerkten, fast jeden Stein am Ufer um. Eine breite Uferzone, mindestens hundert Meter und manchmal sogar schon einen Kilometer breit, war dank des gesunkenen Wasserspiegels jetzt zugänglich. Am Ende hatten die Wissenschaftler vierzig neue Fundstellen registriert, einige gaben sensationelle Schlagzeilen her, andere hingegen waren echte Sensationen.

Aus dem Uferschlick wurden die Überreste eines hölzernen Bootes geborgen. Der Radiocarbontest deutete auf ein Alter von etwa 2.000 Jahren. Es gab Journalisten, die den Fund als »Das Boot des Herrn« bezeichneten. War womöglich der Fischer Simon, der sich später Petrus nannte, mit eben diesem Boot auf den See Genezareth hinausgefahren, um auf Geheiß Jesu noch einmal die Netze auszuwerfen? Die ganze Nacht zuvor hatten sich die Fischer vergeblich gemüht, nichts hatten sie gefangen. Jetzt aber machten sie reiche Beute, daß die Netze zu reißen drohten. Der Apostel Lukas teilt mit, Jesus habe zu Simon gesagt: »Habe keine Angst! Von jetzt an wirst du Menschen fischen.« Da, so sagt Lukas, zogen sie die Boote an Land, ließen alles zurück und gingen mit Jesus. Wirklich, die Versuchung war zu groß, in dem Zufallsfund der Archäologen tatsächlich die Überreste exakt dieses Bootes des Fischers Simon, genannt Petrus, zu sehen.

Dabei war eine andere Entdeckung viel aufregender. Am südwestlichen Ufer des Sees stießen die Forscher auf das Lager einer Horde von steinzeitlichen Nomaden. Etwa zwanzig Leute dürften zu der Gruppe gehört haben, die sich alljährlich mindestens sechs Monate lang hier aufgehalten haben mochte. Der Schlamm des Seegrundes hatte ihre Spuren bewahrt, Reste von Hütten aus Lehm, Stroh und Reisig, die fünf Meter im Durchmesser maßen. Eine Kette aus Muscheln deutete darauf hin, daß die Steinzeitnomaden bis ans Mittelmeer gezogen waren. Knochen von Gazellen, Hirschen und anderen Tieren zeugten von Jagdglück. Vorräte von dreißig verschiedenen Sorten Samenkörnern und anderen Nahrungsmitteln konnten die Archäologen nachweisen. Darunter waren die ältesten Exemplare von wildem Weizen und wilder Gerste, die bislang gefunden wurden. Und schließlich kam noch das Skelett eines etwa fünfunddreißigjährigen Mannes zum Vorschein.

Skelett und Körner, auch das Strauchwerk der Hütten, alles verwies nach dem C-14-Test auf ein Alter von 19.000

Jahren. Damit stürzten alte Theorien. Bis dahin nämlich hatte man angenommen, daß erst vor 14.000 Jahren jener riesige Salzsee sich zurückgezogen hatte, der sich bis zum Golf von Akaba ausdehnte, und daß erst zu diesem Zeitpunkt der Weg zur Entstehung eines Süßwassersees, gespeist von den Quellen des Hermon und der Golanhöhen, frei war.

Was 1991 den Prähistorikern Grund zur Freude war, bedeutete für die Bauern der Region Plage und Sorgen. Mohammed Hussein, der 22-jährige Bauer aus dem Norden Syriens, unweit der türkischen Grenze, fuhr am Morgen mit dem Traktor zum Euphrat. Doch vom »Sultan«, dem »Herrn der Flüsse«, war nur noch eine Kette stagnierender Tümpel zu erblicken. »Jeden Tag komme ich, um den Fluß sterben zu sehen. Es bleibt nichts anderes zu tun«, sagte Mohammed Hussein resignierend.

Im Irak erzählte man die Geschichte von dem Bauern, der in der Nacht zum Hauptbewässerungskanal schleicht, der vom Euphrat abzweigt. Hastig gräbt er ein Loch in den Erdwall, der das Wasser zurückhält, gluckernd fließt das Naß auf sein ausgedörrtes Feld. Der Mann weiß um das Risiko seines nächtlichen Tuns. Erwischt man ihn, wird ihn eine schwere Strafe treffen. Wasserdiebstahl ist ein schlimmes Delikt. Aber er hat keine Wahl. Die ganze Ernte droht verloren zu gehen, wenn kein Wasser an die Pflanzen kommt.

Dann aber scheint Rettung in Sicht. Im Januar 1992 bricht ein Winter ohnegleichen über den Nahen Osten herein. Heftigster Regen, höchster Schnee seit 1922, heißt es erst. Nein, seit 1904, wird nach wenigen Tagen korrigiert. Auch im noch gut gewärmten Bagdad greift man zum Pullover. In Amman und Damaskus liegt der Schnee meterhoch. In der Türkei kommen Hunderte unter Lawinen um. In den Bergen Kurdistans und im Libanon sind viele Dörfer tagelang von der Außenwelt abgeschnitten.

Vom See Genezareth kommen Meldungen, die wenigstens die Wissenschaftler zufrieden stellen. An einem einzigen Tage sei der Wasserspiegel um zwei Zentimeter angestiegen, seit dem Tiefstpunkt im Herbst 1991 habe er schon um 1,20 Meter zugelegt, heißt es am 18. Januar. Am 15.

Februar ist zu erfahren, daß an den Stellen, wo das Ufer schon mal um tausend Meter zurückgewichen sei, bereits wieder fünfhundert Meter gutgemacht worden sind. Aber droben in den Bergen Galiläas sind mehr als hunderttausend Jerusalem-Pinien unter der Schneelast zerbrochen, während am Jordan die Flut eine Brücke hinweggerissen hat. Eine Woche später werden am Seeausgang bei Degania die Wehre geöffnet. In nur drei Tagen hat der See Genezareth wieder um zehn Zentimeter zugelegt.

Am Rande der Krise

1990 hat in Washington das Zentrum für strategische und internationale Studien – es steht dem amerikanischen Verteidigungsministerium nahe – ein schlimmes Szenarium entworfen: »Ein bedrohlicher Mangel an Wasser treibt den Nahen Osten an den Rand einer großen Krise.« Vor dem Außenpolitischen Ausschuß des amerikanischen Senats gab Professor John Kolars von der Universität Michigan am 28. Juni 1990 zu Protokoll: Die »arabisch sprechenden Völker stehen am Rande einer Krise, deren Dimensionen alles, was vorher war, einfach erscheinen lassen werden.« Die Krise sei durch Wassermangel bedingt.

Kann der Nahe Osten, kann die Welt nach den Schneefällen des Januar und Februar 1992 aufatmen? Sind die Jordanfluten ein Signal der Entspannung?

Die meteorologische Statistik stimmt skeptisch. Sie belegt nämlich, daß in der Trockenzone der östlichen Hemisphäre, die sich von Marokko bis in die Mongolei erstreckt, und zu der der Nahe Osten gehört, sich durchaus dürre und feuchtere Perioden abwechseln, was überhaupt nichts an der grundlegenden Situation ändert. So lagen die Regenfälle in Tunesien beispielsweise im März 1986 um 150 Prozent über dem Normalen, dafür aber erreichten die Niederschläge in den für die Landwirtschaft ausschlaggebenden Monaten Oktober bis Dezember weitaus weniger als den Durchschnitt. Für Bagdad wird die jährliche Regenmenge mit 151 mm angegeben, aber es gab Jahre mit 72 und andere mit 336 mm. Kairo mit einem Jahresdurchschnitt von 22 mm verzeichnet Extreme von 64 und von 1,5 mm! (Zum Vergleich: In Berlin lagen die Extreme der letzten Jahrzehnte bei 378 mm im Jahr 1982 und bei 720 mm im Jahre 1988).

Mit der Trockenheit lebt die Region seit Jahrtausenden. Das Klima in Nordafrika und Vorderasien bewegt sich abgestuft zwischen dem mediterranen Einfluß und der Wüste. In der Nähe des Mittelmeers kommt man eigentlich ohne künstliche Bewässerung aus, die Niederschläge in den Bergen erlauben eine relativ intensive Bodennutzung. 400 mm Jahresniederschlag gestatten noch eine landwirtschaftliche Nutzung ohne künstliche Bewässerung, vorausgesetzt, man beschränkt sich auf Kulturen, die mit dieser Menge auskommen, Getreide beispielsweise, oder Hülsenfrüchte. In den Trockengebieten ermöglichen die großen Flüsse eine Bewässerungskultur, aber natürlich nur in eng begrenzten Gebieten. Wie im Niltal und im Euphrat-Tal. Das Nebeneinander von Wüste und grünen Auen, das sich dort findet, verzerrt die Statistik und trübt den Blick auf die Realitäten.

Im Nahen Osten leben gegenwärtig 300 Millionen Menschen, das entspricht acht Prozent der Bewohner der Dritten Welt. Der Nahe Osten umfaßt zwischen elf und zwölf Prozent der Landfläche der Erde, aber in ihm wohnen lediglich sieben Prozent der Weltbevölkerung. Die Einwohnerdichte liegt nur bei 26 Personen per Quadratkilometer (bei uns sind es 154). Das klingt zwar ganz gut, führt aber in die Irre. Denn da nur sieben Prozent der Fläche des Nahen Ostens kultivierbar sind, muß man von 318 Menschen pro Quadratkilometer bebaubaren Bodens ausgehen.

Nun weiß man, daß in den Ländern Vorderasiens eine lange Erfahrung im Umgang mit dem kostbaren Wasser existiert. An den Ufern von Euphrat, Tigris und Nil sind die frühesten Zivilisationen der Menschheit entstanden. Die Notwendigkeit, das knappe Wasser vernünftig zu bewirtschaften, erzwang dort schon vor vielen tausend Jahren eine soziale Organisation, die in das Entstehen von Staaten mündete.

Auch unsere kulturellen und geistigen Wurzeln reichen in

diese Region. Sie ist der Ort des Paradieses und der Schauplatz der Sintflut. Am Ararat landet Noahs Arche. Am Euphrat wird der Turm zu Babel errichtet. Abraham kommt aus Ur in Chaldäa, wo der Euphrat ins Meer mündete, und er zieht flußaufwärts nach Palästina und von dort an den Nil. »Die ganze Gegend am Jordan«, weiß die Bibel zu berichten, »war wasserreich, bis der Herr Sodom und Gomorrah verderbte.« Moses wird in einem Körbchen auf dem Nil treibend aufgefunden. Johannes der Täufer wirkt am Jordan. Am See Genezareth vollbringt Jesus seine Wunder.

Natürlich sind Bewässerungssysteme wie Herrschaftssysteme gewaltigen Veränderungen unterworfen gewesen. Kaum noch nachzuvollziehen sind die Kriegszüge zwischen Niltal und Euphratregion. Im 12. Jahrhundert v. Chr. verleibten Sethos I. und Ramses II. Mesopotamien für einige Zeit dem Pharaonenreich ein. Umgekehrt ist im 7. Jahrhundert v. Chr. Ägypten eine Provinz des Assyrischen Großreiches und der in Assur am Tigris residierende König Assurbanipal erobert und plündert das oberägyptische Theben. Alexander der Große unterwirft sich die gesamte Region, genauso die Römer. Byzanz muß sich den Nahen Osten mit Persern teilen. Im 7. Jahrhundert überrennen die Heere Mohammeds die Region. Als das Kalifenreich zerfällt, beginnt wiederum der wechselseitige Kampf um den Besitz der Region, bis sich zu Beginn des 16. Jahrhunderts das Osmanische Reich in den Besitz des ganzen Gebiets vom Sudan bis an den Persischen Golf setzt. Doch die nahöstlichen Kriege in Antike und arabischem Mittelalter sind immer Kämpfe um Macht und Einfluß gewesen, aber nie vordergründig Kriege um den Besitz von Wasser.

Die Zone ausreichender Niederschläge und wasserführender Ströme, die sich vom Schatt el-Arab bis nach Palästina erstreckt, führt zu Recht den Namen »Fruchtbarer Halbmond«. Dieser Halbmond grenzt an das fruchtbare Niltal. Natürlich hat es Rückschläge gegeben. Bewässerungssysteme sind in Kriegen zerstört worden, sind in Zeiten allgemeinen Niedergangs zerfallen, wurden wiederhergestellt. Daß eine jahrtausendelange intensive Nutzung am Ende Umweltschäden hervorrufen mußte, ist eine logische Folge.

Aber das, was die düsteren Krisenszenarien unserer Tage auslöst, sind nicht die gewissermaßen historischen Probleme. Was sich in den letzten Jahrzehnten im Nahen Osten vollzieht, hat völlig neue Dimensionen. In der Region zwischen Libyen und der Türkei konzentriert sich Konfliktstoff von der Art, wie er gegenwärtig überall auf unserem Planeten aufgehäuft wird. Traditionelle Engpässe (das trockene Klima und die damit verbundene Begrenzung der oberirdischen wie auch der unterirdischen Wasservorräte, die ungleichmäßige Verteilung der Ressourcen, beispielsweise der Erdölvorkommen) treffen auf neue. Das sind unter anderem: Industrialisierung und rasches Bevölkerungswachstum, letzteres mit der Konsequenz von Nahrungsmittelknappheit und daraus entstehendem Drang zu intensiverer Boden- und damit Wassernutzung.

Im Durchschnitt wächst die Bevölkerung des Nahen Ostens jährlich um drei Prozent. Drei Prozent, das hört sich wenig an. Praktisch aber bedeuten diese drei Prozent, daß sich in etwa 24 Jahren die Bevölkerung verdoppelt. Legt man für eine Generationsfolge etwa zwanzig Jahre zugrunde, so kann man annehmen, daß sich innerhalb von drei Generationen die Einwohnerzahl des Nahen Ostens verzwölffacht haben wird, und dies auf einer unveränderten Fläche.

Um sich den Ernst der Lage vor Augen zu führen: Die Getreideerzeugung Ägyptens hat 1971 ausgereicht, um 81 Prozent seiner Einwohner zu versorgen. Bereits 1981 reichte sie nur noch für 49 Prozent und inzwischen ist die Abhängigkeit Ägyptens von Getreideimporten fast total. Nicht anders im Irak. 1970 konnten noch 91 Prozent des Getreidebedarfs aus eigener Produktion gedeckt werden, 1981 hingegen nur noch 47 Prozent. Bei Fleisch und Pflanzenöl haben sich ähnliche Entwicklungen vollzogen.

Daraus ergeben sich politische Zwänge und Abhängigkeiten. Immer mehr Lebensmittel müssen eingeführt werden, eine ganze Reihe von Ländern in der Region verfügt aber dafür nicht über genügend Mittel. »Milde Gaben« – vorzugsweise aus den Vereinigten Staaten – sind gefordert. Die politischen Folgen liegen auf der Hand, wenn beispielsweise Israel 34 Prozent und Ägypten 25 Prozent aller Nahrungsmittel aus den USA beziehen. 1980 sind im Nahen Osten 32 Millionen Tonnen Weizen erzeugt worden. 20 Millionen Tonnen mußten importiert werden. 1990 betrug der Import bereits 30 Millionen Tonnen und für das Jahr 2000 rechnet man mit Einfuhren von 43 Millionen Tonnen. Eine Einstellung der Lieferungen würde in allen betroffenen Staaten zu schneller ökonomischer und politischer Instabilität, wahrscheinlich zu Aufständen, vielleicht sogar zum Kollaps führen.

Selbstverständlich ist auch die Trinkwasserversorgung kritisch. Einer Untersuchung der Weltbank zufolge beliefen sich 1985 die jährlichen Durchschnittskosten für die Bereitstellung und Aufbereitung von Trinkwasser im Nahen Osten pro Kopf auf 300 Dollar. Das war der doppelte Aufwand wie in Amerika und fünfmal soviel wie in Südostasien.

Summa summarum sagt eine Projektion voraus, es werde in Nordwestafrika und im Vorderen Orient im Jahre 2000 nur noch drei Länder geben, deren Pro-Kopf-Versorgung mit Wasser oberhalb des allgemein anerkannten Minimums liegen wird, das seien Iran, die Türkei und der Sudan. Auf der Arabischen Halbinsel hingegen sei nur noch mit einem Drittel des Minimums zu rechnen.

Eine andere Dimension des Problems betrifft die Energieversorgung. Auch weil die Flußsysteme von Euphrat, Tigris, Jordan und Nil zunehmend zur Erzeugung von Elektroenergie genutzt werden, ist eine vernünftige Bewirtschaftung der Wasservorräte gefordert. Dem steht neben hausgemachten Hemmnissen in den einzelnen Ländern ein übergreifendes Problem entgegen. Kein Land der Region hat alleinigen Einfluß auf die wesentlichen Wasservorkommen, von denen es abhängig ist.

Diebstahl und Absperrung

Zwei Drittel der arabischsprechenden Bevölkerung des Nahen Ostens sind entweder von Flüssen, die aus nichtarabischen Ländern kommen, oder von Grundwasser oder entsalzenem Meerwasser abhängig. Mehr als die Hälfte der Einwohner der Region nutzt Flüsse, die mehr als ein Land durchfließen. Das Wasser zweier arabischer Staaten, Syriens und des Irak, kommt größtenteils aus einem nichtarabischen Land, der Türkei. Ägyptens Wasserversorgung hängt von den Nilquellen im Sudan und in Äthiopien ab. Das Einzugsgebiet des Jordan umfaßt nur 11.500 Quadratkilometer, aber es tangiert die Interessen von vier Staaten, von Syrien, Jordanien, Israel und dem Libanon. Alte politische Querelen lassen die Angst aufkommen, da könne einer dem anderen das Wasser abdrehen oder da wolle einer dem anderen das Wasser stehlen.

Auch Grundwasservorkommen sind oft grenzüberschreitend. Man erinnere sich: Einer der Gründe, die Iraks Diktator Saddam Hussein dafür ins Feld führte, daß er im August 1990 in den Kuweit einmarschierte, war, Kuweit habe in dem grenzüberschreitenden Ölfeld zwischen beiden Staaten übermäßig viel Erdöl abgepumpt und dadurch den Irak bestohlen. Ein grenzüberschreitender Grundwasserspeicher östlich der Oase Buraimi im Sultanat Oma, so lautet eine andere Klage, wird extensiv von der Stadt Al-Ain in den Vereinigten Arabischen Emiraten ausgebeutet. Wann wird eine Aggression nicht mit Öl-, sondern mit Grundwasservorkommen begründet werden?

Ein anderer Umstand kompliziert die Situation. Es gibt im Völkerrecht keine eindeutigen Regelungen über die Rechte und Pflichten von Flußanrainern. Alle Abmachungen beruhen ausschließlich auf dem guten Willen der Beteiligten.

Mitte der 80er Jahre hat der amerikanische Geheimdienst die USA-Regierung darauf aufmerksam gemacht, daß es mindestens zehn Stellen in der Welt gebe, an denen wegen Streits um Wasser ein Krieg ausbrechen könnte. Die Mehrzahl dieser zehn potentiellen Kriegsherde lag in der Arabischen Welt. Längst geht es nicht mehr nur um theoretische Erwägungen. Schon haben Diebstahl und Absperrung stattgefunden. Schon gab es erste »Wasserkriege«, auch wenn sie nicht als solche wahrgenommen worden sind.

Künftig, so meinte im Frühjahr 1991 die amerikanische Zeitschrift »Foreign Policy«, werde in den Stäben der Verteidigungsministerien die Sicherheit des Wassers den gleichen Stellenwert haben, wie die militärische Sicherheit.
Das Problem ist erkannt. Nicht erst seit heute.
Bereits 1980 kamen amerikanische Experten in dem vom damaligen USA-Präsidenten Jimmy Carter angeregten Bericht »Global 2000« zu dem Ergebnis: »Allein die Bevölkerungszunahme bis zum Jahre 2000 wird in fast der Hälfte aller Länder der Erde eine Verdoppelung des Wasserbedarfs nach sich ziehen. Der größte Druck wird auf jenen Ländern lasten, die eine geringe Wasserverfügbarkeit pro Kopf und zugleich ein hohes Bevölkerungswachstum aufweisen ... Der Druck wird vor allem in den Entwicklungsländern steigen, wo zur Erreichung eines höheren Lebensstandards der Wasserbedarf um ein Mehrfaches steigen muß. Unglücklicherweise handelt es sich dabei genau um die Länder, die finanziell und technisch am wenigsten in der Lage sind, diese Probleme zu bewältigen.«
Dann heißt es in »Global 2000« weiter: »In dem Maße, wie der Druck auf die Wasserressourcen steigt, werden sich die Konflikte zwischen Ländern, die über gemeinsame Wasserressourcen verfügen, vermutlich verschärfen. Zwischenstaatliche Auseinandersetzungen zwischen den Nutzern des Oberlaufs bzw. des Unterlaufs eines internationalen Flusses ergeben sich aus Fragen des Wasserrechts und der jeweiligen Prioritäten besonders leicht. Die langfristigen Konflikte um den Rio de la Plata (zwischen Brasilien und Argentinien), um den Jordan (zwischen Israel und Jordanien), um den Euphrat (zwischen Syrien und Irak), um den Indus (zwischen Pakistan und Indien) und um den Ganges (zwischen Bangladesh und Indien) könnten sich leicht verschärfen, wenn der Druck einen kritischen Punkt erreicht. Und er wird einen kritischen Punkt erreichen ...«
Schon 1980 kam man zu dem Schluß: »Internationale Zusammenarbeit und Verhandlungen müssen das vorrangige Mittel sein, künftigen Konflikten vorzubeugen und sie zu lösen.« Mehr als zehn Jahre später wies der ehemalige Stell-

vortretende Außenminister der USA, Richard Armitage, den USA eine besondere Verantwortung zu: »Es ist Zeit für die Vereinigten Staaten,« schrieb er, »anzuerkennen, daß sich die Wasserkrise im Nahen Osten verschärft und den voraussichtlichen Kriegsszenarien eine zusätzliche Dimension verleiht ... Es mag für die Regierung (der USA, K.P.) der richtige Zeitpunkt sein, eine langfristige, multinationale Anstrengung auf diesem Gebiet zu organisieren.«

Ein erster Anlauf dazu scheiterte aber erst einmal. Im November 1991 sollte in Istanbul eine internationale Wasser-Gipfelkonferenz stattfinden, organisiert von dem amerikanischen Forschungsinstitut »US Global Water Summit Initiative«, unterstützt von der Bush-Administration und der türkischen Regierung. Eigens als Bonbon für diese Konferenz hatte der türkische Präsident Özal das Projekt einer »Friedenspipeline« vorgelegt. Sieben arabische Länder sollten Nutznießer der längsten Wasserleitung der Welt sein, die in der Türkei ihren Ausgangspunkt haben würde.

Die geplante Konferenz sei abgesagt worden, hieß es, weil einige arabische Regierungen Einwände gegen eine Teilnahme Israels erhoben hätten. Mag sein. Die Wirtschafts- und Sozialkommission der Vereinten Nationen für Westasien sah die Sache kritisch. Sie warf der Türkei und Iran vor, sie wollten das vorhandene Wasser nicht verteilen, sondern als Mittel ihrer hegemonialen Ansprüche einsetzen.

Ägypten – ein Geschenk des Nil
Das längste Flußsystem der Erde –
Eine Wiege der Zivilisation

Wenn auf der Insel Roda, die in Kairo mitten im Nil liegt, das braungelbe Wasser sichtbar zu steigen begann, war ein Fest nicht mehr fern. Leilat-an-Nukta, die Nacht des Tropfens stand bevor.

Die Insel Roda ist nicht besonders groß, dreieinhalb Kilometer lang, an ihrer breitesten Stelle mißt sie nur sechshundert Meter. Spitz ragt sie im Süden in den Strom hinein. An dieser Stelle wurde im Jahre 715 unter der Herrschaft des Kalifen al-Walid ein rechteckiger Brunnen angelegt, der unterirdisch direkt mit dem Nil verbunden ist. Eine achteckige Säule inmitten des Brunnens ist mit Markierungen versehen, die die Zahlen 1 bis 17 tragen. Jeder dieser Abschnitte mißt eine Elle, 54 Zentimeter. Seit 1.200 Jahren ist dank dieser Vorrichtung der Wasserstand des Nil ziemlich genau bis auf die Höhe von 9,18 Metern zu messen. Das war genau der Punkt, an dem im alten Kairo Hochwasseralarm gegeben wurde.

Der Nilometer auf der Insel Roda war eine Erfindung der Kalifenzeit. Es gab Vorläufer, die Tradition der Messung reicht um Jahrtausende zurück.

Das wahre Wunder des Nil lag in der alljährlichen Flut, die recht gleichmäßig zu kommen pflegte. Mit ihr begann der altägyptische Kalender, der 23. Juli war Neujahrstag. Der älteste Nilometer befindet sich auf der Insel Philae bei Assuan in Sichtweite eines großen Isis-Tempels. Bei Assuan verlief lange Zeit hindurch Ägyptens Südgrenze. Sicherlich hatten in Pharaonenzeiten die Priester die Aufsicht über den Nilometer, denn er war der wichtigste Indikator für künftiges Wohl und Wehe des Landes. Die Höhe der Nilflut bestimmte über fette und magere Jahre. 16 Ellen verhießen Wohlstand, 12 deuteten auf Not und Hunger.

Um die Zeit von Christi Geburt hat der griechische Geograph Strabo den Nilometer von Elephantine, gleichfalls bei Assuan gelegen, beschrieben und hinzugefügt: »Die Brunnenwächter teilen der Bevölkerung den Wechsel des Wasserstandes mit, damit sie sich danach richten kann. An Hand dieser Wasserstandsmarken und im Vergleich zum Beginn der Nilschwellung ist es möglich, eine ganze Zeit zuvor Schlüsse auf die zu erwartende Nilsteigung zu fassen. Diese Benachrichtigungen sind besonders für den Landwirt von höchstem Wert in Bezug auf die Verteilung des Wassers mit Hilfe von Dämmen zur Bewässerung seiner Felder. Er weiß, welche Kanäle er zu öffnen, welche Dammdurchlässe er zu schließen hat. Aber es ist auch für den Steuererheber von höchstem Wert, er kann hiernach den Steuersatz in gewissem Sinne vorher festsetzen.«

Das Steigen des Flusses war also stets ein gutes Zeichen, ein frohes Ereignis. Dabei hatte es eigentlich eine traurige Ursache, denn die alten Ägypter waren davon überzeugt, eine Träne, die die Göttin Isis um den Tod des Osiris weinte und die in der »Nacht des Tropfens« in den Nil fiel, bewirke das wundersame Heben des Wasserspiegels.

Schließlich galt Osiris, der »Herr des unterägyptischen Nils, der aus Heliopolis kommt«, als Bringer der Überschwemmung. Im Mythos war der König Osiris von seinem Bruder Seth getötet worden, den Leichnam habe man zerstückelt und in den Fluß geworfen. Seiner Schwester und Witwe Isis sei es aber später gelungen, die einzelnen Stücke wieder aneinanderzufügen und Osiris wiederzubeleben. Von ihm habe sie dann ihren Sohn Horus empfangen. Osiris aber sei nicht auf die Erde zurückgekehrt, sondern König der Unterwelt geworden. Sein Tod und seine Auferstehung besaßen im Glauben der alten Ägypter einen engen Zusammenhang mit der Fruchtbarkeit des Landes.

Man hat das Phänomen des über tausende Kilometer die Wüste durchquerenden Stroms in den Zeiten ägyptischer Hochkultur nicht zu ergründen vermocht. Man nahm es als gegeben. Der griechische Geschichtsschreiber Herodot (ca. 490 – 424 v. Chr.) wunderte sich: »Über die Natur des Flus-

1 – Tana-See
2 – Kioga-See
3 – Victoria-See
4 – Albert-See
5 – Rwanda
6 – Burundi
7 – Nasser-See
8 – Owen-Falls-Damm
9 – Bahr al-Dschebel
10 – Sudd
11 – Khartum
12 – Barrage du Nil
13 – Assiut-Damm
14 – Assuan-Damm
15 – Sadd al-Ali
16 – Khashm al-Girba-Damm
17 – Sennar-Damm
18 – Roseires-Damm
19 – Dschebel-Auliya-Damm
20 – Uganda

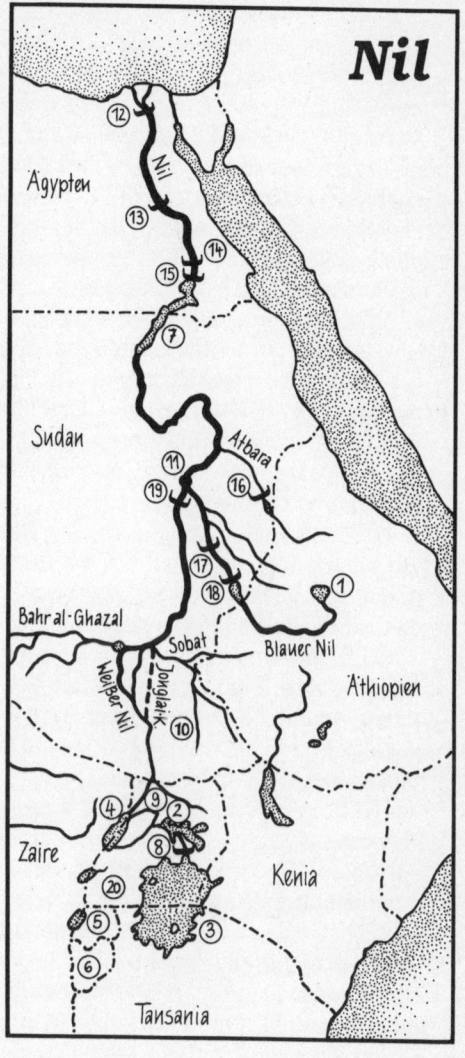

ses vermochte ich weder von den Priestern noch von anderer Seite etwas zu erfahren. Gern hätte ich aber von ihnen gehört, weshalb der Nil von der Sommersonnenwende an hundert Tage lang steigt, dann aber, wenn die Zahl dieser Tage erreicht ist, wieder fällt und seine Fluten nachlassen, so daß er den ganzen Winter hindurch bis zur Sommersonnenwende flach ist. Hierüber konnte ich in keiner Weise etwas von den Ägyptern erfahren, obwohl ich sie darüber ausforschte, welche Wunderkraft der Nil habe, daß er sich so ganz anders als die anderen Flüsse verhalte.«

Herodot versuchte sehr logisch eine Schneeschmelze als Ursache der Flut anzunehmen, aber Schnee am Äquator bei den »Menschen, die infolge der Hitze schwarz sind«, das schien ein Widerspruch. Der Historiker sinnierte über Winde und Sonnenstand und kam zu keinem schlüssigen Resultat. Was Wunder, wenn offenbar nichts über den Ursprungsort des Stroms bekannt war.

Herodot: »Über die Quellen des Nil erklärten die Ägypter, die Libyer und die Griechen, mit denen ich mich unterhielt, nichts zu wissen. Nur ein ägyptischer Schreiber aus der Stadt Sais behauptete, zuverlässige Angaben machen zu können, und berichtete, womit er mich offenbar zum Besten haben wollte, folgendes: Zwischen dem thebanischen Syene und Elephantine stiegen zwei Berge mit spitz zulaufenden Gipfeln empor, mit Namen Krophi und Mophi. Mitten zwischen diesen Bergen kämen nun die Quellen des Nil aus unergründlicher Tiefe hervor; ein Teil des Wassers flösse in nördlicher Richtung Ägypten zu, ein anderer aber gen Süden nach Äthiopien. Daß die Quellen so tief gingen, das habe der Ägypterkönig Psammetich durch eine Messung erwiesen. Er hatte nämlich ein Tau von vielen Tausenden von Klaftern flechten und in die Tiefe senken lassen, ohne indessen auf den Grund zukommen. Wenn dem Bericht des Schreibers eine Wahrheit zugrunde liegt, so erwies er nach meinem Dafürhalten, daß sich an dieser Stelle mächtige Wirbel und Gegenströmungen befinden, so daß man, weil dort das Wasser in die Berge einfällt, nicht in der Lage war, mit dem Senkblei auf den Grund zu kommen. Von anderen Leuten vermochte ich über die Nilquellen überhaupt nichts zu erkunden.«

Die Ungewißheiten hielten über Jahrhunderte an. Der arabische Universalgelehrte al-Biruni versuchte Anfang des 11. Jahrhundert diese Deutung: »Der Nil dagegen schwillt an, wenn Tigris und Euphrat abnehmen. Er entspringt nämlich, wie es heißt, im Mondgebirge hinter der äthiopischen Stadt Assuan in südlicher Richtung entweder am Äquator oder noch jenseits davon. Hier liegt eine Unsicherheit, denn der Umkreis ist nicht bewohnt ... Nun ist offenkundig, daß dort ein Gefrieren des Wassers ganz ausgeschlossen ist. Wenn aber die Nilschwelle von den Niederschlägen kommt, so haben diese nach ihrem Fallen keinen Bestand, es sei denn, daß sie Wasserläufe bilden und zu ihm hinfließen. Wenn sie aber von Quellen herrührt, so fließt deren Wasser im Winter reichlicher. Und darum steigt der Nil im Sommer an, denn wenn sich die Sonne uns und unserem Zenit nähert, entfernt sie sich von der Gegend, wo der Nil entspringt, und deshalb hat sie dann ihren Winter.«

Bedenkt man, daß die ägyptische Zivilisation, eine der frühesten der Menschheit, Entstehung und Existenz ausschließlich dem Nil verdankt, so ist es schon erstaunlich, daß der Fluß in der Religion eine relativ geringe Rolle gespielt hat. Das Weltbild der alten Ägypter weist überraschende Parallelen zu dem anderer Völker auf: Die Erde, eine Scheibe, schwimmt auf dem Urgewässer Nun. Aus einem unterirdischen Quelloch des Nun steigt dann alljährlich die Nilflut. Die in diesem Mythos angenommenen unterirdischen Quellen wußte man zu lokalisieren, beispielsweise zwischen den Inseln des 1. Katarakts, den Stromschnellen unweit von Assuan. Wer hier in den Wasserwirbeln lotete, dem geschah genau das, was Herodot vom Pharao Psammetich zu melden wußte.

Der eigentliche Nilgott war der oberägyptische Hapi, dargestellt als Mann mit dem Schurz des Fischers, mit langherabhängenden Brüsten, den Kopf von Wasserpflanzen gekrönt. So jedenfalls zeigen ihn die Reliefs. Man brachte Hapi Opfer dar, damit die Flut gut ausfalle, aber eigene Tempel besaß er nicht. Er war das Sinnbild für Überfluß, gehörte jedoch nie zu den »großen« Göttern und hatte nicht einmal einen ordentlichen Platz im religiösen System. Duldete der Pharao, der Göttergleiche, womöglich nicht einen Gott neben sich, der im Unterschied zu all den anderen großen Göttern mindestens einmal im Jahr für Jedermann so greifbar präsent war?

Beim Nilometer von Roda, das es schon lange vor den Kalifen gegeben hatte, in Sichtweite von Memphis und Heliopolis, verehrte man auch den Tausendfuß Sepa. Er galt als Hüter einer Nilquelle, die man an dieser Stelle annahm, er wuchs mit der Zeit hinüber in die Gestalt des Osiris-Sepa.

Das Fest des Dammdurchstichs

Auf der Insel Roda hat der Brauch, die Nacht des Tropfens mit einem großen Fest zu begehen, die Jahrtausende überlebt. Ihr folgt im ägyptischen Kalender ein weiterer Feiertag, das Fest des Dammdurchstichs. Es ist jenem Tage geweiht, an dem man das Wasser der Nilflut auf die Felder leitete. Dieses Ereignis fiel in die erste Augusthälfte, wenn der Nil seinen höchsten Stand erreichte und wurde immer mit bunten Volksfesten begangen. Der englische Geistliche John Carne, der 1821 Augenzeuge dieses Festes war, berichtete, daß man vor Beginn der Nilflut den Kanal, der die Insel Roda von Kairo trennt, erst einmal durch einen Erdwall abzusperren pflegte. Der Durchstich sollte dann dem Wasser den Weg zur Stadt ebnen.»Eine große Menge von Menschen aus verschiedenen Völkern pflegt sich in der Nähe der vorbestimmtem Stelle zu versammeln und die Nacht dort zuzubringen,« schrieb Carne und fuhr fort: »Wir kamen gegen acht Uhr abends an dem Platz an, der einige Meilen von der Stadt entfernt ist: Es gab Kanonenschüsse, Festbeleuchtung nach ihrer Weise und Feuerwerk. Eine weite Strecke von Bulak abwärts waren die Ufer des Nils von Menschengruppen gesäumt. Manche saßen rauchend unter den weitästigen Sykomoren, andere umdrängten kleine Gruppen von Ägyptern, die sehr fröhlich und vergnügt tanzten und dabei laute Freudenschreie ausstießen. Nach einer Weile setzten wir zum anderen Ufer über. Die Szene war hier noch weit interessanter. Leute hatten sich in Reihen dicht beieinander auf der abschüssigen Nilböschung niedergelassen und hinter ihnen in langer Reihe Händler, die Obst und Eßwaren feilboten. Ein wenig zur Linken, inmitten weit verstreuter Baumgruppen, standen mehrere Zelte und behelfsmäßige Kaffeehäuser mit Baldachinen überdacht und von Lampen erleuchtet. Bei einer Anzahl von Hütten, von denen jede ihr Licht oder kleines Feuer hatte, konnte man Fleisch, Fisch und anderes haben, fertig zubereitet.« Erst am folgenden Morgen kommt der große Augenblick auf den alle gewartet haben, der Durchstich, angekündigt durch einen Kanonenschuß.

»Kiachja Bei, der erste Minister des Paschas, traf bald darauf mit seiner Wache ein und nahm auf der höchsten Stelle der gegenüberliegenden Böschung Platz,« schrieb Carne weiter. »Eine Zahl Araber begann nun, den Damm abzutragen, der den Nil zurückhielt, auf dem zahlreiche vollbesetzte Vergnügungsboote darauf warteten, den Kanal hinunter durch die Stadt zu segeln. Der Erdwall war erst zum Teil zerstört, als die zunehmende Feuchtigkeit und das Nachgeben des Erdreichs die Arbeiter veranlaßte, sich zurückzuziehen. Mehrere Araber sprangen nun in den Strom und mühten sich aus aller Kraft wegzudrücken, was da noch stand. So waren bald einige Breschen entstanden, und mit unwiderstehlicher Gewalt brach der Fluß hindurch. Dem Brauch gemäß verteilte der Kiachja Bei eine gute Summe Geldes, das er in das Bett des Kanals hinabwarf, wo viele Männer und Buben sich darum rissen. Es war ein belustigender Anblick, zu beobachten, wie das Wasser rasch um sie stieg und sie mitten in den Wellen um die Münzen balgten und grapschten, aber die Gewalt des Stroms trug sie bald hinweg. Einige waren bis zuletzt zurückgeblieben und suchten sich nun schwimmend in Sicherheit zu bringen. Dabei kämpften sie noch immer gegen die Wellen an und griffen nach den herniederregnenden Münzen und tauchten nach ihnen, wenn sie verschwanden. Unglücklicherweise kostet dieses Spiel jedes Jahr einige Menschenleben, und auch an diesem Morgen ertrank ein junger Mann. Lange ehe die Flut nachgelassen hatte, schossen die verschiedenen Lustschiffe in den Kanal und fuhren in die Stadt ein, ihre Decks vollgedrängt von Leuten aller Stände, die laute Freudenrufe ausstießen.«

Abschließende Betrachtung des Reisenden aus dem fernen England: Es sei »bemerkenswert, zu beobachten, wie nach dem Durchstechen des Damms Tag für Tag sich eine Stelle nach der anderen still und unwiderstehlich aus einer öden, nutzlosen Wüste in ein liebliches Gewässer verwandelt, das Gesundheit und Überfluß mit sich bringt.«

Die geschilderten Szenen haben sich in Kairo noch einige Jahrzehnte wiederholt, bevor der moderne Wasserbau alles zu ändern begann. Die letzte Nilflut hergebrachter Weise hat sich 1963 ereignet. Dann wurde der zweite Assuan-Damm geschlossen.

Die Nilflut hat Ägyptens Geschichte bestimmt. Zwischen 7000 und 5000 v. Chr. ist von den frühen Bewohnern des Niltals der Übergang zum Ackerbau vollzogen worden. Um 3100 v. Chr. haben sich Ober- und Unterägypten in einem Einheitsstaat zusammengeschlossen, so wie es die natürliche geographische Logik befahl. Seit 3000 v. Chr. bis zur Eroberung durch die Römer (30 v. Chr.) ist Ägypten der größte und reichste Staat am östlichen Mittelmeer gewesen.

Quelle von Reichtum und Macht war der Strom, er war die Verkehrsader, die das Land zusammenhielt. Die Worte für »reisen« gab die Hieroglyphenschrift durch das stilisierte Bild eines Schiffes wieder. Eine Barke als Grabbeigabe sollte den Pharaonen und Reichen für die Reise ins Jenseits dienen. Auf dem Fluß konnten die Steine für den Bau von Pyramiden herangeschafft werden. Der Wechsel von Flut und Trockenperiode schuf den jährlichen Rhythmus der landwirtschaftlichen Arbeit, der es erlaubte, in einem Teil des Jahres große Arbeitermassen für die Errichtung der Pyramiden freizustellen.

Die Wüste im Osten und Westen, das für den Unkundigen nicht leicht zu passierende Gewirr des Delta und die Katarakte im Oberlauf des Flusses bildeten natürliche Barrieren gegen äußere Feinde. Eine Eroberung war zwar, wie die Geschichte zeigt, nicht ausgeschlossen, aber doch erschwert.

Wie schon aus den Bemerkungen Herodots ersichtlich ist, hat man sehr, sehr lange Zeit keine Vorstellung davon gehabt, wo der Nil seinen Ursprung nimmt. Kaiser Nero entsandte 54 bis 68 n. Chr. zwei Hundertschaften nach Süden. Sie erreichten zwar nicht das Quellgebiet, gelangten aber immerhin bis zu dem Sumpfgebiet am Bahr al-Ghazal. Im 2. Jahrhundert n. Chr. hatte Ptolemäus sogar schon eine Vorstellung von der Existenz des Blauen und des Weißen Nil. Im Mittelalter ist dann manches von diesem Wissen wieder verloren gegangen, es gab abenteuerliche Theorien von einem Zusammenhang zwischen dem Nil und dem Niger oder gar mit dem Kongofluß. Erst Mitte des vorigen Jahrhunderts konnten europäische Forscher, die auf gefahrvollen Reisen ins Innere Afrikas neue Erkenntnisse sammelten, Schritt für Schritt den Nilquellen näherkommen. 1863 stellten Speke und Grant die Herkunft des Nil aus dem Victoria-See fest. 1864 war Baker am Albert-See und 1876 wurde dann dessen Abfluß, der Bahr al-Dschebel entdeckt. Die eigentliche Nilquelle hat man erst um die Jahrhundertwende fixiert. Das verblüffende Resultat all dieser Forschungen war, daß »der Nil«, der Strom Ägyptens, so, wie er sich auf den ersten Blick unserer Vorstellung präsentiert, nur ein Drittel des tatsächlichen Flußumfangs umfaßt.

Der Nil bildet das längste Flußsystem der Welt. Von seiner Quelle in Burundi bis zur Mündung im Delta mißt er 6.695 Kilometer. Sein Abflußgebiet nimmt eine Fläche von mehr als 2,9 Millionen Quadratkilometer ein, das ist ein Zehntel Afrikas. Der lange Weg durch die Wüste fordert jedoch seinen Tribut. Obwohl längster Fluß ist sein Einzugsgebiet nach dem des Amazonas, des Missisippi und des Kongo nur das viertgrößte der Erde. Die Wasserverluste, die der Strom auf seinem langen Weg durch Verdunstung erleidet, sind gigantisch. Die Quellflüsse in den Regenwäldern am Äquator münden in den Victoria-See. Die Niederschläge in dieser Region, die in zwei Regenzeiten im zeitigen Frühjahr und im Herbst fallen, erreichen 1.500 mm im Jahr, und das ist gut und gerne das dreifache dessen, mit dem man zwischen Nordsee und Alpen rechnen kann. Da ist es denn auch nicht verwunderlich, daß es nicht so sehr die Zuflüsse sind, die den Victoria-See füllen: 86 Prozent seines Wassers stürzen mit tropischen Regengüssen auf seine Oberfläche. Da wir bei Superlativen sind – der Victoria-See ist hinsichtlich seiner Fläche der zweitgrößte Frischwassersee der Welt.

Östlich von Kampala, der Hauptstadt Ugandas, verlassen die Wasser den See, und diese Stelle wird als der Beginn des Nil angesehen (obwohl die Geographen gemeinhin den Kagera-Fluß als den Nilanfang nehmen). Der Nil mußte schon kurz nach dem Verlassen des Sees die mächtigen Ripon-Fälle passieren. Doch seit 1954 wird an der Stelle der Fluß durch den Owen-Falls-Damm zum ersten Mal in seinem langen Lauf angehalten.

Und schon geht es in den Kioga-See, hinter dessen Ausfluß auf einer ganz kurzen Strecke 400 Meter Gefälle zu überwinden sind. Donnernd passiert der Nil die Murchinson-Fälle und erreicht dann den früheren Albert- und jetzigen Mobuto-See (man kann ziemlich sicher sein: Irgendwann wird der See wieder einen anderen Namen erhalten), wo er auf einen Zufluß trifft, der zuvor den George- und den Edward-See durchflossen hat (wer erinnert sich noch daran, daß der Edward-See für einige Jahre »Idi-Amin-See« hieß?).

Wenn er den Albert-See verläßt, trägt der Nil einen arabischen Namen, Bahr al-Dschebel, Fluß des Berges. Er fließt nun gemächlich nach Norden in ein 40.000 Quadratkilometer großes Sumpfgebiet hinein. Diese Region, der Sudd, ist mit Papyrus, mit schwimmenden Wasserhyazinthen, mit vielen Sorten Wasserpflanzen bedeckt, die dem Fluß immer wieder den Weg versperren. Die gewaltige Fläche des Sudd im Herzen Afrikas mit unzähligen Armen und Nebenarmen des Nil bietet der sengenden Sonne beste Angriffsflächen. In diesem Gebiet geht dem Fluß etwa die Hälfte seines Wassers durch Verdunstung verloren. Doch es kommen neue Zuflüsse. Am Ausgang des Sudd, wo der Fluß nun Weißer Nil heißt, fließt von Westen der Bahr al-Ghazal zu, und von Osten der Sobat, der im äthiopischen Hochland entspringt.

800 Kilometer sind es noch bis Khartum, wo der Blaue Nil mündet. Der entspringt im Tana-See in Äthiopien und sucht sich seinen Weg bei starkem Gefälle auf lange Strecken durch einen tief in die Felsen gefrästen Canyon, der erst 1968 erforscht worden ist.

Lange Zeit hindurch hat man den Blauen Nil für den Hauptfluß gehalten. Damit war man – geologisch gesehen – der Wahrheit recht nahe gekommen. Denn es wird vermutet, daß der »Ur-Nil« ausschließlich aus den Zuflüssen von den äthiopischen Bergen bestand, und daß die Wasser von Bahr al-Ghazal und Sudd erst in späterer Zeit vom Nil »eingefangen« worden sind. Untersuchungen der Sedimente am unteren Nil lassen vermuten, daß das etwa vor 50.000 Jahren geschehen sein könnte.

Göpel und Schaduf

Es ist das Zusammentreffen von Weißem und Blauem Nil bei Khartum, das das eigentliche Phänomen des Stroms bewirkt. Wegen des geringen Gefälles des Weißen Nil erreichen die Wasser der Winterregen am Äquator etwa Ende März Khartum. Im Juli treffen sie dann auf der Höhe von Kairo ein, aber ihren Höhepunkt erreicht die Flut dort erst im September. Das wiederum bewirkt der Blaue Nil. Im äthiopischen Hochland regnet es ab Mai. Gewaltige Wassermassen stürzen dann zu Tal und reißen schweren, roten Boden mit sich, den fruchtbaren Nilschlamm, dem Ägypten seine blühende Landschaft verdankt. Wenn die Flut des heftigen, schnellen Blauen Nils auf die Wasser des behäbigen Weißen Nils traf, konnte es bis zum Bau des Dschebel-Aulia-Damms am Blauen Nil geschehen, daß sich der Weiße Nil manchmal sogar vier Monate lang bis zu 700 Kilometer zurückstaute. In der Hochflut kann die Wassermenge des Blauen Nil schon mal auf das dreihundertfache des Niedrigwassers ansteigen, während der Weiße Nil bestenfalls das drei- bis fünffache erreicht.

In der Zeit der Flut liegt der Anteil des Blauen Nil am gesamten Nilwasser bei 68 Prozent, der des Weißen Nil bei nur 10 Prozent. Der Rest von immerhin beträchtlichen 22 Prozent kommt aus dem Atbara, der 322 Kilometer nördlich von Khartum ebenfalls von Äthiopien her zufließt. Bei Niedrigwasser aber wird der Atbara unbedeutend, er trocknet bis auf eine armselige Kette von Tümpeln aus. Dann kommen 17 Prozent des gesamten Zuflusses aus dem Blauen Nil, aber 83 Prozent aus dem Weißen Nil.

Nördlich von Khartum hat der Nil bereits den 6. Katarakt hinter sich gelassen, eine jener Stromschnellen zwischen Granit- und Gneisfelsen, fünf Katarakte liegen bis Assuan noch vor ihm, er geht in eine gewaltige S-förmige Schleife, bevor er wieder den strikten Kurs nach Norden einschlägt.

Damit geht der Fluß in den Nasser-See über, der erst mit der Schließung des zweiten Assuan-Damms entstanden ist. Breit und behäbig schieben sich hinter Assuan die Wassermassen durch die Wüste, bilden einen weiten, grünen Saum, bis sie sich schließlich teilen und in das 24.000 Quadratkilometer große Delta münden, das sich dank des sich ständig ablagernden Schlamms unablässig, wenn auch unendlich langsam in das Mittelmeer vorschob.

Ursprünglich floß der Nil in sieben Armen ins Meer, heute gibt es nur noch zwei Hauptmündungen, während das Gewirr von natürlichen und künstlichen Gräben und Kanälen zur See hin durch eine Dünenkette geschützt wird. Hier im Nildelta ist der Großteil des Bodens aus den äthiopischen Bergen geblieben. Bis in eine Tiefe von 90 Metern reichen die Ablagerungen.

Am Unterlauf des Nil hat sich der Landwirt schon lange nicht nur allein auf die alljährliche Flut verlassen. Hier ist er selber zu Werke gegangen, sollte doch die fruchtbare Erde mehr als nur eine Ernte im Jahr erbringen. Hier gab es neben den Râje, den Feldern, die regelmäßig vom Nilwasser bedeckt werden, die höhergelegenen Scharâki, die künstlich bewässert werden müssen. Hier setzte man das Göpelrad ein, das in endlosem Kreisgang von einem Rind oder Esel angetrieben wird. Hier nutzte man den knarrenden Schaduf, den langen Hebebaum. Am kurzen Arm ist als Gewichtsausgleich meist ein großer Lehmklumpen befestigt, denn im Delta finden sich kaum Steine. Am langen Arm hängt der Eimer aus einem Ziegenfell, mit dem das Wasser aus dem Nilkanal geschöpft werden kann. Hier kann man aber auch noch heute die sogenannte Archimedische Schraube in Aktion sehen, die ebenfalls Wasser auf die höhergelegenen Felder befördert.

Es ist das Phänomen der Nilschwelle gewesen, die in der Antike zur Folge hatte, daß keine besondere Notwendigkeit für große Wasserbauten gegeben war, ganz im Unterschied zu anderen Flußregionen des Nahen Ostens. Außerdem gab es etwa 90 Kilometer südlich des heutigen Kairo und des damaligen Memphis günstige natürliche Bedingungen, die geradezu dazu herausforderten, sie auszunutzen, zu bewahren und auszubauen. Westlich des Nil erstreckt sich hier in der libyschen Wüste eine Senke bis zu einer Tiefe von 45 Metern unter dem Meeresspiegel. Zur Zeit der Nilschwemme war sie durch den Bahr Jussef, den Josephskanal mit dem Nil verbunden. Ursprünglich befand sich hier ein Sumpfgebiet, das übrigens von den Pharaonen als Jagdrevier geschätzt wurde. In der Regierungszeit der 12. Dynastie (um 1991 bis um 1785 v. Chr.) und insbesonders unter Amenemhet III. (1844–1797 v. Chr.) begann man das Gebiet durch Deichanlagen und Kanalbauten zu entwässern. Aus diesem vielleicht fruchtbarsten Gebiet bezog Ägypten Obst und Gemüse. Allmählich drängte man das Wasser auf den Birket Karaoun, den heute etwa 50 Kilometer langen Karaoun-See zurück. Zahlreiche Ruinenstätten am Rande dieser mehr als 1.700 Quadratkilometer großen Oase al-Fayum zeugen vom einstigen Reichtum. Medinet al-Fayum, noch heute der größte Ort, war in der Antike dem Krokodilgott Sobek geweiht und wurde von den Griechen Crocodilopolis genannt. Nicht weit von der Stadt findet sich übrigens die Pyramide von Haoukarah, die Grabstätte des Pharao Amenenhet III.

Die kunstvolle Nutzung des Fayum hat durch die Jahrhunderte hindurch ständig neue Anstrengugen gefordert, eingetretene Schäden auszubessern, sich vorbeugend zu mühen. Vivant Denon, der französische Maler und Gelehrte, der Napoleon Bonaparte 1798 auf seinem Kriegszug nach Ägypten begleitete, sammelte auch darüber Informationen. Er notierte: »Die Erhabenheit des Nil, und die Erhöhung seiner Ufer haben ihm einen künstlichen Kanal bereitet, der das Fayum schon unter Wasser gelassen haben würde, wenn der Kalif Jusef nicht neue Deiche auf den alten erhoben und unterhalb Benisuef einen Seitenkanal hätte graben lassen, um dem Flusse einen Teil des Wassers wieder zuzuführen, das die Überschwemmung jährlich in dieses weite Bassin ausgießt. Ohne die Dämme, die aufgeworfen sind, um die Überschwemmung aufzuhalten, würde der große Anwachs des Wassers bald nur einen großen See aus dieser Provinz machen. Das wäre vor ungefähr 25 Jahren beinahe geschehen, denn eine außerordentliche Anschwellung des Nil, in welcher der Fluß über die Deiche von Illahum hinwegging, ließ befürchten, daß die ganze Provinz unter Wasser bleiben oder der Nil wieder einen Weg nehmen werde, den er offenbar vor weit entfernten Jahrhunderten genommen hat. Um diesem Unheil abzuhelfen, hat man bei Illahum einen stufenartigen Deich aufgeworfen, der die Wassermassen verteilt, und die nötige Menge in das Fayum eintreten läßt, um es zu bewässern, das übrige aber ableitet, und durch andere tiefere Kanäle in den Fluß zurückzufließen zwingt.«

Der Kanal des Necho

Das größte Wasservorhaben der ägyptischen Antike hatte hingegen nicht mit der Landwirtschaft zu tun, vielmehr sollte ein Verkehrsweg geschaffen werden. Es war die Zeit der mächtigen 19. Dynastie. Sethi I. hatte große Teile Vorderasiens erobert, sein Sohn und Nachfolger Ramses II. sah für sein Reich, das im Osten so weit über den geographischen Horizont des Niltals hinausreichte, die Notwendigkeit und Nützlichkeit einer Wasserstraße, die Mittelmeer und Rotes Meer mit den Handelsplätzen am Nil verbinden könnte. Die »Ingenieure« des Pharao boten eine optimale Route an: Von den Bitterseen, die damals direkt mit dem Roten Meer verbunden waren, sollte ein Kanal zum östlichen Arm des Nildeltas führen. Das war tatsächlich die kürzeste Route. Für diesen Kanalbau sind wahrscheinlich hunderttausende Arbeiter über viele Jahre hinweg eingesetzt worden. Fertiggestellt wurde er nie.

Über 600 Jahre nach Ramses II. hat der Pharao Necho noch einmal versucht, an gleicher Stelle einen Kanal graben zu lassen. Auch zu dieser Verbindung zwischen Nil und Rotem Meer ist es nie gekommen. Herodot schrieb darüber: »Necho, Sohn des Psammetich, König von Ägypten, ging als erster daran, einen Kanal vom Nil zum Roten Meer graben zu lassen, den dann später der Perser Dareios fertigstellen ließ.« – Hier irrte Herodot. – »Seine Länge betrug vier Tage, und er wurde so breit gebaut, daß zwei Trieren mit Rudern nebeneinander fahren konnten. Sein Wasser wurde vom Nil oberhalb der Stadt Bubastis bei der Stadt Patumos abgeleitet, und er endete im Roten Meer. Er begann in dem an Arabien stoßenden ägyptischen Flachland. Oberhalb des Flachlandes breitet sich das bei Memphis liegende Gebirge aus, in dem sich die Steinbrüche befinden. An den Abhängen dieses Gebirges nun wurde der Kanal von West nach Osten entlang geführt. Dann zieht er sich durch Schluchten und führt schließlich vom Gebirge aus gen Mittag zum Arabischen Meerbusen. Der schnellste und kürzeste Weg aber, der vom Nordmeer zu diesem südlichen Roten Meer führt, geht vom Kasischen Gebirge aus, das Ägypten gegen Syrien begrenzt; von hier beträgt die Entfernung bis zum Arabischen Meerbusen nur 1.000 Stadien. Der Kanal hingegen ist entsprechend seinen Krümmungen viel länger. Unter der Regierung des Necho gingen 120.000 Arbeiter bei seinem Bau zugrunde. Und doch wurde der Kanal unter Necho nicht fertiggestellt. An seiner Vollendung wurde der König durch einen Orakelspruch gehindert, der besagte, daß er nur dem »Barbaren« – gemeint war Dareios – »vorarbeiten würde.«

Bedenkt man, wieviel Liebe zum Detail Herodot in diese Geschichte investiert hat, die in weiten Teilen unzutreffend ist, so kann man erkennen, wieviel Bedeutung einem solchen Bauwerk in der Antike beigemessen wurde.

Den großangelegten Bau von Bewässerungsanlagen in Ägypten hat erst der Einbruch der Neuzeit auf die Tagesordnung gesetzt. Es ist kein Zufall, daß dies seinen Anfang mit dem Begründer des modernen Ägypten nimmt, dem gleichermaßen aufgeschlossenen wie despotischen Mohammed Ali. Dieser Militär aus Mazedonien im Dienste des türkischen Sultans kam mit dessen Truppen nach Ägypten, die das Land nach vorübergehender französischer Besetzung wieder der Hohen Pforte in Istanbul untertan machen sollten. Nach mehreren Putschen lud Mohammed Ali die vormaligen Herrscher über das Land am Nil, die Mameluken-Beis und ihr Gefolge, 500 Personen alles in allem, zu einem Festessen auf die Zitadelle von Kairo, wo er sie samt und sonders ermorden ließ. Dieser blutige Beginn seiner Regierung verhieß nichts Gutes. 1820 begann er mit dem Aufbau einer modernen Armee, für deren Bedürfnisse eine moderne Industrie begründet werden mußte; der Staat bedurfte nun auch einer effektiven Verwaltung, um derentwillen war das Erziehungswesen zu modernisieren. Der Despot holte Spezialisten aus Europa. Ägypten machte nun große Fortschritte, ungeachtet – oder dank – der Tatsache, daß Mohammed Ali, dessen offizieller Titel »Vizekönig von Ägypten« (nach einem persischen Wort auch »Khedive«) lautete, der eigentliche Grundbesitzer und Fabrikherr war. Als Mohammed Ali 1849 starb, hatte er eine Dynastie begründet, die erst 1953 mit der Absetzung des Königs Faruk und der Proklamation der Republik abtrat. Die oft nicht durchdachten, vielfach allzu hastig begonnenen Modernisierungsprojekte der Nachfolger führten bei maßloser Korruption und mit ungeheurer Staatsverschuldung schließlich in den Bankrott und in die Kolonialherrschaft.

Bereits 1816 hatten die Soldaten Mohammed Alis begonnen, den Westen der Arabischen Halbinsel zu erobern. Der Vizekönig ließ eine Flotte bauen, die mithalf, einen Aufstand der Griechen auf Kreta niederzuwerfen. Seine Truppen besetzten Inseln in der Ägäis, und erst mit der berühmtem Seeschlacht von Navarino erlitt er durch eine britisch-französisch-russische Streitmacht eine empfindliche Niederlage. Nichtsdestoweniger rückte er 1831 in Palästina ein, das er bis 1840 regierte, selbst große Teile Syriens befanden sich für einige Zeit unter seiner Kontrolle.

In Europa war man voll und ganz auf diese Aktivitäten des

Khedive fixiert und nahm deshalb kaum Kenntnis davon, daß Mohammed Ali natürlich auch im Niltal danach trachtete, seinen Einfluß auszudehnen. Schon 1820 waren zwei Armeen von je 500 Mann in den Süden geschickt worden. Die ägyptische Südgrenze hatte man schon zuvor von Assuan nach Wadi Halfa am 2. Katarakt vorgeschoben. Von hier aus nun konnten die Streitkräfte in der kurzen Zeit von nur zwei Jahren erst die Region Dongola (das Gebiet der großen S-förmigen Nilschleife) einnehmen, und danach die Provinzen Sennar am Unterlauf des Blauen Nil und Kordofan westlich des Weißen Nil.

Dongola war bis dahin von einer Stammeskonföderation unter zwei Häuptlingen beherrscht worden. Sennar war ein Anfang des 16. Jahrhunderts entstandenes Königreich afrikanischer Stämme, die den Islam angenommen hatten. Der letzte König von Sennar unterwarf sich im Juni 1821 und erkannte Mohammed Ali als seinen Oberherrn an. Die Provinz Kordofan hingegen war dem Sultanat Darfur tributpflichtig. Wenn eine schwache innere Verwaltung und die schlechte Ausrüstung der Krieger den Ägyptern in Dongola und Sennar leichte Siege gebracht hatten, so mußten in Kordofan opferreiche Schlachten geschlagen werden, bis es im Oktober 1821 zur ägyptischen Provinz erklärt werden konnte.

Die ägyptische Herrschaft, die sich nun um tausend Kilometer bis zum 11. Breitengrad ausgedehnt hatte, war brutal und despotisch. Sie hatte nur ein Ziel: Abgaben, Gewinne zu erpressen. Sklavenjagden und Sklavenhandel erlebten in Sudan einen schrecklichen Aufschwung. Der Ökonom John Bowring verfaßte 1838 für den englischen Außenminister Lord Palmerston einen Bericht über den Sklavenhandel in Kordofan, in dem es hieß, die Jagd auf Sklaven sei »eine der wichtigsten Erwerbsquellen an den Grenzen von Mohammed Alis Herrschaftsgebiet.« Bowring schrieb: »Die Truppen des Paschas erhalten ihren Sold häufig in Form von Sklaven, wobei ein Preis zugrunde gelegt wird, der erheblich über dem Marktwert liegt. Da die Truppen mit ihrem Sold oft im Rückstand sind, zeigen sie bei der Jagd auf Neger großen Eifer. Es gibt genügend Beweise, daß bei diesen Sklavenjagden schreckliche Grausamkeiten verübt werden ... Widerstand führt zu Blutvergießen. Meistens aber wird den armen Negern im Hinterland aufgelauert, den Müttern werden bei der Feldarbeit die Kinder geraubt, kleine Gruppen oder einzelne Schwarze werden von den Soldateska überfallen. Stämme führen Krieg gegeneinander, nur um Gefangene an den Dschellab oder Sklavenhändler verkaufen zu können. Manchmal verkauft sogar innerhalb eines Stammes der Stärkere einen Schwächeren. Mit einem Wort: Wo der Sklavenhandel blüht, ist jedes Verbrechen recht.« Bowring vermerkte in seinem Bericht, die Sklavenjagden hätten zu einer weitgehenden Entvölkerung ganzer Landstriche geführt. Er relativierte allerdings seine Beobachtungen mit den nachfolgenden Bemerkungen: »Zur Ehre der Muselmanen muß gesagt werden, daß die Sklaven im allgemeinen menschlich behandelt werden. Sie erlangen im Haushalt ihres Herrn oft eine bemerkenswerte Stellung.« Er fügte hinzu: »Die Neger sind in Ägypten fast immer Haussklaven. Nur wenige werden zur Feldarbeit benutzt. Dem Aufstieg von Negern in der Gesellschaft steht nichts im Wege ... Viele Schwarze dienen zusammen mit Ägyptern in der Armee des Paschas und werden von ihren Kameraden nicht gering geachtet.« Und schließlich: Die Lage der Sklaven sei »zweifellos der des freien Tagelöhners vorzuziehen«, denn der Sklave gehöre zur Familie seines Herrn »und repräsentiert sozusagen dessen Macht und gesellschaftliche Stellung nach außen. Ist ihm selbst Macht gegeben, so übt er sie über die armen Fellachen, die unter ihm stehen, despotisch aus ... So wird die Sklaverei zur Quelle von Bedrückung und Elend auch für die, die nicht gekauft oder verkauft wurden.«

Bei den Feldzügen im Sudan hatte die Vorstellung, daß man zu den Nilquellen vordringen könnte oder sollte, keine Rolle gespielt. Mohammed Ali hat in einem Gespräch mit Fürst Hermann von Pückler-Muskau, der in den 30er Jahren mehrmals Gast des Khedive war, selbst bezeugt, daß es dabei auch durchaus außenpolitische Interessen waren, die berücksichtigt werden mußten. Mohammed Ali glaubte übrigens, nicht der Weiße Nil sei der Hauptfluß, sondern der von

Äthiopien (Abbessinien) kommende Blaue Nil. Und so sagte er zu Pückler, die Nilquellen seien leicht zu erreichen »und Abbessinien sogar, wenn man wollte, ohne viele Schwierigkeiten zu erobern, aber,« so habe er lachend gerufen, »dies würde meinen Freunden, den Engländern, zuviel Verdruß machen und nur wenig nützen«.

Vormarsch am Elefantenrüssel

Ungeachtet dessen hat der Vizekönig später die Armee im Sudan damit beauftragt, den Weißen Nil zu erforschen. Ausgangspunkt der Reise war Khartum. Diesen arabischen Namen für den Rüssel des Elefanten hatte man dem Militärlager gegeben, das Mohammed Ali 1824 am Zusammenfluß von Weißem und Blauem Nil hatte anlegen lassen. Hier nun brach im November 1839 der türkische Kapitän Selim Kaptan mit zehn Booten auf und begab sich mutig in die Nilsümpfe, den Sudd, so nach dem arabischen Wort »sadd« für Barriere bezeichnet. 1.500 Kilometer drang Selim nach Süden vor, ein Drittel der Strecke nur durch unüberschaubare Papyrusdickichte, vorbei an den Fischerdörfern der Nuer und Dinka. Bei Gondokoro, dem heutigen Juba kehrte die Expedition erschöpft wieder um. Die Nilquelle hatte man nicht erreicht, eine dauerhafte Herrschaft über das Riesengebiet wurde nicht errichtet, aber die Region war dem Handel, dem Geschäft mit Elfenbein und Sklaven geöffnet.

Indessen war schon einige Zeit davor auf Initiative Mohammed Alis zum ersten Mal seit Jahrhunderten wieder ein großes Wasserbauwerk am Nil in Angriff genommen worden. Der alte Kanal, der damals Alexandria mit dem Mittelmeer verband, war seit dem 18. Jahrhundert bis zur Unbenutzbarkeit verschlammt. Deshalb ließ der Herrscher Ägyptens 1817 den Bau einer neuen Wasserstraße von Alexandria zum westlichen Nilarm beginnen, den Mahmudije-Kanal, so benannt zu Ehren des türkischen Sultans Mahmud. Die Arbeiten unternahm man nach den bewährten Regeln der orientalischen Despotie, von denen der ägyptische Chronist Abderrahman al-Dschabarti eine anschauliche Beschreibung liefert: »Im April 1817 beschloß der Pascha, einen tiefen Kanal für die Lastkähne ausheben zu lassen ... Er befahl allen Dorfältesten, 100.000 Männer zu stellen, die für ihre Arbeit entlohnt werden sollten. Den Schmieden trug er auf, 50.000 Hacken und Schaufeln anzufertigen. Diese Befehle wurden ausgeführt, und die Bauern machten sich auf den Weg zum Arbeitsplatz, ohne zu ahnen, wie lange sie dort bleiben würden. Der Pascha ließ die Körbe zum Wegschaffen der Erde und die Werkzeuge bringen ... Diese Fronarbeit begann ausgerechnet zur Zeit der Weizenernte und der Hirseaussaat...«

Als im Juli die Nilflut kam, mußten die Arbeiten unterbrochen werden. Die Zeit nutzten die Ingenieure, um jetzt, jetzt erst! die Pläne für den Kanal zu zeichnen. Im März 1819 wurden die Arbeiten wieder aufgenommen. »So sah man die Fellachen in hellen Haufen dorthin ziehen, wo sie arbeiten sollten. Die Männer eines Dorfes wurden von ihrem Dorfältesten angeführt, die Bewohner einer Provinz vom Gouverneur. Sie wurden von Musikanten begleitet und trugen Fahnen. Auch zahlreiche Stellmacher, Maurer und Schmiede wurden zusammengezogen. Dörfer, in denen es viele Dattelpalmen gab, mußten Körbe und Stricke liefern, die Städte Schaufeln und Hacken ... Auch eine Anzahl von Tauchern war da, denn an manchen Stellen sickerte Grundwasser durch, bevor die Grabung die gewünschte Tiefe erreicht hatte. So wurden Männer aus allen Teilen Ägyptens zum Kanalbau geführt. Jedes Dorf erhielt einen bestimmten Abschnitt zugewiesen ...«

Mohammed Ali beaufsichtigte zeitweise selbst die Arbeiten am Kanal, trieb an, griff ein. Denn bald »verließen viele Fellachen den Kanalbau und kehrten nach Hause zurück, nachdem sie die Arbeit, die ihnen aufgetragen war, getan hatten. Manch einer war der nächtlichen Kälte und der Erschöpfung erlegen«. Doch der Khedive gab nicht nach. »Viele Fellachen wurden mit einem Strick um den Hals zur Arbeitsstelle geführt. Aus diesem Grund konnten die Bauern die Hirse, die ihre Hauptnahrung bildet, nicht aussäen. Viele erlagen den Anstrengungen, und man verscharrte sie, ohne genau hinzusehen, ob sie wirklich tot waren,« behauptete al-Dschabarti.

Der Mahmudije-Kanal war Anfang 1820 fertiggestellt. 17,5 Millionen Piaster sollen die 78 Kilometer Schiffahrtsweg gekostet haben. Die Hektik bei der Planung und bei den Arbeiten rächte sich aber bald. Eine nur geringe Strömungsgeschwindigkeit begünstigte die Ablagerung von Schlamm in dem 30 Meter breiten Gewässer. Immerhin, in Alexandria sei die mit Akazien und Sykomoren bepflanzte Promenade am Ufer des Kanals einer der schönsten Orte der Stadt gewesen, sagt man.

20.000 Unglücksfälle, wird berichtet, habe es beim Bau der Mahmudije-Kanals gegeben. Das war für den auf die Modernisierung seines Landes bedachten Despoten keine Größenordnung, über die es lohnte, sich den Kopf zu zerbrechen. Für die Fortschrittsprojekte wurde ja auch rücksichtslos Geld aus dem Lande gepreßt. Staatliche Zwangswirtschaft war die Methode, um die Akkumulationsmittel aufzubringen. Der britische Generalkonsul in Ägypten, Colonel Campell berichtete 1838: »Die Regierung (Mohammed Alis), die allen Lebensbedarf zu den von ihr selbst bestimmten Preisen erworben hat, verfügt über ihn zu ganz willkürlichen Preisen. Dadurch ist der Fellache seiner Ernte beraubt und gerät mit der Steuerzahlung in Verzug. Um ihn zur Bezahlung seiner Schulden zu veranlassen, wird er gequält und geprügelt. Das führt zu einem Rückgang des Anbaus und verringert die Produktion.« Aus diesem Teufelskreis auszubrechen vermochte die Regierung nur, wenn sie neue Projekte in Gang setzte, die wiederum viel Geld verschlangen. Es ging voran. Aber um welchen Preis!

Eine Quelle ägyptischen Wohlstandes sah Mohammed Ali in der Erweiterung des Anbaus von Baumwolle. Die Entwicklung des mechanischen Webstuhls und verbunden damit der Einsatz der Dampfmaschine, beides im England des 18. Jahrhunderts, eröffneten neue Möglichkeiten: Der Bedarf an dem Rohstoff Baumwolle, aus dem man Kleidung und Sprengstoff (Schießbaumwolle) herstellen konnte, wuchs schnell, was der Khedive früher als viele andere erkannte.

Baumwollanbau verlangt sehr viel Wasser (und ist deshalb gerade in den Ländern, die Bewässerungsprobleme haben, auch nicht unumstritten). Eine Ausweitung der Baumwollkultur wirft ganz andere Probleme auf, als der Anbau von Hirse oder Melonen. Durch einen Rückstau der alljährlichen Nilschwemme würde es möglich sein, meinte der Khedive, den noch anzulegenden großflächigen Baumwollplantagen genügend Wasser zum richtigen Zeitpunkt zukommen zu lassen. Bei anderen Pflanzen wären dann Saat und Ernte mehrmals im Jahr möglich.

Ob die Idee zum Bau eines Staudamms an der Stelle, wo sich der Nil in die beiden großen Arme des Deltas teilt, von Mohammed Ali selbst oder von seinen europäischen Beratern stammte, ist nicht überliefert. Angeblich soll ja schon Napoleon Bonaparte sich bei seinem Ägypten-Feldzug mit der Frage einer Regulierung des Deltas beschäftigt haben. Jedenfalls unterschrieb der Vizekönig im Frühjahr 1835 eine Weisung über die Errichtung des Damms. Daß der Herrscher die Absicht hatte, die Pyramiden von Gizeh abtragen und aus ihnen den Damm aufschütten zulassen, ist wohl eine Legende.

Die Barrage du Nil, 25 Kilometer nördlich von Kairo nach den Plänen des französischen Ingenieurs Mougel errichtet, besteht genau genommen aus zwei Dämmen. Einer sperrt den Nilarm von Damiette im Osten ab, er ist 522 Meter lang, wohingegen der andere am westlichen Nilarm von Rosette 452 Meter mißt. Unter den brückenartigen Dämmen, die dem Geschmack der Zeit entsprechend an mittelalterliche Festungsbauten erinnern, befinden sich 132 Schleusen, mit denen der Wasserfluß reguliert werden kann. Ein querlaufender Verbindungskanal zwischen den beiden fast nebeneinander liegenden Dämmen erlaubt es Niveauunterschiede im Wasserstand auszugleichen.

Einen ersten Entwurf für den Bau hatte der französische Ingenieur Louis Adolphe Linant de Bellefonds geliefert. Wie schon beim Mahmudije-Kanal wurde auch bei der Nil-Barrage bereits 1835 erst einmal von eilig zusammengetrommelten Arbeiterkolonnen flott drauflosgewerkelt, ehe überhaupt Pläne vorlagen. Linant schrieb später (über sich in der dritten Person), er sei kaum an der künftigen Baustelle gewesen, »als ihm schon 1.200 Arbeiter ohne Werkzeuge und ohne Verpflegung geschickt wurden. Es gab für diese Männer noch gar nichts zu tun, doch nun mußte Hals über Kopf Arbeit für sie beschafft werden. Linant legte die Stelle für die Fundamente des Damms fest, und das gelang auf den ersten Anhieb so gut«, lobt sich Linant, »daß auch später, nach gründlicher Prüfung, nichts geändert zu werden brauchte. Nur die Ausmaße konnte man noch nicht mit Genauigkeit bestimmen. Die Arbeiter machten sich ans Werk, und zwar zu Anfang wortwörtlich mit ihren Händen, ohne jegliche Werkzeuge.«

Die schon in der Antike beim Bau der Pyramiden genutzten Steinbrüche von Tura, zehn Kilometer südlich von Kairo, erhielten eine Feldbahnverbindung zum Nil. Die Produktion von Zement wurde aufgenommen. Doch die Arbeiten mußten schon sehr bald wieder eingestellt werden. »Es war die Pest,« berichtete Linant später, »die mit Heftigkeit wütete und unter den Arbeitern am Staudamm ebenso ihre Opfer forderte wie unter der übrigen Bevölkerung Ägyptens. Die Tagelöhner wurden in ihre Dörfer zurückgeschickt, und bald blieben nur noch die Handwerker in den Werkstätten und diejenigen Arbeiter zurück, auf die man nicht verzichten konnte. Viele europäische Ingenieure und Werkmeister erlagen der Seuche. Vier Monate lang vergingen mit Todesqualen und Gräberschaufeln. Dennoch waren diese Monate nicht verloren. Sie dienten dazu, die Pläne für den Staudamm zu vervollständigen und abzuschließen.«

Die Arbeiten wurden erst 1846 wieder aufgenommen. Linant schreibt die Tatsache, daß nun Mougel den Damm errichtet, einer Intrige zu, behauptet sogar, Mougel habe im Grunde seine, Linants, Pläne einfach benutzt. Am 4. April 1847 legte Mohammed Ali den Grundstein zu diesem damals sicherlich größten Wasserbauwerk der Welt. Das Projekt hat den alten Despoten, der nun schon recht gebrechlich war, in seinen letzten zwei Lebensjahren intensiv beschäftigt. Jedenfalls meinte der französische Generalkonsul Benedetti, ein aufmerksamer Beobachter der letzten Lebensjahre des Vizekönigs, Mohammed Ali habe »mit zunehmendem Alter nichts von seiner Leidenschaft für großangelegte Unternehmungen verloren. Da ihm alle auswärtigen Eroberungen unmöglich gemacht worden waren, beschäftigte er sich mit Plänen, das Ende seiner Herrschaft mit gewaltigen Bauten zu krönen, würdig seiner frühen Vorgänger, den Pharaonen.«

Dazu gehörte an erster Stelle der Nildamm, von dem der Khedive sagte: »Das ist ein Zweikampf zwischen dem großen Fluß und mir, und ich werde Sieger sein.«

Die Barrage du Nil soll schließlich 50 Millionen Piaster gekostet haben. Benedetti schrieb: »In seinem üblichen Eifer und in seiner Hast, den Damm vor seinem Tode vollendet zu sehen, genehmigte der Pascha die Ausgaben, ohne daran zu denken, wo die Gelder herkommen sollten. Die Staatskasse konnte sie nicht aufbringen, ohne daß die üblichen staatlichen Aufgaben aufs schwerste darunter litten. Schon jetzt erhielten Militär und Beamte Sold und Gehalt nur mit großer Verzögerung. Bald wurden auch andere, nicht weniger wichtige Bedürfnisse in Mitleidenschaft gezogen.«

Als Mohammed Ali 1849 starb, stockte der Bau erneut. Erst 1861 ist der Nil-Damm vollendet worden. Da aber befand sich Ägypten schon inmitten jener Krise, die dem Land schließlich Unabhängigkeit kosten sollte.

Auch die Barrage schien sich zunächst als Flop zu erweisen. Die Fundamente waren nicht stark genug, es gab Unterspülungen und Risse, die Kraft der Nilflut war wohl doch unterschätzt worden. Es bedurfte teurer Nacharbeiten, bevor der erhoffte Zweck erreicht war: die Wasserversorgung der Landwirtschaft im Nildelta besser zu regeln. Auch hatte die lange Verzögerung bei der Fertigstellung des Damms Ägypten womöglich um die Chance gebracht, einiges von seinen Schulden abzutragen. Der amerikanische Bürgerkrieg 1861 bis 1865 schnitt Europa von der Baumwolle der Südstaaten ab. Wer zu dieser Zeit zu liefern vermochte, durfte mit schönem Gewinn rechnen. Aber Ägypten war dazu noch nicht in der Lage.

Mohammed Alis Nachfolger, seine Söhne und Enkel haben versucht, die Modernisierung des Landes fortzuführen. Aber die kostspieligen Investitionen vornehmlich zur Regierungszeit seines Enkels Ismail (unter ihm wurde die Eisenbahn Alexandria-Kairo gebaut, wurden Schulen, Bibliotheken und Museen eingerichtet und das Postwesen reformiert) überstiegen die Leistungskraft des Landes.

1854 war Ferdinand de Lesseps mit dem Bau des Suez-Kanals beauftragt worden. 60.000 Bauern arbeiteten am Kanal. In vielfältiger Weise schien sich hier die Baugeschichte des Mahmudije-Kanals zu widerholen. 1869 wurde das Jahrhundertwerk von Suez eingeweiht. Doch schon 1875 wußte der Khedive keine andere Lösung für seine Schulden, als die Kanal-Aktien für vier Millionen Pfund zu verkaufen. Damit war nichts gewonnen. Ab 1876 übernahmen die Gläubigerstaaten – Großbritannien, Frankreich, Italien und Österreich-Ungarn – schrittweise die Kontrolle der ägyptischen Staatsfinanzen, was eigentlich schon dem Verlust der Souveränität gleich kam. Eine Revolte unter dem Offizier Arabi Pascha wandte sich gegen die lastenden Steuern und gegen die wachsende Bevormundung durch das Ausland. Damit war der Anstoß zur offenen Intervention gegeben. Britische Truppen landeten 1882 in Alexandria, schließlich war Englands Seeweg nach Indien durch den ägyptischen Nationalismus bedroht. Es begann die Zeit der indirekten Herrschaft Großbritanniens über Ägypten, das bis 1914 formell immer noch Teil des Osmanischen Reiches blieb. Erst im Dezember 1914, nach Ausbruch des 1. Weltkrieges, ist Ägypten britisches Protektorat geworden.

Der Aufstand des Mahdi

Die britische Herrschaft über das Land in jener Periode wird als »wohlwollende Despotie« beschrieben. Die Verwaltungsorganisation paßte man neuen Bedürfnissen an. Britische »Berater« hatten allerorten das Sagen. Sie »modernisierten«, wie sie es für richtig hielten.

Im Sudan, wenig beachtet in der Welt, wuchs zur gleichen Zeit der Haß gegen die fremden Herren aus Ägypten, die »Türken«, wie man sie nannte. Die sudanesichen Provinzen Nubien, Sennar, Take und Senhit, Kordofan und Darfur wurden ausgeplündert, genau so die Verwaltungsgebiete Faschoda und Bahr al-Ghazal. Der Handel mit Elfenbein florierte, und der Sklavenhandel ging weiter. Obwohl es in Europa eine zunehmende Stimmung gegen diesen Menschenhandel gab, spielten einige Europäer eine maßgebende Rolle in dem Geschäft.

Khartum, das Fischerdorf mit den wenigen verstreuten Hütten, bei dem Mohammed Ali ein Militärlager hatte anlegen lassen, war 1830 vom Generalgouverneur des Sudan, Khurshid Pascha, zur Hauptstadt gemacht worden. Der Pascha ließ sich einen Palast bauen, und zwei Werften an den beiden Nilzuflüssen. 1882 zählte Khartum bereits etwa 50.000 Einwohner und wurde von einem Zeitgenossen so beschrieben: »Da lag zunächst unmittelbar am Flußufer der Regierungspalast neben einem Gebüsch von Dattelpalmen, dann die Wohnung des Gouverneurs und eine Reihe Privathäuser mit zahlreichen und geräumigen Magazinen, alle an dem Ufer des Stromes, welches dergestalt den verkehrsreichsten Boulevard der Stadt bildete.«

Die Idylle täuschte. Manifestierte sich in Ägypten die allgemeine Empörung in dem nationalistischen Aufstand unter Arabi Pascha, so schlüpfte sie im Sudan in das Gewand einer religiösen Bewegung. Ein wandernder Derwisch, Mohammed Achmed, predigte die Rückkehr zu den Geboten des Propheten. Mohammed Achmed hatte sich auf der Insel Abba im Weißen Nil niedergelassen, die zu jener Zeit das Zentrum der umherziehenden Bettelmönche war, die durch alle Teile des Sudan wanderten. Da der Derwisch in seinen Ansprachen auch gegen Fremdherrschaft und Ausbeutung zu Felde zog, fand er schnell großen Zulauf. Bald nannten ihn seine Anhänger, bezeichnete er sich selbst als Mahdi, als den in islamischer Überlieferung erwarteten Messias, als Nachfolger des Propheten. F. R. Wingate, langjähriger Chef des englischen Geheimdienstes in Ägypten, schrieb über den Mahdi: »Es unterliegt keinem Zweifel, daß dieser Mann, ehe ihn seine zügellose Sinnlichkeit zugrunde richtete, den klügsten Kopf und den klarsten Blick innerhalb der 7,8 Millionen Quadratkilometer hatte, zu deren Herr er sich mehr oder weniger aufwarf.«

Die Bewegung des Mahdismus breitete sich wie ein Buschfeuer aus. Im Oktober 1881 brach Mohammed Achmed mit seinen Getreuen in den Westsudan auf. Im Dezember erlitt der ägyptische Gouverneur von Faschoda eine Niederlage und am 7. Juni 1882 besiegten die Kämpfer des Mahdi ein ägyptisches Heer von 6.000 Mann. Im Januar 1883 dann mußte das bedeutende Handelszentrum El-Obeid kapitulieren und nun griff der Aufstand auch auf den Ostsudan über.

Nahezu zur gleichen Zeit schlugen britische Truppen die Soldaten Arabi Paschas bei Tell el-Kebir in Unterägypten. Damit geriet Ägypten de facto unter britische Herrschaft. So war das Mahdi-Problem zugleich ein Problem Englands geworden.

Die ägyptische Armee, die im Frühjahr 1883 in den Westsudan entsandt wurde, stand bereits unter dem Kommando des britischen Generals Hicks, während ein Truppenkontingent in den Ostsudan dem englischen General Valentine Baker unterstellt war.

Schon vorher gab es britische Präsenz im Süden des Sudan; die Aussicht auf den Besitz der Nilquellen lockte. Die schrittweise Inbesitznahme der Bahr-el-Ghazal-Region war schon eine Art englisch-ägyptisches Joint Venture gewesen. 1869 hatte der Khedive den britischen Forscher Sir Samuel Baker in seine Dienste genommen mit dem Auftrag, das Gebiet bis zu den Nilquellen zu annektieren, den Sklavenhandel zu unterbinden und eine Kette von Militärstützpunkten einzurichten. Zu diesem Behufe waren Baker sechs Dampfschiffe und einige Segelschiffe zur Verfügung gestellt worden.

Baker war ein Entdecker, kein Administrator. So erledigte er den Auftrag nur zum Teil. Er verzankte sich mit den ägyptischen Offizieren und Beamten, er erreichte zwar flußaufwärts das Gebiet von Uganda und hinterließ auf seinem Wege

Militärposten. Mehr nicht. Bakers Nachfolger wurde 1874 der britische Generaloberst Gordon, mit dem Titel »Gouverneur des Äquator«. (Gordon in seinem Tagebuch über diese Amtsbezeichnung: »... gewiß eine merkwürdige Mischung! Also kein Mensch kann und darf den Äquator überschreiten ohne die ausdrückliche Erlaubnis seiner Exzellenz.«).

Gordon ist dann im Februar 1877 zum Generalgouverneur des Sudan ernannt worden, und im August 1877 unterschrieb der Khedive die anglo-ägyptische Konvention über die Beendigung des Sklavenhandels, deren wesentliche Forderung war, bis 1888 müsse der Sklavenhandel im Sudan abgeschafft sein. Das hatte seinen Sinn: Nicht nur, daß Sklavenjagden und Sklavenhandel in Europa mittlerweile als zutiefst unmoralisch empfunden wurden, sie waren auch ein Hemmnis für künftige Kolonialherrschaft im Innern Afrikas. Wer in Kenya oder Uganda einmal eine Plantage anlegen wollte, dem war überhaupt nicht damit gedient, daß die künftigen Arbeitskräfte mittlerweile gefangen, verkauft und verschleppt waren. Doch Gordon kündigte 1880 dem Vizekönig entnervt den Dienst auf. Die »Mafia« der Sklavenhändler, hatte ihn geschickt ausmanövriert.

Wenn jetzt in den Städten Europas der Mahdi-Aufstand als Aktion der Sklavenhändler denunziert wurde, die sich gegen das drohende Ende ihrer Geschäfte zur Wehr setzten, so klang es zwar recht einleuchtend, lag aber doch gehörig neben der Wirklichkeit. Die Anhänger des Mahdi waren Bauern, Nomaden, kleine Händler, Handwerker, aber auch Sklaven. Mohammed Achmed hatte ja so großen Zulauf, weil er die Herstellung von Gleichheit und Brüderlichkeit predigte, deshalb konnte seine Bewegung noch Jahr eüber seinen Tod hinaus – er starb am 22. Juni 1885 – unter seinem Nachfolger Abdallah dem »Khalifa«, erfolgreich sein. Daß der Staat, den die Mahdisten errichteten, weit davon entfernt war, die proklamierten Ideale zu verwirklichen, mag nicht zu verwundern. Dazu war die Bewegung zu widersprüchlich, aber auch zu wenig auf die Verwaltung eines Staatswesens vorbereitet.

Zunächst aber bereitete der Aufstand Kairo und London Probleme über Probleme. Die ägyptischen Truppenverbände unter britischem Kommando erlitten im November 1883 schlimme Niederlagen, einen Monat später empfahl London die Räumung Khartums. Was heißt »empfohlen« – die Note des britischen Außenministers Lord Granville an Kairo, in der sich der Satz fand »... hält Ihrer Majestät Regierung es für Ägypten unmöglich, Khartum zu verteidigen ...«, enthielt zugleich eine unmißverständliche Mitteilung: »Ich brauche Sie wohl kaum darauf aufmerksam zu machen, daß in wichtigen Fragen, von denen die Verwaltung und Sicherheit Ägyptens abhängen, es unumgänglich nötig ist, daß Ihrer Majestät Regierung, solange die provisorische Okkupation des Landes durch englische Truppen dauert, versichert sei, daß der Rat, welchen Sie dem Khediven zu geben für ihre Pflicht hält, befolgt werde. Es muß den ägyptischen Ministern und Provinzgouverneuren klargemacht werden, daß die Verantwortlichkeit, welche zur Zeit auf England liegt, Ihrer Majestät Regierung verpflichtet, auf der Annahme der von ihr angeratenen Politik zu bestehen, und daß es nötig sein wird, daß die Minister und Gouverneure, welche dies nicht befolgen, aus dem Amte treten müssen.« Mit anderen Worten: Wer den englischen Weisungen nicht folgt, wird gefeuert.

Es war also klargestellt, wer das Sagen hatte. Der Kampf im Sudan und damit um die Herrschaft über die Nilquellen war Großbritanniens Angelegenheit.

In London entschied man sich für die direkte Intervention. Der Sudan wurde für unabhängig von Ägypten erklärt, was den Rücktritt der ägyptischen Regierung zur Folge hatte. Sie meinte es mit ihrer Würde nicht vereinbaren zu können, diese rücksichtslose Einmischung hinzunehmen, nun gut, es fand sich eine andere Regierung für Ägypten. Die britische Regierung ernannte Gordon erneut zum Generalgouverneur, der offenbar glaubte, die Abschaffung der ägyptischen Oberherrschaft und sein Taktieren und Verhandeln mit allen und nach allen Seiten unter Versprechung aller möglichen Konzessionen könnten dem Aufstand die Spitze nehmen. Das hat ihn letztlich wahrscheinlich den Kopf gekostet.

Am 18. Januar 1884 traf Gordon in Khartum ein. Am 12. Mai begannen die Mahdisten die Stadt zu belagern und einzuschließen. Noch bot der Nil die Möglichkeit, mit der Außenwelt hin und wieder in Verbindung zu bleiben. Gordon schrieb: »In bezug auf Proviant sind wir wohl ausgerüstet. Die Leute sind guten Muts. Es ist seltsam genug, aber die Proviantkolonnen kommen besser durch als früher. So können wir's schon ein paar Monate lang aushalten. Die Dampfer sind uns von großem Nutzen.«

Der Nil war die einzige Chance und Hoffnung der Eingeschlossenen. Kriegskorrespondent Frank Power, im Auftrag der »Times« in der umzingelten Stadt, ließ seine Redaktion wissen: »Der Blaue Nil steigt langsam, und wir hoffen, daß in 10 oder 15 Tagen die Dampfer in der Lage sein werden, die Rebellen schonungslos zu treffen.« Am 30. Juli meldete er: »Die Araber haben starke Befestigungen mit Kanonen den Fluß entlang und sie treiben die Belagerung so heftig wie je voran. General Gordon hat alle Dampfer mit kugelsicheren Platten aus weichem Holz und Eisen schützen, und auf den sechs bewaffneten Booten hat er 20 Fuß hohe Befestigungen errichten lassen, die eine doppelte Feuerlinie bilden.«

Anfang September 1884 gelang es Power, Khartum zu verlassen. Der Raddampfer »Abbas« sollte die Belagerung durchbrechen und die dringende Bitte um Hilfe an das britische Oberkommando übermitteln. Am 18. September lief das Schiff auf einen Felsen auf, die Besatzung geriet in einen Hinterhalt.

In der Hoffnung auf das baldige Eintreffen eines Ersatzheeres lehnte Gordon alle Aufforderungen zur Kapitulation ab. Tatsächlich waren Dampfschiffe mit Truppen nach Khartum unterwegs. Aber sie kamen zu spät. Sie waren schon in Sichtweite der Stadt, als Khartum am 26. Januar 1885 fiel. Unverrichteter Dinge zog das Einsatzheer unter General Wolsely sich wieder nach Ägypten zurück.

Gordon sei, so erfuhr man später von Augenzeugen, im Gefecht Mann gegen Mann gefallen, seinen Kopf habe man dem Mahdi nach Omdurman geschickt.

Um die Herrschaft über die Nilquellen

Nach dem Fall der sudanesischen Hauptstadt verlegte sich der Kriegsschauplatz nach Süden. Die Mahdi-Anhänger griffen die Provinz Äquatoria an, sie führten auch Krieg gegen Äthiopien, und sie mußten dann den allmählichen Zerfall ihres Staatswesens erleben. Der Kampf gegen die Nachfolger des Mahdi war dann schon nicht mehr Sache allein Großbritanniens, denn in diesem Krieg waren unter dem Vorwand, für eine hochmoralische gute Sache zu streiten, hübsche koloniale Eroberungen zu machen. Am Roten Meer rückten die Italiener vor, die bei dieser Gelegenheit später Erythrea eroberten, Sprungbrett nach Äthiopien. Frankreich nahm gleichfalls lebhaften Anteil an diesem Krieg. 1892 wurde Lord Kitchener zum britischen Oberbefehlshaber in Ägypten ernannt. Aber er ließ sich vier Jahre Zeit, bevor er an die Rückeroberung des Sudan ging. Es war ein überaus vorsichtiges Unternehmen. Kitchener wollte kein Risiko eingehen. Kein Vormarsch ohne die Sicherung der rückwärtigen Verbindungen. 1897 war eine Eisenbahnstrecke bis Dongola vorangetrieben. Eine Bahnstrecke nach Wadi Halfa legte man unter Umgehung der großen Nilschleife quer durch die nubische Wüste. Gleichzeitig zog man fünf Kanonenboote an Tauen durch die Nilkatarakte.

Am 2. September 1898 kam es bei Omdurman am Westufer der Weißen Nil zur Entscheidungsschlacht. Kitchener trat mit 26.000 Mann, darunter 8.000 Engländern an. Mit 44 Geschützen und 20 Maschinengewehren war er den 50.000 Kämpfern des Khalifa, von denen nur die Hälfte Feuerwaffen besaß, von vornherein überlegen. Neun Kanonenboote gaben den Engländern vom Nil her Feuerschutz.

Fünf Stunden lang griffen die Suadanesen das befestigte Lager der englisch-ägyptischen Armee am Nilufer an. Der britische Augenzeuge G. Stevens hat das Massaker, von dem er selbst meinte »das ist keine Schlacht, das ist eine Hinrichtung« – sozusagen mit sportlicher Fairneß zu beschreiben versucht: Die Angreifer seien »in höchstem Maße großartig« gewesen. »Ihre unerschrockenen Soldaten hielten unter höllischen Bedingungen, im Angesicht des Todes, dem schwarzgrünen Banner die Treue. Ihre Speerträger gingen ohne Zaudern in den sicheren Untergang. Ihre Kavalleristen, die als erste angriffen, warfen sich den Kugeln entgegen und kämpften bis zum Äußersten.«

Auch Winston Churchill, nachmaliger britischer Premierminister, in Omdurman als Kriegskorrespondent dabei, fand fasziniert schöne Worte für dieses »letzte Glied in der langen Reihe jener Kampfschauspiele, die mit ihrer farbenprächtigen und erhabenen Großartigkeit soviel dazu beigetragen haben, dem Krieg einen glanzvollen Zauber zu verleihen.« Churchills Beobachtungen: »Die Heere marschierten und manövrierten auf der leichtbewegten Fläche der Wüste, die der Nil in breiten flachen Windungen, bald stahlblau, bald kupferfarben erglänzend, durchzog. Kavallerie attackierte gestreckten Galopps in geschlossener Formation; und zur Linie geordnete Infanterie oder dichte Massen speerbewaffneter Krieger stellten sich ihr aufrecht entgegen.«

Die schönen Worte verschleierten die grausame Wirklichkeit, und auch Churchill schrieb an einer anderen Stelle: »Schmutz, Hitze, Gestank, Leichen und Fliegen – das war Omdurman.«

Das britisch-ägyptische Expeditionskorps verlor – die Angaben sind ein wenig widersprüchlich – zwischen 48 und 120 Tote und hatte etwa 500 Verwundete. Die Opfer auf der anderen Seite sind nie gezählt worden, man schätzt aber etwa 12.000 Tote und 16.000 Verwundete.

Mit der Schlacht von Omdurman war der Mahdi-Aufstand beendet. Kitchener ließ das Grab des Mahdi zerstören, in den Ruinen von Khartum wurde ein Gedenkgottesdienst für Gordon abgehalten.

London hatte indes die Order erlassen, nach dem Sieg sollten die Truppen ohne Verzug nilaufwärts vorrücken, das Gebiet wieder in Besitz nehmen, und jeden Versuch anderer vereiteln, sich im Gebiet der Nilquellen festzusetzen oder Ansprüche zu erheben.

Mit den »anderen« meinte man Frankreich. Tatsächlich war im Juli 1896 in Brazzaville am Kongo eine französische

Expedition aufgebrochen, um wie es der Expeditionschronist formulierte, »Faustpfänder« zu holen »für den Tag, da die ägyptische Frage zur Verhandlung kommen mußte. Die Kap-Kairo-Route sollte blockiert werden.«

Am 10. Juli 1898 hatte die Expedition des Hauptmanns Jean-Baptiste Marchand, neun Offiziere und 120 Mann, nach einem Gewaltmarsch von 4.500 Kilometern den Nil erreicht und in Faschoda einen alten ägyptischen Vorposten besetzt, wo die französische Flagge gehißt wurde. Am 20. September 1898 kam Kitchener mit fünf Raddampfern und fast 2.000 Mann in Faschoda an. Dies führte zu dem berühmt-berüchtigten »Zwischenfall von Faschoda«, von dem die Zeitgenossen meinten, er hätte fast einen großen Krieg auslösen können.

In dem offiziellen Bericht Kitcheners liest sich das Ereignis so: »Ich schickte am Tag vor meiner Ankunft in Faschoda einen Brief hin, in dem ich mein Herannahen ankündigte. Ein kleines Ruderboot, das die französische Flagge führte, brachte mir am folgenden Morgen ... eine Antwort von Hauptmann Marchand, worin er erklärte, ... seine Regierung habe ihn beauftragt, den Bahr el-Ghazal bis zur Einmündung des Bahr el-Dschebel sowie das Schilluk-Land auf dem linken Ufer des Weißen Nil bis Faschoda zu besetzen. Er behauptete, er habe mit dem Häuptling des Schilluk-Stammes einen Vertrag geschlossen, wodurch dieser sein Land unter den Schutz Frankreichs stellte, und er habe seiner Regierung diesen Vertrag sowohl auf dem Wege über Abessinien wie über den Bahr el-Ghazal geschickt.«

Am nächsten Tag ist Kitchener dann in Faschoda eingetroffen. Er empfing Marchand an Bord und erklärte ihm ohne Umschweife, die pure Anwesenheit der Franzosen hier sei eine direkte Verletzung der Rechte der ägyptischen und der britischen Regierung. Kitchener vergißt in seinem offiziellen Bericht nicht, ausdrücklich darauf hinzuweisen, daß er »in den stärksten Ausdrücken« gegen die Hissung der Trikolore protestiert habe. Der Kommandeur der Engländer teilte dem Franzosen mit, er habe die Absicht, die ägyptische (!) Flagge in Faschoda zu hissen. Ob er dagegen Widerstand leisten wolle. Widerstand sei wohl unmöglich, sagte Hauptmann Marchand.

Kitcheners Bericht mochte in London einigermaßen erleichtert aufgenommen worden sein. »Die Lage,« schrieb er, »in der sich Hauptmann Marchand in Faschoda befindet, ist ebenso unmöglich wie absurd. Er ist vom Innern abgeschnitten, und sein Wassertransport ist ganz unzulänglich; außerdem hat er nur noch geringe Munitions- und andere Vorräte, die Monate brauchen müssen, um zu ihm zu gelangen; er hat keinen Anhang im Lande, und nichts hätte ihn und seine Expedition vor der Vernichtung durch die Derwische retten können, wenn wir vierzehn Tage länger gebraucht hätten, um den Khalifa zu erdrücken.«

Indessen hatten in Europa beide Seiten Vorbereitungen für die Mobilmachung der Flotte getroffen. In Paris rechnete man die Chancen aus, das verbündete Rußland im Konfliktfall zum Eingreifen bewegen zu können. In Berlin bekannte Kaiser Wilhelm II., er hätte es gerne gesehen, wenn England »wegen seiner Habgier« eins auf die Mütze bekäme. Aber Rußland war in Mittelasien engagiert, Deutschland in diesem Falle nicht bereit, sich einzumischen, Frankreich schließlich hatte sich mit innerpolitischen Skandalen herumzuschlagen, kurz, es war nicht der günstigste Augenblick für einen Krieg.

Am 11. Dezember 1898 zogen Marchands Leute aus Faschoda ab, marschierten durch Äthiopien nach Dschibuti am Indischen Ozean. Im Mai 1899 trafen sie in Frankreich ein, gefeiert wie Helden. Die künftigen Bundesgenossen England und Frankreich mochten sich später überhaupt nicht mehr gern an Faschoda erinnern. Der Ort selbst versank in Bedeutungslosigkeit. Und 1905 benannte man diesen Fleck 80 Kilometer flußabwärts von der Einmündung des Sobok in den Nil einfach in Kodok um.

Die Inbesitznahme der Nilquellen-Region war Schlußpunkt eines lange und sorgfältig geplanten Unternehmens gewesen, bei dem es um weitaus mehr ging, als um den Mahdi und seinen Aufstand.

Das Sudan Syndicate kassiert

Seit der Schlacht von Tell el-Kebir war ein Mann mit der recht unscheinbaren Dienstbezeichnung »Generalkonsul« der wirkliche Herrscher über Ägypten, und nun also auch über den Sudan. Von 1883 bis 1907, 21 Jahre lang, hatte Evelyn Baring, der Earl of Cromer, diesen Posten inne. In einem mehrbändigen Werk hat Cromer seine Sicht der jüngeren Geschichte Ägyptens aufgezeichnet und dabei sehr genau und ohne überflüssige Umschweife ein Fazit des 16jährigen Krieges im Sudan gezogen. Eine »schlechte ägyptische Regierung« habe zu dem Aufstand der Mahdisten geführt, schrieb Cromer, aber England habe schließlich das Land zurückerobert. So gesehen wäre es zu rechtfertigen gewesen, wenn Großbritannien den Sudan annektiert hätte. Was spräche dagegen? Obwohl England »in dem englisch-ägyptischen Kompagniegeschäft zweifellos der Seniorpartner war, »habe Ägypten zur selben Zeit eine sehr nützliche und ehrenvolle, wenn auch nur helfende Rolle in dem gemeinsamen Unternehmen gespielt.« Auch sei ja der Krieg im Namen des Khediven geführt worden. Doch es liege »nicht im Interesse Großbritanniens, seinen Verantwortungen, die sich bereits über die ganze Welt erstrecken, durch die Übernahme der direkten Regierung eines weiteren riesigen afrikanischen Gebiets noch mehr aufzubürden.«

Andererseits, so meinte Cromer, »war es wesentlich, daß der britische Einfluß im Sudan in Wirklichkeit überwog, damit den Ägyptern keine 'trügerische Freiheit' gewährt wurde«. Also mußte man »eine Methode finden, durch die der Sudan zu gleicher Zeit in solchem Grade ägyptisch wäre, daß den Forderungen der Gerechtigkeit und Politik Genüge geleistet würde, und doch hinreichend britisch, um die Verwaltung des Landes vor der Belästigung durch die internationale Klette zu schützen, die an dem Gewande der ägyptischen politischen Existenz hing.«

Das war nun wirklich sehr poetisch gesagt. Es erhielt der Sudan eine, wie es Cromer auszudrücken beliebte, »Bastardform«. Er wurde »durch eine Genossenschaft von zweien regiert, ... von denen England das vorherrschende Mitglied war«.

Am 19. Januar 1899 schon wurde das Sudan-Abkommen unterzeichnet. Künftig stand in den Atlanten die Landesbezeichnung »Anglo-ägyptischer Sudan«. Als nördliche Grenze legte man den 22. Breitengrad fest, und dort verläuft sie bis zum heutigen Tage. Die Südgrenze ließ man vorerst unbestimmt. Die oberste Gewalt im Lande übte ein Generalgouverneur aus, der auf Vorschlag der britischen Regierung durch ein Dekret des Khediven eingesetzt wurde.

In der Geschichte, so hat der kluge und berühmte Mann Karl Marx einmal formuliert, sei letztlich »alles Kattun«, sprich: Im Endeffekt seien immer die wirtschaftlichen Interessen ausschlaggebend. Im Niltal sollte das jetzt im wahrsten Sinne des Wortes zutreffen. Schon Mohammed Ali hatte ja den Anbau von Baumwolle, also Cotton, also Kattun gefördert. In Englands Textilzentrum Lancashire waren solche Bemühungen aufmerksam verfolgt worden. Die schnelle Entwicklung des Baumwollanbaus mußte dem britischen »Generalkonsul« in Kairo schon am Herzen liegen. Noch bevor die Truppen Lord Kitcheners zum Marsch nach Süden aufbrachen, waren Gutachten über die Chancen der Baumwolle im Sudan erstattet worden. Das Sudan Plantation Syndicate wurde gegründet. Diese Organisation sollte sich um Pflanzung, Ernte, Entkernung und Transport der Baumwolle kümmern. Von den Einnahmen sollten die britische Regierung 35 Prozent, die Pflanzer 40 Prozent und die beteiligte englische Textilindustrie 25 Prozent erhalten. Das Syndikat warf begehrliche Blicke auf die sudanesische Gezira. Arabisch heißt das »Insel«, gemeint war in diesem Falle bestenfalls eine Halbinsel, jenes große Triangel nämlich, das durch den Zusammenfluß von Weißem und Blauem Nil entsteht.

Für Ägypten hingegen war der Ausbau des Bewässerungssystems ins Auge gefaßt. Am 20. Februar 1898, also etwas mehr als sechs Monate vor der Schlacht von Omdurman, wurde der Vertrag über den Bau von Nilstaudämmen unterzeichnet.

Colonel Ross, einer der britischen Verwaltungsexperten in Ägypten, hat nicht versäumt, allein England das Verdienst an den Bewässerungsprojekten zuzuschreiben. Er formulierte diesen Anspruch so: »Es kann keinerlei Zweifel unterliegen, daß bis zum Jahre 1882 die ägyptische Bewässerung abwärts ging. Jedes Jahr wurde trotz der Ingenieure irgendein verkehrter Schritt unternommen. Jedes Jahr verlor der Frondienst an Leistungsfähigkeit, wurden Gräben aufgegeben oder nutzlos, und Kanäle wurden aus kunstvoll angelegten zu natürlichen, von dem natürlichen Steigen und Fallen des Nils gänzlich unbeeinflußten Wassergräben.« Ross fügte hinzu: »Aus vielen Gründen ist die einheimische Ingenieurkunst so herabgesunken, daß die Ägypter ohne moderne wissenschaftliche Hilfe ihre eigenen Kanäle nicht betreiben könnten. Sie sind in toten Konservatismus versunken.« Und nun, schrieb Cromer, war »eine großartige Gelegenheit für den Engländer gegeben, und er bediente sich ihrer in hervorragender Weise«. Weiter meinte der Generalkonsul: »Wenn schließlich die Gewässer des Nils von den Seen bis zum Meere völlig unter Kontrolle gestellt sind, so wird man rühmen können, daß der Mensch – in diesem Falle der Engländer – die Gaben der Natur aufs Bestmögliche ausgenutzt hat.«

Die voreiligen Lobeshymnen beiseitegelassen – die Staudämme, die nun entstanden, sollten sich in der Folgezeit als äußerst nützlich erweisen. Gemeinhin wird ja in diesem Zusammenhang immer nur der Assuan-Damm erwähnt. Tatsächlich hatten aber schon 1898 die Arbeiten an einem anderen Damm bei Assiut, 350 Kilometer südlich der Nilmündung, 500 Flußkilometer nördlich von Assuan, begonnen. Dieser Damm wurde 1902 eingeweiht, mit 833 Metern Länge und 12,50 Metern Höhe ein respektables Bauwerk. Seine Aufgabe war die Versorgung des Ibrahimi-Kanals mit Wasser. Dieser Kanal begleitet den Nil im Westen über hunderte Kilometer durch das Tal und bewässert mehr als 400.000 Hektar landwirtschaftlicher Fläche.

Das erste Wunder von Assuan

Mehr von sich reden aber machte zweifellos der Assuan-Damm, der nach seiner Einweihung – ebenfalls 1902 – allgemein bewundert wurde. 1906 notierte ein Reisender: »Fernstehende, die von dem Sammelbecken von Assuan reden hören, stellen sich darunter eine Art riesigen Behälters vor, der eine größere oder geringere Wassermenge birgt. Das ist natürlich kaum richtig; aber es ist außerordentlich schwer, denen, die es nicht gesehen haben, die Großartigkeit des Werkes zu beschreiben. Kurzum: man hat am oberen Teile des Ersten Falles quer durch den Fluß ein kolossales, riesiges Wehr, einen wirklichen Granitberg errichtet. Das durch diesen mächtigen Damm zurückgehaltene Wasser breitet sich nun in dem Raum zwischen den Bergen aus, die sich auf beiden Seiten in einiger Entfernung erheben, und bildet so einen ungeheuer großen See, unter dem die Ebene und die früher hier befindlichen Dörfer gänzlich verschwunden sind. Hier und da zeigen sich die Wipfel hoher Palmbäume über der Wasserfläche. Der Damm wird von 180 riesigen Schleusen durchbrochen, durch welche der Überschuß an Wasser mit donnerndem Getöse herabströmt. Mr. MacDonald, der berühmte Ingenieur, der die Werke leitet, erzählte mir, daß durch die Verdunstung allein binnen 24 Stunden 100 Kubikmeter verloren gehen. Man kann leicht verstehen, welch furchtbarer Druck durch diese riesige Wassermenge auf den Damm ausgeübt wird, und welche Widerstandskraft er ihr entgegensetzen muß.«

Der erste Assuan-Damm war 1.962 Meter lang, am Fuß erreichte er eine Dicke von 27 Metern. Bald nach der Fertigstellung stellte sich jedoch heraus, daß die Anlage den Forderungen für die vorgesehene Bewässerung nicht genügte. Also mußte der Damm zwischen 1907 und 1912 um fünf Meter erhöht werden, die Kapazität des Stausees erreichte 2,5 Milliarden Kubikmeter. Zwischen 1929 und 1934 sah man sich gezwungen, nochmals draufzusatteln. Jetzt hatte der Damm die Höhe von 41,5 Metern und die Staukapazität lag bei 5 Milliarden Kubikmeter. Der See bedeckte nun 360 Quadratkilometer.

Von Anfang an gab es Kritik und Bedenken. So ließ ein Archäologe verlauten: »Es ist ein Fehler, ein schrecklicher Fehler, daß man diesen ungeheuren Wall gebaut hat, der eines schönen Tages von dem Wasser durchbrochen werden wird. Mehrere kleine Dämme wären von demselben Nutzen gewesen, ohne die gleiche Gefahr in sich zu bergen.« Der Mann schien genau Bescheid zu wissen: »Die englischen Ingenieure wollen die Möglichkeit nicht zugeben, ein Wehr auf anderem als felsigem Untergrund zu erbauen. Sie haben die gegenwärtige Lage gewählt, weil das Nilbett dort aus Stein besteht; aber die Felsen von Assuan sind nur an der Oberfläche hart, weiter unten zeigen sie sich weich, ja gewissermaßen morsch.« Eines Tages, lautete die düstere Prophezeiung aus dem Jahr 1906, werde die Welt Zeuge der schrecklichsten Katastrophe werden: »Stellen Sie sich das Unglück vor, wenn der Damm bricht, wenn hunderttausend Millionen Kubikmeter Wasser das Niltal hinabstürzen, ganze Städte und Dörfer mit sich fortreißen und die Einwohner vernichten! Und das ist die Gefahr, die Ägypten droht.« Auch sei es möglich, daß das aufgestaute Wasser allmählich durch den Untergrund eines ehemaligen Nilarms sickere, ja, daß bei einer Hochflut der Nil in dieses alte Bett schieße, »und Assuan wird von einer Riesenwoge weggefegt werden, die keinen Stein auf dem anderen läßt.«

Die Sorgen dieses Archäologen erwiesen sich als unbegründet. Dabei war erstaunlich, daß er sich nicht den Kopf um jene Folgen des Dammbaus zerbrach, die ihn persönlich vielmehr betrafen. Denn die Nilinsel Philae mit ihren alten Tempeln wurde nun, wenn sich der Fluß hinter dem Damm aufstaute, regelmäßig überspült. Gewiß, auch hier hatte es erst einmal Alarmrufe gegeben, dann aber folgte die Entwarnung. Das Wasser scheine keine schlechte Einwirkung auf die Steine des Isistempels zu haben, »höchstens in einigen Räumen, die als einzige Öffnung eine niedrige Tür besitzen und deshalb notwendigerweise feucht bleiben und sich mit Salpeter überziehen«. Die meisten ägyptischen Altertümer, so klagte man 1906, seien zusehends einem Verfall preisgegeben. Ausgrabungen hätten negative Wirkungen, wo Schuttberge verschwänden, die den alten Bauten einen Halt geboten hätten. »In Philae hätte dasselbe geschehen können, wie anderwärts. Der Tempel wäre allmählich gesunken, hier und da eine Säule eingestürzt, und man hätte warten müssen, bis genügende Kapitalien verfügbar waren, ehe man die Grundmauern befestigen konnte. Jetzt aber ist dies ganz gründlich geschehen.« Und in einem anderen Bericht hieß es zur gleichen Zeit, »daß der Zustand von Philae ein ganz befriedigender ist. Statt, wie zu befürchten stand, unter dem Einfluß des Wassers abzubröckeln, hat sich der Sandstein verdichtet und verhärtet; er ist fester geworden und wird sich deshalb widerstandsfähiger erweisen können, als früher.«

Eine Folge der Staudamm-Fertigstellung von 1902 war die Steigerung der landwirtschaftlichen Produktion. Das aber hieß nun auch: Monokultur. 1852 hatte Ägypten 30.000 Tonnen Baumwolle exportiert, 1912/13 dann schon 286.000 Tonnen und 1936/37 waren es fast 400.000 Tonnen. Dabei ist zu bedenken, daß zudem ein wachsender Anteil von Baumwolle im Lande selbst verarbeitet wurde. Schließlich stammten 50 Prozent der Einnahmen der ägyptischen Landwirtschaft aus dem Baumwollanbau, und 75 bis 90 Prozent aller Exporteinnahmen. Ägypten stand nun in der Weltbaumwollerzeugung an dritter Stelle.

Der Assuan-Damm hatte sich bereits zwei Jahre nach seiner Fertigstellung zu bewähren. 1905 nämlich kam die Nilflut so spät und so gering, daß ohne das Wasser, das sich bereits bei Assuan aufgestaut hatte, die Baumwoll- und die Reisernte verloren gewesen wären.

Indessen hatte der englische Unterstaatssekretär des ägyptischen Ministeriums für öffentliche Arbeiten, Sir William Garstin, eine Forschungsreise nach Nubien und an den Bahr al-Ghazal unternommen. Garstin arbeitete die Projekte zur landwirtschaftlichen Nutzung des Nilwassers im Sudan aus. General Reginald Wingate, zeitweilig Oberkommnadierender der Armee in Ägypten, meinte 1906 zur Garstin-Mission: »Einige kleine Bewässerungskanäle sind schon angelegt worden, und der Sudan kann jetzt im Sommer Wasser aus dem Nil nehmen zu einer Zeit, wo dem ägyptischen Ackerbau dadurch kein Schaden zugefügt wird. Denn Ägypten erlaubt uns nicht, das Wasser zu nehmen, von dem seine Existenz abhängt. Sie sehen also, daß England wohl wußte, was es tat, als es in Ägyptens Namen erklärte, daß es keiner anderen Macht erlauben würde, sich am oberen Nil niederzulassen und das Wasser mit Beschlag zu belegen, ohne das Ägypten nicht bestehen kann.«

Hier deuteten sich bereits künftige Konflikte an. Bis dato war der Wasserverbrauch ausschließlich Sache Ägyptens gewesen. Cromer hatte 1904 das allgemeine Prinzip postuliert, die Wasser des Weißen Nil sollten von Ägypten, die des Blauen Nil vom Sudan genutzt werden. Das klang schön griffig und zudem einleuchtend. Es wurde zunächst auch so akzeptiert, zumal die Fertigstellung sudanesischer Bewässerungsvorhaben noch in weiter Ferne zu liegen schien.

Unmittelbar nach dem Ende des Ersten Weltkrieges ging das Sudanese Plantation Syndicate daran, ein seit geraumer Zeit in den Schubladen fix und fertiges Projekt in der Gezira zu realisieren. Schon 1904 war von dem Amerikaner Leigh Hunt nördlich von Khartum versuchsweise Baumwolle angepflanzt worden. 1910 hatte das Syndikat seine Plantage übernommen. 1913 begann man mit dem Bau des Staudamms von Sennar am Blauen Nil. Der Krieg unterbrach 1914 die Arbeiten, erst 1925 wurde der Damm vollendet, 3.025 Meter lang, mit einem Speicher für eine Million Kubikmeter. Damit konnte das Baumwollgeschäft in der Gezira mit Volldampf vorangebracht werden.

Zwischen 1932 und 1936 ist dann am Weißen Nil der Dschebel-Aulia-Damm errichtet worden, 4.998 Meter lang, 22 Meter hoch. Hier, 40 Kilometer südlich von Khartum, können 3.500 Kubikmeter aufgestaut werden. Hier wurde getreu der Cromerschen Idee im Sudan Wasser für Ägypten angesammelt.

Bevor das Gezira-Projekt auf einem Areal von zunächst mehr als 1,2 Millionen Hektar verwirklicht wurde (die gesamte Gezira umfaßt über 2 Millionen Hektar), waren einige tausend

Kilometer Bewässerungskanäle zu bauen. Bis dahin hatte der Boden sudanesischen Bauern gehört. Nun wurde er von der britischen Verwaltung entweder enteignet oder für eine minimale Summe gepachtet. Das Syndikat übernahm das Land, teilte es in Parzellen von je 12 bis 15 Hektar auf, die wiederum an Neuansiedler oder an die einstigen Besitzer zurückverpachtet wurden. Die wichtigste Pachtbedingung war, daß mindestens ein Viertel des Bodens mit Baumwolle zu bestellen war; die Baumwolle durfte ausschließlich dem Syndikat verkauft werden. Wechselndes Ernteglück und sich ändernde Baumwollpreise bewirkten im Laufe der Jahre die Verelendung vieler Kleinbauern und eine weitere Konzentration des Landbesitzes in den Händen von Großgrundbesitzern.

Der Prozentsatz alteingesessener Landeigentümer sank beständig. In der Gezira bildete sich in kurzer Frist eine eigenartige Mischung von rückständigen Feudalverhältnissen und modernster kapitalistischer Agrarindustrie heraus. Anfang der 40er Jahre arbeiteten auf den Feldern der Gezira in der Zeit der Baumwollernte neben den Pächtern und ihren Familien (etwa 80.000 Menschen) an die 140.000 Saisonarbeiter. Ein Drittel der Pflücker reiste sogar aus Westafrika an.

Am 30. Juli 1950 lief die Konzession des Syndikats aus. Das war das vorläufige Ende einer als einzigartig gepriesenen Partnerschaft, bei der die Regierung Wasser und Land gestellt hatte, das Syndikat die fachliche Leitung und die Pächter ihre Arbeitskraft. Die damalige sudanesische Regierung machte 1950 von ihrem Vorkaufsrecht Gebrauch und beschloß die Übernahme des Unternehmens. Eine öffentliche Körperschaft, der Sudan Gezira Board, und das heißt: der sudanesische Staat, übernahm das Projekt. Dabei blieb es auch, nachdem der Sudan 1958 endlich unabhängig wurde.

Krisen zwischen Kairo und Khartum

Großbritannien hatte am 28. Februar 1922 unter dem Druck ägyptischer Massenbewegungen widerwillig – zumindest formell – die Unabhängigkeit Ägyptens anerkannt. Damit standen sich nun bei der Verwaltung des anglo-ägyptischen Kondominiums zwei gleichberechtigte Partner gegenüber, zumindest auf dem Papier. Der erste große Konflikt zwischen Kairo und London hatte dann auch mit dem Nilwasser zu tun.

1919 war zwischen dem Sudan Plantation Syndicate und der britischen (!) Regierung ein Vertrag über den Anbau von Baumwolle auf 126.000 Hektar abgeschlossen worden, und London hatte dazu eine Anleihe von 13 Millionen ägyptischen Pfund gewährt. Die ägyptische Regierung verlangte die Kontrolle über alle Bewässerungssysteme im Niltal und beharrte auf dem Vorrang des Bedarfs Ägyptens vor dem im Sudan. Die Kairoer Sicht war die: Wer den Sudan regiert, beherrscht die Wasserzufuhr nach Ägypten; die Baumwollkultur im Sudan bedroht die ägyptischen Bauern mit vernichtender Konkurrenz.

Zur Krise kam es 1924. Die ägyptischen Wahlen jenes Jahres standen ganz im Zeichen der Debatte über das Verhältnis zum Sudan. Alle Parteien verkündeten, der Sudan sei als untrennbarer Teil Ägyptens anzusehen, die Einheit von Sprache, Religion und Geographie gebiete das. Aber auch in Khartum hatte sich eine Bewegung für den Zusammenschluß mit Ägypten formiert, die Gesellschaft der Weißen Flagge. Ihre Fahne zeigte auf weißem Grund in roter Farbe das ganze Niltal – ein einheitliches Ägypten.

Lord Parmoors gab für die britische Regierung eine Erklärung ab: »Ich wünsche in absolut unzweideutiger Sprache zu sagen, daß Seiner Majestät Regierung in keiner Weise den Sudan preisgeben wird. Sie erkennt die Verpflichtungen an, die sie gegenüber den Sudanesen übernommen hat und die die Regierung nicht ohne einen sehr ernsten Prestigeverlust in allen diesen orientalischen Gebieten aufgeben könnte.«

Diese Worte beruhigten die Lage in keiner Weise, ganz im Gegenteil. Am 12. Juli 1924 unternahm ein Student einen Attentatsversuch gegen den ägyptischen Ministerpräsidenten Zaghlul, den man verdächtigte, in den bevorstehenden Verhandlungen mit Großbritannien die Interessen seines Landes zu verraten. Der August brachte eine Revolte der Kadetten der Militärschule in Khartum. Am 7. Oktober 1924 bekräftigte Englands Premier MacDonald noch einmal, Großbritannien werde so oder so »für die Aufrechterhaltung der Ordnung im Sudan sorgen«. Man erkenne »gewisse Rechte« Ägyptens im Sudan an, diese seien aber »ausschließlich wirtschaftlicher Natur« und beträfen »den Anteil am Nilwasser und die finanziellen Ansprüche Ägyptens«.

Das wurde am Nil als offene Drohung verstanden, und das war, wie man schnell merken mußte, auch so gemeint.

Am 19. November wurde der britische Generalgouverneur des Sudan, Sir Lee Stack, ermordet. Das bot den gesuchten Vorwand. Zaghlul wurde von den Engländern zum Rücktritt gezwungen, das ägyptische Parlament auseinandergejagt, alle ägyptischen Beamten und Offiziere aus dem Sudan ausgewiesen.

Über Jahre hinweg blieb nun die Nilfrage der wichtige Verhandlungsgegenstand zwischen Kairo und London. Das Nilwasser-Abkommen, das am 7. Mai 1929 endlich unterzeichnet wurde, gab den Engländern Konzessionen, wie sie Ägypten nie zuvor gemacht hatte. Die gesamte Kontrolle über das Wasser und die Bewässerung im Sudan wurde ausschließlich Großbritannien überlassen. Ägypten hatte man lediglich eine nominelle Kontrolle über die Zuteilung von Wasser eingeräumt. Die Behörden im Sudan erhielten das Recht, Bewässerungsarbeiten unabhängig von einer Zustimmung durch die ägyptische Regierung durchzuführen.

Als 1936 ein neuer Vertrag zwischen Großbritannien und Ägypten abgeschlossen wurde, nahmen die Ägypter wieder an der Verwaltung des Sudan teil. Erst 1953, man hatte in Kairo die Monarchie abgeschafft und die Republik proklamiert, verzichtete Ägypten auf die formelle Oberherrschaft über den Sudan, zweieinhalb Jahre bevor der Sudan unabhängig wurde.

Die Losung von der »Einheit des Niltals« war in beiden Ländern fast ein Dogma gewesen. Nun begann sie dennoch zu zerbröseln. In Khartum rangen zunächst zwei Parteien miteinander. Beide wollten die Unabhängigkeit. Aber die eine, die Umma-Partei, die vor allem in den Stammesgebieten des

Südens, im Zentrum und im Osten stark war, wandte sich zunehmend gegen ein »Groß-Ägypten«. In der Tat mochte Mißtrauen gegenüber ägyptischen Einheitswünschen nicht unangebracht sein. In Kairo forderte man beispielsweise eine Begrenzung der sudanesischen Baumwollproduktion, auch wollte man eine Übersiedlung von ägyptischen Bauern aus dem sich allmählich übervölkernden Norden in den Sudan.

Am 23. Juli 1952 war Ägyptens König Faruk I. durch eine Militärrevolte zur Abdankung gezwungen worden. Zu den Prioritäten der »Freien Offiziere«, die nun an der Macht waren, zählten die Überwindung wirtschaftlicher Rückständigkeit, die Industrialisierung, eine Bodenreform. Die Notwendigkeit, der wachsenden Bevölkerung ausreichendes Auskommen zu gewähren, lenkte die Aufmerksamkeit erneut auf Nilprojekte. Der erste Assuan-Damm galt ja schon geraume Zeit nicht mehr als ultima ratio. Es stellte sich die Frage, inwieweit ein neuer Nildamm nicht nur die Wasserführung regulieren sollte, sondern auch der Erzeugung von Elektroenergie dienen könnte, die eine zu schaffende Industrie dann dringend benötigen würde.

Schon 1912 war zwei europäischen Interessenten von Lord Kitchener eine Konzession zugesagt worden. Sie hatten versprochen, mit Hilfe der in Assuan zu erzeugenden Elektrizität innerhalb von 15 Jahren 600.000 Hektar Land zu erschließen. Beide Weltkriege verhinderten die Ausführung der Pläne. Die Erben der Interessenten prozessierten nach 1945 noch einmal, um sich die Konzession zu sichern, doch ohne Erfolg. Es geschah nichts.

Nach dem Ende des 2. Weltkrieges griff auch der deutsche Kaufmann Rudi Stärke alte Groß-Assuan-Projekte auf. Er bewegte die Hochtief A.G. Essen und die Union-Brückenbau in Dortmund dazu, ein technisches Gutachten auszuarbeiten.

Jetzt, unter den neuen Herren, rückten die Pläne in greifbare Nähe. Am 18. April 1954 war der Oberstleutnant Gamal Abdel Nasser Ministerpräsident geworden, sieben Monate später unterbreiteten drei ägyptische Spitzenbeamte in Washington der Internationalen Bank für Wiederaufbau und

Entwicklung die Pläne für einen neuen Damm, und sie erhielten eine – vage – Zusage auf ein Darlehen. Auch aus Frankreich wurde Interesse signalisiert, ein Kredit von 20 Millionen ägyptischen Pfund war im Gespräch. Ein britisch-französisch-deutsches Konsortium für einen Dammbau bei Assuan wurde gegründet. Man kalkulierte mit Gesamtkosten in Höhe von 1,3 Milliarden Dollar. 400 Millionen davon sollten die USA, Großbritannien und die Weltbank aufbringen, 900 Millionen wollte Ägypten selbst beisteuern. Die Kooperationszusage des Konsortiums war an eine Bedingung geknüpft. Erst müsse mit dem Sudan ein Abkommen über Wasserrechte geschlossen werden. Von nun an war Assuan vorerst kein Thema der Techniker mehr, sondern der Politiker.

Damit aber waren die Ägypter in der Klemme. Das Verhältnis zum Sudan verschlechterte sich laufend. Außerdem stellte sich die Frage, ob nicht das ins Auge gefaßte Stauwerk besser ein sudanesisch-ägyptisches Gemeinschaftsunternehmen werden solle. Auch darüber vermochte man sich nicht so ohne weiteres zu einigen. Schließlich wurden in Khartum Zweifel geäußert, ob der geplante Damm die effektivste Art und Weise der Nutzung des Nilwassers sei. Es war aber auch zu klären, wieviel Nilwasser jede der beiden Seiten für sich in Anspruch nehmen dürfe. Kairo bezog die nun schon »historische« Position, seine Ansprüche seien vorrangig, und zwar einfach deshalb, weil der Nil für Ägypten – im Unterschied zum Sudan – die einzige Wasserquelle sei. Die (damals 22 Millionen) Bewohner Ägyptens seien voll und ganz vom Nil abhängig. Die vergleichsweise geringe Zahl der Sudanesen (8 Millionen) hätte hingegen Alternativen. Von den geschätzten jährlichen 70 Milliarden Kubikmeter Nilwasser, die man nutzen konnte, verlangte Kairo 62 Milliarden für sich, 8 Milliarden wollte man Khartum zugestehen. Die ägyptisch-sudanesischen Nilwasser-Verhandlungen begannen im September 1954. Die Positionen beider Seiten waren verhärtet, man befand sich ganz schnell in einer Sackgasse, ging unverrichteterdinge auseinander. Die ägyptische Seite meinte sogar, die von dem Assuan-Konsortium gestellte Bedingung sei überhaupt nur ein Vorwand, um alles zu verzögern. Auch die Gespräche mit dem Konsortium wurden ergebnislos abgebrochen.

Poker um Wasser und Waffen

Die Machthaber in Kairo fühlten sich mehr und mehr unter Druck, das Damm-Projekt voranzutreiben. Jetzt blieben die USA der einzige Gesprächspartner, von dem man Unterstützung und Kredite erhoffte. Der sich damit anbahnende Konflikt ist nur im größeren politischen Kontext zu verstehen. Es ging ja nicht allein um das Wasser des Nil, es ging um regionale Vorherrschaften, um weltweite Auseinandersetzungen. Da waren beispielsweise immer noch britische Truppen auf ägyptischem Territorium stationiert, in der Suez-Kanal-Zone. Die »Freien Offiziere« wollten sie loswerden. Sie erhofften sich amerikanische Unterstützung. Gamal Abdel Nasser, Ministerpräsident, Vorsitzender des Revolutionsrates und ab 1956 auch Staatspräsident, sagte später einmal: »Als ich zur Macht kam, stand ich in der Gunst der Amerikaner. Ich spreche Englisch. Ich lese ihre Zeitschriften. Ich bewundere ihre Träume und ihre technischen Fertigkeiten. Ich dachte, es könne nichts besseres als den 'American way of life' geben, und ich glaubte naiv an ihren Antikolonialismus.«

Doch da gab es die amerikanische Idee eines »Mittelostpaktes«, eines südlichen Gegenstücks zur NATO, eines gegen die Sowjetunion gerichteten Militärbündnisses. Dem standen die ägyptischen Vorstellungen von Neutralität und Blockfreiheit entgegen, besonders seit der berühmten Bandung-Konferenz vom April 1955. Hier hatte Nasser den indischen Premier Nehru und den jugoslawischen Präsidenten Tito kennengelernt; diese drei wurden die anerkannten Führer der Bewegung der Nichtpaktgebundenen.

Ägypten konnte den Engländern im Oktober 1954 eine Vereinbarung über den britischen Abzug aus der Suez-Kanalzone abringen. Zugleich gab es 1955 zunehmende militärische Spannungen an der Grenze zu Israel. Ägypten hatte Probleme, Waffen zu erhalten. Ein Waffenlieferungsabkommen mit der Tschechoslowakei signalisierte im Herbst 1955 eine gewisse Wende, auch hin zu besseren Beziehungen mit der Sowjetunion. Es begann jene Periode ägyptischer Politik, in der man bewußt den Interessengegensatz zwischen dem Westen und dem Ostblock auszunutzen trachtete. Vor diesem Hintergrund also verhandelte Kairo über ein USA-Engagement beim Bau des zweiten Assuan-Damms.

Am 19. Juli 1956 lehnten es die Vereinigten Staaten offiziell ab, einen Kredit für das Assuan-Projekt zu gewähren. Ägypten, so verlautete aus Washington, sei auf ein so gewaltiges Vorhaben gar nicht vorbereitet, es habe überrhaupt nicht die Möglichkeit, seine wirtschaftlichen Ressourcen auf diesen Bau zu konzentrieren. In Anspielung auf die politischen Meinungsverschiedenheiten zwischen Ägypten und den USA seit der ersten amerikanischen Zusage hieß es in der USA-Erklärung: »Die Entwicklungen der folgenden sieben Monate waren nicht günstig für den Erfolg des Projekts; die Regierung der Vereinigten Staaten von Amerika ist daher zu dem Schluß gekommen, daß es unter den gegebenen Bedingungen nicht opportun erscheint, sich an diesem Projekt zu beteiligen.« Großbritannien und die Weltbank schlossen sich dem amerikanischen Schritt an.

Damit war die Führung in Kairo in doppelter Weise in einen Zugzwang geraten. Zum einen mußte sie natürlich das Gesicht wahren, nach innen und nach außen, konnte sie die Brüskierung nicht hinnehmen. Zum anderen war sie mehr denn je davon überzeugt, der Dammbau sei ein unvermeidliches Muß, bei Strafe schlimmster wirtschaftlicher Schwierigkeiten.

Nur eine Woche nach der kalten Dusche aus den Vereinigten Staaten antwortete Ägypten mit einem Paukenschlag. Am 26. Juli 1956 hielt Nasser in Alexandria vor einer unüberschaubaren Menschenmenge eine Rede, in der er die sofortige Verstaatlichung des Suez-Kanals bekannt gab. »Wir orientieren uns auf den Aufbau einer nationalen Wirtschaft im Interesse unseres gesamten Volkes,« sagte Nasser. »Nach hundert Jahren endlich errichten wir den stolzen Bau wirklicher Souveränität ... Der Suez-Kanal sollte Ägypten dienen und nützen, doch wurde er zu einer Quelle schamloser Ausbeutung ... Im Namen des ägyptischen Volkes erkläre ich, daß wir entschlossen an diesen zurückgewonnen Rechten festhalten werden.«

Die Suez-Kanal-Gesellschaft war das größte Wirtschaftsunternehmen in Ägypten, das vom ausländischen Kapital beherrscht wurde. 52 Prozent der Aktien gehörten französischen Banken, 44 Prozent der Regierung Großbritanniens. Im Jahr vor der Verstaatlichung hatten 14.000 Schiffe die Wasserstraße passiert und die Kanalgebühren bezahlt. Diese nicht unerheblichen Einnahmen sollten jetzt für den Bau des Assuan-Damms genutzt werden.

Selbstverständlich nahmen die Aktionäre in Paris und London den Schlag nicht hin. Sie organisierten internationale Konferenzen und einen Boykott – vom Einfrieren ägyptischer Auslandsguthaben bis zum Abzug der meist ausländischen Kanal-Lotsen. England und Frankreich gewannen Israel als Bundesgenossen für einen Angriffskrieg gegen Ägypten, der am 29. Oktober 1956 begann und der mit einem Fiasko endete. Sowjetische Raketendrohungen kamen den Ägyptern zu Hilfe, und auch die USA mißbilligten die Aggression. Obwohl die Israelis bis zum Suez-Kanal vorrückten, obwohl britische und französische Truppen in Port Said landeten, ging Nasser gestärkt aus dem Krieg hervor.

Zugleich zeichnete sich aber auch ein engeres Verhältnis Ägyptens zur Sowjetunion ab, und das zeigte vorrangig Wirkung in Assuan. Am 27. Dezember 1958 wurde in Moskau ein Abkommen unterzeichnet, in dem die UdSSR wirtschaftliche und technische Unterstützung beim Bau des Hochdamms von Assuan zusagte.

Angeblich hatte noch während der Verhandlungen mit den USA im Frühjahr 1956 der damalige ägyptische Botschafter in Washington, Achmed Hussein, den Amerikanern mit Moskau gedroht. Er habe, berichtete er später, dem US-Außenminister John Foster Dulles erklärt, »daß die Hilfe der USA beim Bau dieses Staudamms für Ägypten lebensnotwendig ist. Ich habe ihm erklärt, daß wir, ungeachtet dessen, daß uns die sowjetische Regierung günstigere Bedingungen angeboten hat als die Weltbank, oo nach wie vor vorziehen, zu einer Übereinkunft mit der Bank zu gelangen. Ich habe ihm erklärt, daß es nicht im Interesse der Bank liegen kann, wenn die Entscheidung über die Finanzierung des Baus noch weiter hinausgezögert wird, weil sich dann Ägypten gezwungen sehen würde, den sowjetischen Vorschlag anzunehmen.«

Das war Poker vom feinsten. Hussein bekannte später, der Hinweis auf Moskau sei seine persönliche Initiative gewesen, schließlich habe es ja zum damaligen Zeitpunkt überhaupt kein Angebot der Sowjetunion gegeben. Tatsächlich erklärte der seinerzeitige sowjetische Außenminister Schepilow: »Ich habe nach meiner Reise nach Ägypten den Eindruck, daß es dort viele andere Probleme gibt, die für Ägyptens Wirtschaft nicht weniger wichtig sind; etwa Fragen, die mit der Industrialisierung zusammenhängen. Sie sind nicht weniger dringend als der Bau des Assuan-Dammes, womit ich durchaus nicht die Bedeutung dieses Projekts verringern möchte.«

John Foster Dulles hatte seinerzeit die Drohung mit dem Gang nach Moskau wohl auch nicht ernst genommen. Im September 1957 sagte er vor einem Ausschuß des amerikanischen Senats: »Im Prinzip ist es denkbar, daß sich die Sowjets – gewissermaßen als Köder – zur Hilfeleistung bereitfinden. Doch werden sie niemals in der Lage sein, diesen Staudamm zu bauen.« Doch nun trat dieser Fall doch ein.

Es sei angemerkt, daß die Lage auch in Bonn mißverstanden wurde. Daß der Assuan-Auftrag an die UdSSR ging, bedeutete für die am britisch-französisch-deutschen Konsortium beteiligten Firmen jeweils einen Verlust von 100.000 DM, investiert in nunmehr nutzlose Vorarbeiten. Doch wenn auch die Sowjets den Hochdamm errichten würden, noch bestand ja die Chance, einen der Anschlußaufträge zu ergattern; Kraftwerk, Pumpenanlagen, Überlandleitung. Konsortiums-Mitglied Rudi Stärker beschwerte sich in einer Aktennotiz vom 12. Dezember 1959: »Leider ist die Auffassung des deutschen Botschafters Weber und des AA immer noch die, daß man abwarten soll, bis Nasser 'das Wasser bis zum Halse' stände, dann würde er sicherlich in erster Linie auf den Westen zukommen. Ich vertrete den entgegengesetzten Standpunkt. Nasser hat zweimal bewiesen, daß er in Gefahrenmomenten seinen Weg eher nach Moskau findet.«

Noch am 14. Januar 1960 diskutierte das Bundeskabinett das Thema Assuan-Damm. Wirtschaftsminister Ludwig Erhard legte Pläne für eine Reise nach Kairo vor, um doch noch Aufträge für die deutsche Wirtschaft heimzuholen. Daraus wurde nichts. »Der Spiegel« bemerkte: »Aber (Außenminister) Brentano und Adenauer halten Dulles die Stange.«

Mit den Unterschriften von Moskau ging noch einmal ein Konflikt im Niltal einher. 1958 unternahmen die Ägypter den – letztlich erfolglosen – Versuch, mittels einer militärischen Expedition ein umstrittenes Gebiet im Sudan zu erobern. Ein Militärputsch in Khartum am 17. November 1958, der für die nächsten Jahre im Sudan die Armee an die Macht brachte, mochte Kairo veranlassen, sich vorsichtiger und konzilianter zu verhalten.

1959 brachen die Sudanesen einseitig das Nilwasser-Abkommen von 1929, indem sie den Sennar-Damm erhöhten, ohne die Ägypter vorher zu konsultieren. Dann aber machten neue Verhandlungen schnelle Fortschritte.

Am 8. November 1959 wurde das ägyptisch-sudanesische Abkommen über die Nutzung des Nilwassers unterzeichnet, direkte Voraussetzung für Planung und Bau des Sadd al-Ali, des neuen Hochdamms von Assuan. Der Anteil des Sudan am Nilwasser wurde mit diesem Dokument auf jährlich 18,5 Milliarden Kubikmeter erhöht, auf Ägypten entfielen nun 55,5 Milliarden Kubikmeter. Für die infolge des Dammbaus vorhersehbaren Umsiedelungen im Sudan sollte Ägypten Entschädigungen in Höhe von 15 Millionen Pfund Sterling zahlen. Eine Ständige Gemeinsame Technische Kommission wurde gegründet, die alle künftigen Konflikte zwischen beiden Ländern beilegen sollte. Das Abkommen vom November 1959 legte eine Nutzung von 74 Milliarden Kubikmeter Nilwasser zugrunde. Die beiden Partner waren davon ausgegangen, der Bedarf der übrigen Nilanrainer würde sich auf ein bis zwei Milliarden Kubikmeter belaufen. Die beiden wichtigen Nachbarn Uganda und Kenya waren zu jener Zeit noch britische Kolonien. Einen britischen Vorschlag, eine internationale

Wasserbehörde der Nilanrainer zur Verteilung des Wassers zu gründen, lehnte Ägypten ab. Später haben dann Uganda und Kenya eine pro-forma-Erklärung abgegeben, daß sie sich das Recht vorbehielten, in Zukunft einseitig über die Nutzung der Nilzuflüsse zu entscheiden. Äthiopien hatte bereits 1957 wissen lassen, daß es seine Rechte am Nilwasser einseitig und eigenständig wahrnehmen werde.

Nach der Moskauer Vereinbarung begannen die Experten des sowjetischen Ministeriums für Kraftwerksbau mit der Planung, mit der Auswahl des Personals und mit der Vorbereitung der notwendigen Zulieferungen.

Nassers Pyramide

Im März 1959 reiste die erste Gruppe von UdSSR-Spezialisten nach Ägypten. Der russische Chefkonstrukteur Professor Iwan Komzin erinnerte sich später: »Wir trafen am künftigen Ort des Damms ein. Kahle Felsen wuchsen an allen Seiten empor. Hier und da in den Tälern zwischen den Bergen auf dem linken Nilufer waren gelbe Flecken von Dünensand zu sehen, den mächtige Sandstürme von der Sahara herübergeweht hatten. Die Berge sind hier wirklich nicht hoch, aber sie sind rauh und wüst. Als ich sie betrachtete, dachte ich, daß wir sie in kürze beim Bau des Damms und bei der Schaffung eines Sees von Menschenhand um mehr als hundert Meter 'zurückstutzen' würden. Ich dachte auch, daß es für uns sowjetische Bürger, die inmitten russischer Wälder und grüner Felder gearbeitet hatten, hart sein würde, sich an diese wüsten Felsen und an die sonnenverbrannte Wüste zu gewöhnen. Wir inspizierten den alten Assuan-Damm aus sauber zubehauenen Granitblöcken. Zu der Zeit waren gerade alle 180 Schleusentore geöffnet, um das Wasser der eben beginnenden Flut durchzulassen. Es war ein beeindruckender und wunderschöner Anblick. Die Schotten waren an dem ganzen zwei Kilometer langen Damm aufgezogen. Dann besichtigten wir den Standort des künftigen Damms und stellten auf der Stelle fest, daß die Planung der westeuropäischen

Firmen durch eine Anzahl von Elementen belastet war, die nicht unbedingt notwendig waren, aber viel Arbeit erforderten, beispielsweise die teuren Tunnel zur Ableitung des Wassers. Wir fanden auch heraus, daß es genügend Dünensand in der Nähe gab, was die Konstruktion vereinfachte.«

»Nassers Pyramide«, wie die Welt bald den Sadd al-Ali nannte, war ein Projekt gewaltiger Ausmaße. Sieben Kilometer südlich des alten Assuan-Dammes sollte sich ein 3.600 Meter langes Stauwerk 111 Meter hoch über dem Nilbett erheben. 980 Meter breit wurde die Sohle des Damms, 40 Meter die Krone, das Ganze aufgeschüttet aus Felsbrocken, Sand und Kalk, der größte Schüttdamm der Welt.

Wohl kaum jemals zuvor waren solche Massen bewegt worden. 90 Millionen Tonnen beträgt allein das Gewicht des Damms. Die Aufschüttung erfolgte auf eine Sedimentschicht, die 210 Meter dick auf einem Granitsockel liegt. Diese Schicht mußte durch eine senkrechte Schutzschicht befestigt werden, nicht nur direkt am Damm, sondern auch entlang des künftigen Stausees.

Die Zahlen, die die Ingenieure errechneten, sind für den Laien kaum vorstellbar. Allein für den Bau des 1.950 Meter langen Umleitungskanals mußten zehn Millionen Kubikmeter Fels und Erde bewegt werden. Sechs Tunnel auf dem rechten Nilufer führen zu zwölf Turbinen, jede mit einer Kapazität von 175.000 Kilowatt. Diese Turbinen, jede mit einem Gewicht von 765 Tonnen, kamen ausdem damaligen Leningrad. In Moskau versäumte man nicht, darauf hinzuweisen, das Gesamtgewicht des nach Assuan gelieferten Materials habe 25 Millionen Tonnen betragen, davon entfielen allein 30.000 Tonnen auf Draht. Und dann erst der Stausee, der künftige Lake Nasser, 500 Kilometer lang, durchschnittlich zehn Kilometer breit, gefüllt mit 175 Milliarden Kubikmeter Wasser, groß genug, um 500 Jahre lang den herangeführten Nilschlamm aufzunehmen.

Natürlich war das Riesenwerk nicht gerade billig. Das sowjetisch-ägyptische Abkommen vom Dezember 1958 enthielt die Zusage eines sowjetischen Kredits in Höhe von 34,8 Millionen ägyptischer Pfund für den Kauf von Maschinen und

Ausrüstungen und für die Bezahlung der sowjetischen Experten; Zinssatz 2,5 Prozent jährlich, rückzahlbar ab 1964 in zwölf Jahresraten. Für die zweite Ausbaustufe, die dann am 27. August 1960 mit der Sowjetunion vereinbart wurde, gewährte Moskau noch ein Darlehen von 78 Millionen ägyptischen Pfund.

Unter den Vorteilen, die Ägypten von Sadd al-Ali erwartete, wurde an erster Stelle immer die gleichmäßige Wasserversorgung für die Landwirtschaft genannt. Auch sei die Erweiterung der bewässerten Fläche um 550.000 Hektar möglich, während auf 250.000 Hektar von zeitweiliger zu ganzjähriger Bewässerung übergegangen werden könne, was es erlaubte, mehrere Ernten im Jahr einzubringen. Sodann würden sich die Schiffahrtsbedingungen auf dem Nil verbessern. Und schließlich sollten jährlich 10 Milliarden Kilowattstunden Elektroenergie erzeugt werden. Schätzungsweise würde, alles zusammengerechnet, Ägyptens Nationaleinkommen dank des Hochdamms von Assuan um 234 Millionen Pfund im Jahr steigen.

Am Morgen des 9. Januar 1960 drückte Gamal Abdel Nasser vor einer großen Menge festlich gestimmter Gäste in Assuan einen roten Knopf. Einige Tonnen Sprengstoff explodierten, schleuderten einen gewaltigen Felsblock empor. Eine gelbbraune Wolke aus Sand und Staub stieg über dem Nil auf. Dann stürmten tausende von Menschen mit Schippen und Picken zu der Stelle, wo die Sprengung die Landschaft zerrissen hatte. Bagger und Planierraupen folgten ihnen mit aufheulenden Motoren. Die Eindämmung des Nils begann.

Ein Vierteljahr zuvor waren die logistischen Arbeiten in Angriff genommen worden. Die ersten sowjetischen Frachter kamen mit der Ausrüstung in Alexandria an. In Assuan hatte man an der künftigen Baustelle eigens einen Güterbahnhof eingerichtet, der angesichts der politischen Bedeutung, die man dem Unternehmen beimaß, den Namen »Sadaka« (»Freundschaft«, gemeint war die ägyptisch-sowjetische Freundschaft) erhielt. Besonders schweres Gerät, beispielsweise Krane, wurden zu Schiff oder auf Flößen den Nil hinauf geschleppt. Bald waren zwischen 18.000 und 20.000 ägyptische Arbeiter und fast 600 Ingenieure aus der Sowjetunion auf der Baustelle tätig.

Mehr als vier Jahre hat es gedauert, bis der Bau so weit gediehen war, daß man den Nil abriegeln konnte – was noch lange nicht bedeutete, daß der Sadd al-Ali fertiggestellt war, daß Elektrizität erzeugt würde. Am 14 Mai. 1964 drückte Präsident Nasser wieder einen Knopf, der wieder eine Sprengung auslöste. Sie gab dem Strom einen neuen Weg frei, durch den Umleitungskanal.

Abriegeln des Flusses, das hieß, mit dem Aufstau des gewaltigen künstlichen Sees zu beginnen. Vor der Sprengung am 14. Mai 1964 hatte sich oberhalb von Assuan vieles verändert. Es ging um ein Volk, dessen Heimat versinken sollte. Es ging um einmalige Zeugen der Menschheitskultur.

Rettung für Abu Simbel

Zwei Monate nach Beginn der Bauarbeiten am Sadd al-Ali, am 8. März 1960, hatte der Generalsekretär der UNESCO einen Aufruf zur Rettung der nubischen Altertümer erlassen. Auf beiden Seiten des Nils fanden sich oberhalb von Assuan eine Vielzahl von Tempelanlagen aus den unterschiedlichsten Epochen, die zu bergen oder zu sichern waren, bevor das Wasser sie erreichte.

Der deutsche Architekt Friedrich W. Hintze, der im Auftrag der Akademie der Wissenschaften der DDR an den Sicherungsarbeiten in Nubien beteiligt war, schrieb rückblickend: »Kennzeichnend aber für die nüchterne und wissenschaftliche Arbeit in Nubien war die bis dahin so seltene Gelegenheit, ein abgegrenztes Gebiet Meter für Meter durchkämmen und die Erforschung von den verschiedensten Ausgangspunkten beginnen und abschließen zu können. Geologen interessierten sich für den erdgeschichtlichen Ablauf der Herausbildung des Niltals, für das Alter des Flußbettes und für die Ursachen und Auswirkungen von Schwankungen zwischen jahrhundertelangen durchschnittlichen Flutperioden und ihren Zwischenräumen mit durchschnittlichen Niedrigwassern auf die Besiedlungomöglichkeiten des Uferstreifens. Diese Untersuchungen wurden im Zusammenhang mit auf verschiedenen hohen Uferterrassen vorgefundenen steinzeitlichen Lagerplätzen und den späteren Siedlungsresten durchgeführt. Klimaschwankungen, trockenere und feuchtere Zeitabschnitte, Pflanzenwuchs und Tierwelt unter den jeweils herrschenden Umweltbedingungen waren Ziel weiterer Untersuchungen ... Tausende von Skeletten und Schädeln aus den geöffneten Gräbern und aus verschiedenen Kulturperioden dienten den Anthropologen zur Bestimmung der rassischen Zusammensetzung der ehemaligen Bevölkerung im Niltal.«

Betrachtet man die lange Liste der erforschten und geborgenen antiken Bauwerke, so wird einem klar, daß eigentlich weder zuvor noch danach eine so umfassende Aktion zur Rettung von Kulturgütern unternommen wurde, an der sich überdies fast die ganze Welt beteiligte. Zum Symbol der Rettung der nubischen Altertümer wurden die Felsentempel von Abu Simbel, 270 Kilometer südlich von Assuan auf dem linken Nilufer gelegen, der kleinere im Norden der Göttin Hathor und der vergöttlichten Lieblingsgemahlin Ramses II., der Königin Nefertari gewidmet, und der große, südlich davon den Hausgöttern Ober- und Unterägyptens Amun-Re und Re-Harachte sowie dem Gotte Ptah und dem vergöttlichten Pharao Ramses II geweiht.

Der Schweizer Reisende Johann Ludwig Burckhardt hatte 1813 dieses Bauwerk »entdeckt«, als er nach einem Besuch des Hathor-Tempels vom Wege abkam und in eine gewaltige Masse angewehten Sandes zwischen den beiden Tempeln geriet. Dabei stand er plötzlich vor einem riesigen steinernen Kopf, der aus dem Sand ragte. Spätere Besucher begannen dann, den Tempel freizulegen. 1817 konnte er geöffnet werden. Eine Zeichnung von Linant de Bellefonds aus dem Jahre 1819 zeigt, wie ägyptische Arbeiter in Körben den Sand wegtrugen.

Eine genauere Beschreibung des erstaunlichen Bauwerks ist aus dem Jahre 1823 überliefert. »Der Tempel liegt westlich des Nils,« hieß es da, »zwei- oder dreihundert Yards vom westlichen Flußufer entfernt; er steht etwas erhöht, und seine

Basis befindet sich erheblich über dem Flußniveau. Er ist in den Berg hineingebaut ... Vor der Tempelfront befinden sich vier sitzende Kolossalfiguren, mit ihren Thronen und allem aus dem massiven Fels gehauen ... Sie nehmen sitzende Haltung ein, sind mehr als 60 Fuß hoch, und die beiden, die teilweise freiliegen, sind im besten Stil ägyptischer Kunst gearbeitet und befinden sich in einem besseren Erhaltungszustand als irgendwelche anderen Kolossalstatuen, die in Ägypten erhalten sind.«

Weiter heißt es dann in dem Bericht von 1823: »Das Innere dieses Tempels steht hinter keiner Grabungsstätte in Ägypten oder Nubien zurück ... Die imponierende Höhe der Decke, das Ragende der quadratischen Pfeiler und der Kolossalfiguren an ihnen, die volle 40 Meter Höhe erreichen ... dies alles trägt dazu bei, das Innere dieses Tempels nicht weniger bewundernswert erscheinen zu lassen, als sein glanzvolles Äußeres.«

Die vor der Fassade sitzenden vier Statuen stellen Ramses II. dar, jenen Pharao, der einen Kanal zum Roten Meer bauen lassen wollte; zu seinen Füßen in gebührender Kleinheit, seine Mutter, seine Frau, seine Töchter, die Prinzen.

Schon die Fülle der Fresken und Reliefs hatte Bewunderung erregt, doch dann kam man hinter das astronomische Geheimnis von Abu Simbel. Die Achse des Tempels ist auf die aufgehende Sonne gerichtet. Ihre Strahlen fallen durch die offenen Portale und durch drei Hallen in das sechzig Meter entfernte Allerheiligste. Auch hier befinden sich vier Statuen, der vergöttlichte Ramses, die Götter Amun-Re, Ptah und Re-Harachte. Die Erbauer hatten die Anlage so berechnet, daß zur Tag- und Nachtgleiche diese Götterbilder von den Sonnenstrahlen wie von einem Scheinwerfer getroffen werden, rotgoldenes Licht schien die Denkmale zu Leben zu erwecken.

Auch die Felsentempel von Abu Simbel wären von den Wassern des Lake Nasser verschlungen worden. Realistische und phantastische Projekte zur Bewahrung der Anlage wurden erwogen. Eine Konstruktion aus Beton und Panzerglas sollte die Tempel umgeben, mit dem Fahrstuhl könnten

Besucher in die Tiefe fahren, um unterhalb des Seespiegels die Götterbilder zu besichtigen. Professor Gazzolo aus Italien schlug vor, die Tempel in einem Stück aus dem Felsen herauszusägen und mit riesigen hydraulischen Hebezeugen über 62 Meter Höhenunterschied auf das Niveau des künftigen Seeufers zu hieven.

Man entschloß sich zu einem anderen Verfahren. Ende 1963 wurde damit begonnen, die Tempel einschließlich der gewaltigen Stirnwände in transportable Blöcke zu zerlegen und Stück für Stück oberhalb des bisherigen Standorts wieder aufzubauen.

Viereinhalb Jahre lang arbeiteten mehr als 900 Leute in Abu Simbel, bis am 22. September 1968 die Felsentempel in 200 Metern Entfernung vom alten Standort neu errichtet waren. Umgerechnet 188,7 Millionen DM kostete diese Rettungsaktion, bei der es gelungen war, auch den einmaligen Lichteffekt bei der Tag- und Nachtgleiche zu erhalten.

Weitaus weniger Aufmerksamkeit als die Rettung der nubischen Altertümer fand das Schicksal jener, die seit Generationen in den Gebieten lebten und arbeiteten, die nun überflutet würden. Das betraf vor allem etwa 50.000 Menschen in der Umgebung von Wadi Halfa, einem erst siebzigjährigen Ort, wichtig eigentlich nur als Endpunkt einer Eisenbahnlinie von Khartum und als Anlegepunkt der Nildampfer. Der Nasser-See verschlang die Stadt, die Felder der Bauern, die Haine mit 600.000 Dattelpalmen, und selbst die felsige Sperre des 2. Katarakts ging unter.

Das Problem war, wo man diese Menschen ansiedeln sollte, wo sie Arbeit finden könnten. Die nubische Wüste südlich und östlich von Wadi Halfa war genauso ungeeignet, wie die Sahara auf dem westlichen Nilufer.

Nach langem Suchen entschieden sich die Behörden für die an Äthiopien grenzende Provinz Kassala am Atbara-Fluß, in Luftlinie tausend Kilometer südöstlich von Wadi Halfa. Da der Atbara nur in einem Teil des Jahres Wasser führt, war an eine Ansiedlung ohne eine Regulierung der Bewässerung nicht zu denken. So erzwang der Sadd al-Ali auch einen Staudammbau am Nil-Nebenfluß Atbara. Der Khashm-al-

Girba-Damm wurde schon 1964 fertiggestellt. Das 3.500 Meter lange und 55 Meter hohe Bauwerk kann 1,2 Milliarden Kubikmeter Wasser aufnehmen und 200.000 Hektar Land bewässern. Ein 26 Kilometer langer Hauptkanal wurde angelegt, um das Wasser auf die Felder bringen zu können.

Zuvor hatte man bereits eine Versuchsfarm angelegt, um auszuprobieren, wovon die künftigen Bauern hier würden leben können. Auf Platz 1 setzte man – Baumwolle! An zweiter Stelle kam Zuckerrohr. Als die Umsiedler vom Nil kamen, erhielten sie ein Haus, ein bescheidenens Haus, und schon hatte man sie für verlorene Sachwerte entschädigt.

48.000 Hektar Neuland wurden ihnen übergeben, sechs Hektar pro Familie, mit der Verpflichtung, davon je zwei Hektar mit Baumwolle zu bestellen.

Es klang sehr schön, was da geboten wurde. Doch nicht zu übersehen ist, daß hier ein ganzes Volk umgesiedelt wurde in eine Region mit völlig anderen Lebensbedingungen. Die Nubier hatten einen hohen Preis für den Fortschritt am Nil zu zahlen. Am 15. Januar 1971, am Geburtstag Gamal Abdel Nassers, wurde der Sadd al-Ali offiziell seiner Bestimmung übergeben. Der ägyptische Präsident hatte die Vollendung seiner »Pyramide« nicht mehr erlebt. Jetzt kannte man auch die Gesamtkosten: Umgerechnet 4,3 Milliarden DM. 2,8 Milliarden davon hatte Ägypten selbst aufgebracht. Und bereits am Tage seiner Übergabe, so war zu erfahren, habe der Damm umgerechnet 2,4 Milliarden DM zum ägyptischen Nationaleinkommen beigetragen.

Assuan – Segen oder Fluch?

Während sich in Assuan die Staatsgäste zum großen Einweihungsfest versammelten, wurde das Jahrhundertbauwerk bereits heftig kritisiert. Bis heute bleiben ungeklärte Vorwürfe. Überzogen sprachen einige Kritiker bereits von einem gescheiterten Vorhaben, gar von schweren ökologischen Schäden.

Zunächst einmal waren die Katastrophenszenarien nicht

eingetroffen, die in gewisser Weise den Befürchtungen von 1902 sehr ähnelten.

Die Basis sei undicht, hieß es, lasse Wasser versickern, destabilisiere den Untergrund, der Moment komme, wo der Damm dem Druck nicht standhalten könne. Das mochten die Konstrukteure vorher bedacht haben, nicht von ungefähr hat der Sadd al-Ali eine so ungewöhnlich breite Basis erhalten.

Aber bereits 1971 waren andere negative Folgen sichtbar. Der Nilschlamm, der früher die Felder der ägyptischen Bauern düngte, setzt sich im Stausee ab, das auf diese Weise »leichtere« Nilwasser kann schneller fließen, das Flußbett erodiert. Ob Brücken und Stauwerke am unteren Nil im Lauf der Zeit unterspült und zum Einsturz gebracht werden, ist indes noch nicht sichtbar.

Dagegen haben sich die Verhältnisse an der Mündung spürbar geändert. Die westliche Meeresströmung, die bis dahin in ihrem Bemühen, die Küste abzutragen, durch die ständig neu hinzukommenden Sickerstoffe gehindert wurde, hatte nun weniger Widerstand zu erwarten. Der geringere Süßwasserzufluß ins Mittelmeer hat Folgen für den Salzgehalt des Wassers, was zu einem Rückgang der Fischfänge führte. Das Verschwinden der Frischwasserströmung von der Nilmündung her hat es der Flora und Fauna des Roten Meeres erlaubt, durch den Suez-Kanal nach Norden zu wandern, um im Mittelmeer heimisch zu werden. Zu erwähnen ist, daß im Niltal selbst mit dem Ausbleiben der alljährlichen Flutwelle jene reinigende Sturzflut fehlt, die Morast und Abwässer schnell davontrug. Die Bilharziose, eine schlimme Wurmkrankheit, die eine Schneckenart als Zwischenwirt benötigt, und die dann den Menschen befällt, konnte sich in dem nun ruhigeren Wasser ausbreiten.

Auch weiß niemand genau zu sagen, wieviel Wasser wirklich aus dem Nasser-See versickert. Und wo dieses Wasser bleibt. Genauer erforscht ist hingegen das Phänomen der Verdunstung über der beträchtlich großen Seeoberfläche. Sie beträgt jährlich zehn Milliarden Kubikmeter, und sie zeigt sich auch darin, daß um Assuan über der Wüste täglich Wolken aufziehen.

Manche Folgen seien, so sagen Fachleute, eher auf ökonomische Faktoren zurückzuführen. Der ägyptische Bauer bezahlt unverändert einen minimalen Festpreis für das Wasser, das ihm zur Bewässerung zur Verfügung gestellt wird. Weshalb sollte er da besonders sparsam mit Wasser umgehen? Überbewässerung bei gleichzeitig unzureichender Drainage ist die Folge, und dies führt zu zunehmender Versalzung des Bodens. Schon vermutet man, daß 35 Prozent der kultivierten Böden Ägyptens von Versalzung bedroht sind.

Da nun die fruchtbaren Sinkstoffe auf den überfluteten Feldern ausbleiben, mußten die Bauern mit Kunstdünger einspringen, wirkungsvoll, aber natürlich nicht unbedenklich. Immerhin hat der Assuan-Damm geholfen, Ägyptens landwirtschaftliche Produktion zu steigern. Die gesteckten Ziele sind allerdings nicht erreicht worden. 168.000 Hektar landwirtschaftliche Nutzfläche sind hinzugewonnen worden, geplant waren mehr als 500.000 Hektar. Und ein galoppierendes Bevölkerungswachstum hat selbst diesen Zugewinn längst wieder »aufgefressen«. 1960, beim Baubeginn in Assuan, lebten am Nil 25 Millionen Menschen. Zur Zeit der Fertigstellung waren es schon mehr als 30 Millionen. Heute ist die 50-Millionen-Grenze längst überschritten. Und alle zehn Monate gibt es eine Million Ägypter mehr.

Die Stromerzeugung am Sadd al-Ali? Ja, sie war und ist von Nutzen. 28 Prozent steuert der Assuan-Damm zur ägyptischen Energiebilanz bei. Aber große Betriebe, denen die Elektrokraft vor allem zugute kommen sollte, wurden verspätet fertiggestellt, haben die geplante Kapazität nicht erreicht. Die Stromverluste bei der Übertragung über große Strecken sind enorm.

Unter dem Strich aber meinen die amerikanischen Experten Alan Richards und John Waterbury würden »die Errungenschaften des Damms zu oft übersehen«. Ohne den Damm wären Ägyptens Ernährungsprobleme eben weit gravierender. Als beispielsweise 1972 die Nilflut extrem gering war, sei die Landwirtschaft relativ wenig davon getroffen worden. Die Dürrekatastrophen, die Anfang der 80er Jahre so entsetzliche

Auswirkungen im Sudan und in Äthiopien hatten, wären ohne den Damm auch für Ägypten schlimm gewesen.

Der Damm hat sich wenige Jahre später wieder bewähren müssen. Im Mai 1988 kam das Warnsignal – der Spiegel des Nasser-Sees stand nur noch acht Meter über den Turbinenzuläufen des Assuan-Kraftwerkes. Im Juli waren es nur noch sechs Meter. Der Zeitpunkt schien absehbar, wo die Turbinen abgeschaltet werden mußten, sollten sie nicht durch einströmenden Nilschlamm beschädigt werden. Bevor im August die fällige Nilflut kam – wieder geringer als erhofft –, trocknete der Nil an manchen Stellen fast aus.

Von den sieben fetten und den sieben mageren Jahren im alten Ägypten wußte schon die Bibel zu berichten. Wissenschaftler haben längst ermittelt, daß frühere Trockenperioden in der Tat einen Rhythmus von sieben bis elf Jahren einhielten. Früher hatte man mit dergleichen Naturwidrigkeiten zu leben gelernt. Jetzt aber befand man sich in einer völlig anderen Lage. Ägypten wird im Jahre 2000 eine Bevölkerung von 70 Millionen Menschen ernähren müssen. Die Einwohnerzahl des gesamten Nilbeckens (also Ägyptens, Äthiopiens und des Sudan) lag 1980 bei 96,1 Millionen . Bis 1990 war sie auf 131,6 Millionen angewachsen, für das Jahr 2000 erwartet man 173 Millionen und für 2020 sogar 281 Millionen – eine Verdreifachung in nicht einmal vierzig Jahren.

Finstere Ahnungen beherrschen nicht nur die Verantwortlichen. Als im Frühjahr 1979 das Camp-David-Abkommen, der Friedensvertrag zwischen Ägypten und Israel besiegelt wurde, sagte der damalige ägyptische Präsident Anwar as-Sadat: »Die einzige Angelegenheit, die Ägypten wieder in einen Krieg stürzen könnte, ist Wasser.« Der seinerzeitige ägyptische Staatsminister Butros Ghali (er ist seit Anfang 1992 Generalsekretär der Vereinten Nationen) war noch deutlicher. »Ägypten wird ein neues Bangladesh werden,« sagte er mit Blick auf das hoffnungslos übervölkerte und deshalb katastrophengeschüttelte Land am Golf von Bengalen, »geplagt von Dürre und Hunger. Dieses Bangladesh wird aber an den Stränden des Mittelmeers liegen – nur eine halbe Flugstunde weg von den reichen Leuten.«

Butros Ghali wurde noch genauer. »Die nationale Sicherheit Ägyptens,« erklärte er 1990, »die auf dem Wasser des Nils beruht, befindet sich in den Händen von acht anderen afrikanischen Ländern.« Und: »Der nächste Krieg in unserer Region geht um das Nilwasser, nicht um politische Fragen.«

Was fällt Politikern da ein? Im günstigen Falle eine Konferenz, um die Dinge wenigstens »anzudiskutieren«. So hatte Butros Ghali schon im Februar 1985 die Einberufung einer internationalen Nilkonferenz vorgeschlagen. Eine solche Tagung hat dann auch Anfang Mai 1990 in London stattgefunden. Die Resultate waren eher bescheiden, was Wunder, die Probleme sind komplex, die Interessen zu divergierend.

Ägyptens Nachbar und Vertragspartner Sudan wird seit zwei Jahrzehnten von politischen Krisen erschüttert, mit entsprechenden Folgen für die Wirtschaft und für Entwicklungsprojekte. Militärputsche einerseits und ein lange andauernder Bürgerkrieg im Süden des Landes haben die Verschuldung in unermeßlich Höhen getrieben. Zugleich sanken die – ohnehin geringe – Industrieproduktion und die landwirtschaftliche Erzeugung beständig. Vom Anfang der 70er Jahre bis 1981 gingen die Baumwollernten um die Hälfte zurück, obwohl die bebaute Fläche durch zwei neue Bewässerungsprojekte erweitert worden war. Es halbierte sich die Erdnußernte, es stagnierte die Getreideproduktion.

Die Bewässerungsingenieure bombardierten nach dem Putsch vom Sommer 1985 die neuen Machthaber sofort mit dringlichen Forderungen hinsichtlich des Gezira Rehabilitation Project. Das war 1980 zwischen dem Sudan und der Weltbank vereinbart worden, weil die Dinge in der Gezira mittlerweile im Argen lagen. Landmaschinen und Pumpensysteme waren verschlissen oder verrottet, die Bewässerungskanäle verschlammt oder zugewachsen, ganz abgesehen davon, daß sich auch hier die Bilharziose ausgebreitet hatte. Insgesamt 276 Millionen Dollor sollten für die Wiederherstellungsarbeiten aufgebracht werden. Aber nun machten die Bewässerungsingenieure darauf aufmerksam, daß das alles ziemlich unwirksam bleiben müsse, weil es eben beginne, an Wasser zu fehlen. Die Trockenheit in Äthiopien, vor allem ein drastischer Rückgang der Regenfälle am Tana-See, hatte dazu geführt, daß der Blaue Nil jährlich nur noch 28 Milliarden Kubikmeter Wasser führte, anstelle der normalen 53 Milliarden Kubikmeter. Die Experten verlangten eine Erhöhung des Sennar-Damms und des Roseires-Damms um jeweils zehn Meter zur Erhöhung der Speicherkapazität. Das sollte 350 Millionen Dollar kosten, aber woher nehmen und nicht stehlen!

Bürgerkrieg im Sudd

Noch bevor in der Gezira die Krise augenfällig wurde, hatte sich die sudanesische Regierung auf ein gewaltiges Projekt am Weißen Nil eingelassen, das gemeinsam mit Ägypten finanziert wurde und beiden Ländern Nutzen bringen sollte.

Die Überlegungen gingen davon aus, daß bei Mongalla im Südsudan der Weiße Nil mit jährlich 30 Milliarden Kubikmeter Wasser vorbeifließt, von denen 900 Kilometer stromabwärts bei Malawal nur noch 15 Milliarden Kubikmeter ankommen. Die zehntausend Quadratkilometer des Sudd, der sich in einer Ebene von hunderttausend Quadratkilometern ausdehnt (etwa die Fläche Belgiens, der Niederlande und der Schweiz), sind eine riesige Sumpflandschaft. Die gewaltigen Verluste an Wasser durch die Verdunstung in dieser Region würden sich vermeiden lassen, flösse der Nil schneller durch den Sudd. Damit aber stünde flußabwärts künftig weit mehr Wasser zur Verfügung. Das Projekt hieß Jonglai-Kanal. Es sollte 1985 fertiggestellt sein und zusätzlich 4,6 Millionen Kubikmeter Wasser bringen. Die Gemeinsame Ägyptisch-Sudanesische Kommission projektierte zunächst einen Kanal von der Sobat-Mündung bis zum Städtchen Jonglai, 280 Kilometer lang. Dann fand man heraus, daß die Region Jonglai so sumpfig war, daß man hier kostspielige Dämme zur Wasserregulierung errichten müßte. Also entschloß man sich, den Kanal bis zum Ort Bor weiterzuführen, mit einer nunmehrigen Gesamtlänge von 360 Kilometern.

Ein französisches Konsortium übernahm die Bauarbeiten.

Ein haushoher Schaufelradbagger deutscher Produktion, 2.300 Tonnen schwer, bis dato im Norden Pakistans im Einsatz, wurde dort abgebaut und via Karachi und Port Sudan in den Sudd geschafft. Man brauchte Spezialfahrzeuge, um die Baggerteile, 750 Kisten, manche davon bis zu vier Tonnen schwer, zu transportieren.

Im Juli 1980 begann die Riesenmaschine ihre Arbeit, im Februar 1981 erreichte sie ihre volle Leistung. 3.000 Kubikmeter Erdaushub in der Stunde, 300 Meter Vorschub am Tage. Ein Kanal von fünf Meter Tiefe und 30 Meter Breite begann zu entstehen. Die logistischen Probleme blieben beträchtlich. Allein der Bagger verbrauchte 400 Tonnen Treibstoff im Monat, von den übrigen Maschinen auf der Baustelle ganz zu schweigen, und nicht selten mußte die Arbeit tagelang unterbrochen werden, weil der Treibstoffnachschub nicht klappte.

Das Jonglai-Projekt war nicht unproblematisch. Hier wurde ein schwerwiegender Eingriff in ein Ökosystem unternommen, dessen Folgen überhaupt nicht abzuschätzen waren. Eher zu übersehen waren die Auswirkungen für die Menschen im Sudd.

Schätzungsweise 300.000 Menschen leben im Sudd, Völkerschaften wie die Nuer, die Dinka und die Schilluk, die in den schwer zugänglichen Sumpfregionen ihre überkommene Lebensweise bewahrt haben. Wie immer in solchen Fällen wurde der zu erwartende zivilisatorische Fortschritt in bunten Bildern ausgemalt, ohne zu fragen, ob die Betroffenen diesen Fortschritt überhaupt wünschten.

Die Siedlungen des Sudd, die sechs Monate im Jahr von der Außenwelt abgeschnitten sind, würden durch eine Autostraße entlang des Kanals ganzjährig zu erreichen sein. Die Welternährungsorganisaton FAO erklärte ihre Bereitschaft, ein Fischereiprojekt zu unterstützen. Der neue Wasserverlauf würde es nämlich gestatten, jährlich 100.000 Tonnen Fisch zu fangen, ohne daß dadurch die Bestände gefährdet wären. Die Frage, wo 100.000 Tonnen Fisch zu lagern und abzusetzen wären, blieb erst einmal offen.

Die Dinka sind Viehzüchter. All ihr Leben dreht sich um

Ihre Herden; ihre Kühe sind ihr Kapital, das man möglichst nie antastet, kaum je verkauft, fast niemals schlachtet. Die Dinka sollten jetzt seßhaft werden, ihre Lebensweise ändern, sich womöglich auch in Fischereigenossenschaften zusammenschließen. Bewässerung sollte Ackerbau ermöglichen. Die Idee einer großflächigen und mechanisierten landwirtschaftlichen Nutzung wurde hingegen wieder fallen gelassen. Die Bodenbeschaffenheit und Probleme mit der Drainage sprachen dagegen.

Natürlich war es logisch, man würde von dem neuen Kanal so oder so leben können. Schilluk und Dinka erklärten unabhängig voneinander den Kanal zu ihrem Eigentum und begannen Anfang 1982 um dieses vermeintliche Recht zu kämpfen. Es bedurfte langwieriger »Friedensverhandlungen« mit den Häuptlingen der Stämme, um den Konflikt beizulegen. Gemäß traditioneller Gewohnheiten wurden den Stämmen jeweils Teile des Kanals zugesprochen.

Schon waren weit mehr als drei Milliarden Dollar am Jonglai-Kanal investiert, da mußten 1984 die Arbeiten eingestellt werden. Der Süden des Sudan war seit 1983 Schauplatz eines Bürgerkrieges geworden. Der fünfstöckige Bagger wurde stillgelegt, nachdem südsudanesische Rebellen im August 1984 das Camp der Kanalbauer angriffen. Zwei französische Ingenieure wurden entführt, die anderen flüchteten, als Flugzeuge »unbekannter Nationalität« die Baustelle beschossen.

Der Konflikt dauert im Grunde, seit der Sudan unabhängig war. Im Norden des Landes leben Moslems. Der Süden wird von ursprünglich animistischen Stämmen bewohnt, die zumeist zum Christentum bekehrt worden waren. Langwierige Auseinandersetzungen darum, welchen Grad an Autonomie, welches Maß an Teilhabe an der Staatslenkung der Süden haben sollte, mündeten in bewaffnete Auseinandersetzungen, weil die herrschenden Kreise im Norden seriöse Zugeständnisse verweigerten.

Im Frühjahr 1992 ist wieder einmal über Friedensverhandlungen zwischen der Regierung in Khartum und der Sudanesischen Volksbefreiungsarmee (SPLA) im Süden gesprochen worden. Sofort folgte eine Offensive der sudanesischen

Armee in Richtung Bor, wo die SPLA ihr Hauptquartier aufgeschlagen hatte.

Aber selbst, wenn der Bürgerkrieg bald zu Ende gehen sollte – bis zur Fertigstellung des Jonglai-Kanals wird es dauern. Es bleibt das Mißtrauen im Süden. Der Kanal, so hat es ein Führer der SPLA einmal formuliert, sei ein Beispiel »für die Ausbeutung der Bevölkerung des Südens zum Profit Ägyptens und der arabisch-moslemischen Sudanesen des Nordens«.

Das Jonglai-Projekt ist nicht der einzige aktuelle Konfliktherd am Nil. Vom Mai 1978 ist ein Wort des damaligen ägyptischen Staatspräsidenten Anwar as-Sadat überliefert, das da lautete: »Ägypten ist bereit, in einen Krieg einzutreten, wenn Äthiopien versuchen sollte, einen Damm am Tana-See oder an der Quelle des Blauen Nil zu bauen«.

Einige Jahre später antwortete ein äthiopischer Vizepremier: »Äthiopien kann gegenwärtig keine Zeit für große Arbeiten am Blauen Nil aufwenden.«

Also alles nur blinder Alarm? Wo Rauch ist, ist auch Feuer. Die allgemeine Wasserknappheit ist die Mutter des Verdachts, eines nicht ganz abwegigen Verdachts.

In 2.900 Metern Höhe entspringt in den Simien-Bergen, unweit des 4.620 Meter hohen Ras Dashen der Fluß Abbai, den man als die eigentliche Quelle des Blauen Nil betrachtet. Am Fuß der Berge liegt Gondar, das im 17. Jahrhundert die Hauptstadt Äthiopiens (oder, wie man damals sagte, Abessiniens) war. Die Paläste von Gondar würden noch heute die Touristenströme anlocken, wäre das Land nicht vom Bürgerkrieg gezeichnet. Nicht weit entfernt ist der Tana-See, in den der Abbai mündet, ein beinahe kreisrundes Gewässer, 3.600 Quadratkilometer groß, bedeckt mit mehr als dreißig Inseln. In dem seit Urzeiten christlichen Land sind auf vielen dieser Inseln Kirchen und Klöster errichtet worden.

Dreißig Kilometer südlich der Stelle, wo der Blaue Nil den Tana-See verläßt, stürzt der Fluß bei den 400 Meter breiten Tissisat-Fällen fünfzig Meter in die Tiefe. Tissisat, das heißt in der Landessprache »Rauchendes Wasser«.

Der Blaue Nil nimmt nur einen geringen Teil seiner Wasser

aus dem Tana Soo. Vielmehr wird er von einer Vielzahl von Zuflüssen gespeist, wenn er in einer großen Schleife sich von Süden nach Norden wendet, wo sich sein Bett tief in den Felsen gesägt hat.

»Brüderlichkeit« und Mißtrauen

Anfang 1990 überraschte Butros Ghali, häufiger Besucher in der äthiopischen Hauptstadt Addis Abeba, die Öffentlichkeit mit der Mitteilung, israelische Ingenieure hätten am Tana-See und am Abbai mit der Arbeit begonnen. Er warnte: Der Bau eines Damm werde als Kriegshandlung betrachtet.

Nun gab es durchaus historische Erfahrungen. Hatte nicht schon im 11. Jahrhundert der Kalif Mustansir einen Botschafter zum Kaiser von Abessinien senden müssen, um die Forderung durchzusetzen, »den Nil auf seinem Weg zu lassen«. Hatte nicht 1708 Kaiser Talka Haimot I. dem Gouverneur von Kairo die Drohung zukommen lassen, man werde den Blauen Nil absperren, wenn es den äthiopischen Kaufleuten weiterhin verwehrt werde, durch Ägypten zu reisen. Hatte es nicht noch 1946 Querelen zwischen Kaiser Haile Selassie und König Faruk um ein »Großreich des Niltals« gegeben!

Nach ergebnislosen Verhandlungen bei der Internationalen Wasserkonferenz von La Plata im Jahre 1977 erklärte Äthiopien, es sei »das unveräußerliche Recht eines jeden Anliegerstaates an einem Flußlauf, einseitig die Entwicklung der Wasservorkommen innerhalb der nationalen Grenzen vorzunehmen, soweit es an einem entsprechenden internationalen Abkommen fehlt«.

Das war es, was Ägypten vor die Frage der »nationalen Sicherheit« stellte.

Es ergaben sich zudem ganz aktuelle politische Probleme. Seit Anfang der 60er Jahre kämpften in Erythrea, der Nordprovinz Äthiopiens, Guerrillas für die Autonomie oder einen eigenen Staat. Erythrea wird von Moslems bewohnt, die sich im christlichen Äthiopien, von dem ihr Land erst 1952 annektiert worden war, unterdrückt fühlen. In islamischer Solidarität wurde die Erythrea-Befreiungsbewegung von arabischen Staaten unterstützt. Äthiopien seinerseits unterhielt lange Zeit hindurch beste Beziehungen zu Israel, dem Erzfeind der Araber. Es gab also viele Gründe für Mißtrauen, und es gab Möglichkeiten für Erpressung. So hat beispielsweise der Sudan zwar eine große Zahl von Flüchtlingen aus Erythrea aufgenommen, man war in Khartum aber bemüht, sich aus dem Konflikt herauszuhalten. Ein ägyptischer Diplomat meinte 1990 (also bevor die Erythreer ihren Kampf siegreich beendeten) über die Äthiopier: »Sie sehen das Nilwasser als Trumpfkarte, die sie nicht ausspielen werden, es sei denn zu einem Preis – daß wir ihnen helfen, ihre politischen Probleme zu lösen, insbesondere den Bürgerkrieg ...« Indessen war der drohende Konflikt noch einmal beigelegt worden. In Kairo führten die Regierungen Gespräche, die, wie es im Kommuniqué so aufschlußreich hieß, »sehr erfolgreich« verliefen. Wie, mit welchem Resultat, das ist allerdings nicht mitgeteilt worden. Äthiopien hatte es bereits früher abgelehnt, der 1983 gegründeten Undugu beizutreten. »Undugu« heißt auf Suaheli »Brüderlichkeit«.

In dieser Organisation sind die meisten Nilanrainerstaaten vertreten (Ägypten, Sudan, Uganda, Tansania, Ruanda, Zaire, aber auch die Zentralafrikanische Republik). Als 1990 in einer gemeinsamen Aktion des UN-Entwicklungsprogramms (UNDP) und der Undugu begonnen wurde, Studien für eine integrierte Entwicklung des Nilbeckens aufzunehmen, verweigerte Äthiopien den UNDP-Experten die Einreise. Undugu wird von manchen Leuten in Afrika schon als Vorläufer einer künftigen Wirtschaftsgemeinschaft der Länder des Nilbeckens gesehen. Ägypten hat in der Undugu einen langfristigen Plan vorgelegt, vor allem hinsichtlich der Erzeugung von Elektroenergie. Danach soll ein Verbundnetz Assuan und den Inga-Damm in Uganda miteinander verknüpfen. Weitere hydroelektrische Anlagen wolle man im Sudan, am Albert-See und am Edward-See errichten. Den auf diese Weise erzeugten Strom könnte man exportieren, wodurch man Mittel für weitere Bewässerungsprojekte erwirtschaften könnte.

Blieben immer noch die Forderungen von Staaten am

Oberlauf des Nil. Ägyptens Staatsminister Butros Ghali antwortete da ganz kühl: »Die anderen afrikanischen Staaten ... haben noch nicht den Stand von Bewässerungs-Landwirtschaft erreicht wie wir, und sind deshalb auch nicht so sehr an dem Problem des Wassermangels interessiert. Es ist der klassische Unterschied in der Haltung zwischen Ländern am Oberlauf und am Unterlauf, die an dem gleichen internationalen Fluß liegen.« Es blieb nur übrig, das Dilemma zu konstatieren: Es sei eben das Schlimme, »daß jedes Nil-Land sich unterschiedliche Vorteile von der Kontrolle und Bewirtschaftung der Wasservorräte verspricht.«

An den Ufern von Euphrat und Tigris
Deutsche und Engländer, Türken und Kurden, Iraner, Iraker und Amerikaner – alle haben in diesem Jahrhundert hier schon geschossen

Mit Motorbooten und Wasserflitzern waren sie gekommen, nicht zu erfassen mit Radargeräten, kaum zu sehen hinter den haushohen Schilfmauern an den Flußläufen. Im Handstreich eroberten die Kämpfer aus dem Iran Inseln und Dörfer am Unterlauf des Euphrat. Mit dem Ruf »Allah ist groß« rückten die iranischen Soldaten bis an die große Stadt Basrah vor. Im Februar 1986 nahmen sie Fao ein. Es war das sechste Jahr eines verbissenen, haßerfüllten Krieges, von dem schon niemand mehr so genau zu sagen wußte, auf wessen Seite das Recht stand. Und nun Fao von den iranischen Gottesstreitern besetzt, die Stadt am südlichsten Ende des Schatt el- Arab, des »Stroms der Araber«, am Nordrand des Persischen Golfs. Jetzt sei, so jubelte in Teheran der Sprecher des Parlaments, der Irak vom Zugang zum Meer abgeschnitten, und er gab noch eins drauf: »Was in Fao geschehen ist, kann auch in Basrah geschehen, oder in dem Gebiet jenseits von Bagdad.«

Lange hatte man sich ineinander verbissen. Keine Seite war mehr willens, einzulenken oder gar nachzugeben. Die Welt sah mit Sorge oder Spannung auf diesen Kriegsschauplatz. Jene Länder, die mit Waffen handelten, machten ihr großes Geschäft. Sie verkauften gut, meist an beide Seiten. Die größere Furcht verbreiteten zweifellos die fundamentalistischen Ayatollahs im Iran. Iraks Diktator Saddam Hussein schien vor allem den Amerikanern das kleinere Übel zu sein, vor allem ihm gönnte man in Washington einen Sieg. Aber wußte überhaupt noch jemand, worum es überhaupt in diesem Krieg ging?

Es war im Sommer 1980 gewesen, als der irakische Propagandaapparat die Lage mit Meldungen über irgendwelche iranischen Provokationen oder Übergriffe anheizte. Dann kam ein Kommuniqué aus Bagdad: Am 10. September 1980 hätten »die irakischen Streitkräfte ihre heilige Pflicht erfüllt, irakisches Territorium zurückzugewinnen«. Die Antwort aus Teheran folgte: Die Armee des Iran habe »beschlossen, ihre Verteidigungsstellungen zu Angriffsstellungen zu machen«. Wenige Tage später war Krieg, ein Krieg mit offenbar zwei Angreifern.

Bis zum März 1981 waren die Iraker in der Offensive. Sie eroberten die iranische Provinz Khuzistan östlich des Schatt al-Arab, das Ölhafen- und Raffineriezentrum Abadan wurde besetzt. Ein Jahr später standen die Iraner vor Basrah und die schiitischen Geistlichen in Teheran sprachen von der bald bevorstehenden »Befreiung« der heiligen Stätten der Schiiten im irakischen Nedschef und Kerbela. Man konnte lange spekulieren über die wahren Gründe dieser Schlachten. Größenwahn oder Unberechenbarkeit von Leuten wie Ayatollah Khomeiny oder Präsident Saddam Hussein – so etwas mochte es ja geben, aber nur deswegen ein großer Krieg?

Nun wird in Khuzistan seit dem Anfang dieses Jahrhunderts Erdöl gefördert, genau so, wie nicht weit vom anderen Ufer des Schatt, im Grenzgebiet vom Irak und von Kuweit. Alle Städte am Unterlauf von Euphrat und Tigris sind als Ölhäfen ausgewiesen, Fao, Basrah und Khoral-Amaja im Irak, Khorramschar, Abadan und Kharq im Iran. Eroberung von Territorien und Bodenschätzen, das waren schon gute Gründe für einen Waffengang. Und Wasser?

Vielleicht das nächste Mal?

Der Schatt al-Arab wird durch den Zusammenfluß von Euphrat und Tigris gebildet, einem Zusammenfluß in einem kanaldurchzogenen Sumpfgebiet, der deshalb auch nicht so ganz genau zu lokalisieren ist. Bis Fao mißt der Schatt etwa 150 Kilometer, und diese 150 Kilometer sind gewissermaßen ein historischer Streitfall. Jedenfalls haben bereits 1639 das Osmanische Reich, das damals auch das Gebiet des heutigen Irak beherrschte, und die persische Dynastie der Safaviden einen ziemlich nutzlosen Grenzvertrag geschlossen. Wann immer sich eine Seite stärker fühlte, versuchte sie auf Kosten der anderen Seite Gewinne am anderen Ufer zu machen. Die

Euphrat und Tigris

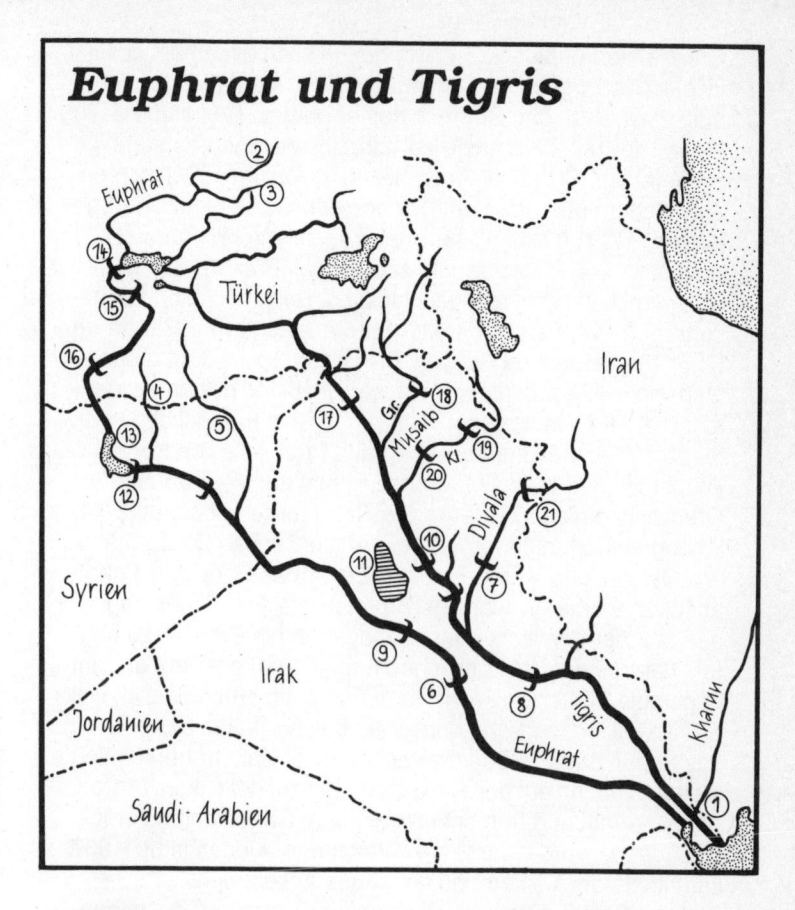

1 – Schatt-al-Arab
2 – Kara-Su
3 – Murad-Su
4 – Balikh
5 – Habur
6 – Hindija-Damm
7 – Diyala-Damm
8 – Kut-al-Armana-Damm
9 – Habbaniye-Damm
10 – Samarra-Damm
11 – Tharthar-Senke
12 – Sadd al-Furat (Tabqa-Damm)
13 – Assad-See
14 – Keban-Damm
15 – Karakaya-Damm
16 – Atatürk-Damm
17 – Eski-Mosul-Damm
18 – Bakma-Damm
19 – Dokhan-Damm
20 – Haniya-Damm
21 – Derbend-i-Khan-Damm

Grenze, vernünftigerweise wie bei Flüssen allgemein üblich, in der Mitte der Schiffahrtsrinne fixiert, wurde verschoben, man versuchte, den Strom in seiner ganzen Breite und dazu beide Ufer unter Kontrolle zu bringen. Also gab es ständige Kämpfe am Schatt al-Arab, keine gewaltigen Schlachten, aber Scharmützel immerhin, denen dann stets neue Verträge folgten, 1727, 1736, 1746, irgendwie alle zehn Jahre. 1776 eroberten die Perser auch schon mal Basrah; ein neues Abkommen wurde 1823 geschlossen. Beim nächsten Grenzvertrag, 1847, hatten bereits andere Mächte die Hände im Spiel: Engländer und Russen. Die British East India Company hatte sich in Basrah niedergelassen, Rußland gewann zunehmend Einfluß in Persien. Britischer und russischer Druck führte 1913 zur Unterzeichnung des Protokolls von Konstantinopel, in dem man sich wieder einmal auf die Flußmitte als Grenzlinie einigte. Moderne Schiffahrt forderte genaue Festlegungen. Seit 1908 förderte die Anglo-Persian Oil Company am Ostufer des Karun-Flusses Erdöl, das über den Schatt abzutransportieren war. 1912 hatten die Engländer begonnen, auf der persischen Insel Abadan einen Ölhafen zu bauen. 1914 landete ein britisches Expeditionskorps in Fao, um gegen die Türken zu kämpfen. Von nun an erübrigte sich viel Streit, weil letztendlich London auf beiden Seiten des Stroms das Sagen hatte, auf der irakischen Seite war Großbritannien Mandatsmacht, auf der iranischen Besitzer der Ölkonzession. Als dann Irak und Iran schrittweise ihre Souveränität zurückgewannen, wurde auch die Grenzfrage wieder akut. 1937 vermittelte der Völkerbund ein neues Abkommen.

Genau genommen ist es nicht sehr erhellend, die gegenseitigen Forderungen und Beschuldigungen aufzulisten, die seit dem Ende des 2. Weltkrieges immer wieder erhoben worden sind, die Krisen von 1959 und 1961, die Konflikte von 1969 und 1971, schließlich das irakisch-iranische Abkommen von 1975, das nur fünf Jahre später von Saddam Hussein abrupt und einseitig aufgekündigt wurde. Die plötzliche Eroberung von Fao im Februar 1986 war ein Paukenschlag in dem Krieg. Die Jubelfanfaren in Teheran waren wichtig für die angeschlagene Moral einer von Hunger und Raketen geplagten Bevölkerung. Aber ob die militärstrategische Bedeutung der Besetzung der Stadt wirklich so groß war?

Jedenfalls glaubte Bagdad, den Verlust von Fao nicht hinnehmen zu können.

Am 17. April 1988 gab das Oberkommando der irakischen Streitkräfte das Kriegskommuniqué Nummer 3141 heraus. Die »Operation zur Befreiung von Fao« habe begonnen, hieß es da. Die Republikanische Garde, die Elitetruppe des Präsidenten, überrannte die ersten iranischen Linien, Iraks Luftwaffe, die Artillerie, Raketen schlugen auf das Ruinenfeld von Fao ein. Panzer bahnten sich ihren Weg durch die Trümmer. Am nächsten Tag schon war die Mündung des Schatt al-Arab wieder in irakischer Hand, »dank der persönlichen Führung der Schlacht« durch Saddam Hussein, wie die Propaganda aus Bagdad mitteilte. Das Fernsehen zeigte tagelang wieder und wieder Siegesbilder. Die jubelnden irakischen Soldaten, in langen Reihen die meist jugendlichen iranischen Gefangenen.

Die Schlacht von Fao im April 1988 war das letzte Gefecht in einem langen Krieg. Saddam Hussein hatte mit der Rückeroberung sein Gesicht gewahrt. Nun konnte er über einen Waffenstillstand verhandeln, den er so dringend brauchte, weil sein Land mit seinen Ressourcen so ziemlich am Ende war. Er konnte nach acht Jahren Krieg so tun, als habe er seine Kriegsziele erreicht, während sich zur gleichen Zeit der Ayatollah Khomeiny auf eine göttliche Weisung berief, den Krieg nun zu beenden.

Am 20. August 1988, dem Tag des Waffenstillstandes, stand man am Schatt al-Arab, wie überall an der irakisch-iranischen Grenze, genau dort, wo man im Sommer 1980 gewesen war. Nichts hatte sich bewegt, und das um den Preis von 100.000 toten Irakern und 300.000 toten Iranern, von 750.000 Verwundeten auf beiden Seiten. Den Irak hatte der Krieg 452,6 Milliarden Dollar gekostet, den Iran 644,3 Milliarden . Seit 1919 exportierte der Iran Erdöl, seit 1931 der Irak. Der achtjährige Krieg kostete mehr, als beide Länder über die Jahrzehnte hinweg mit dem Erdöl eingenommen hatten.

Am Schatt al-Arab herrscht wieder Friede. Doch es ist ein zweifelhafter Friede. Der nächste Konflikt ist absehbar, obwohl der Irak im zweiten Golfkrieg vom Frühjahr 1991 schlimme Schläge einstecken mußte. Die Ursachen eines nächsten Konflikts am Schatt al-Arab aber könnten klarer auf der Hand liegen. Dann könnte es eindeutig um Wasser gehen. Und nicht nur dort.

Zwischen den Strömen

Das Konfliktpotenzial um Euphrat und Tigris häuft sich von der Quelle bis zur Mündung. Wassermangel bedroht auch Mesopotamien, wie es die Griechen nannten, das »Land zwischen den Strömen«.

2.775 Kilometer lang ist der Euphrat, 1.950 Kilometer der Tigris. Beide Flüsse entspringen in den Bergen der südöstlichen Türkei. Alles Wasser, das sie führen, kommt ausschließlich aus dem Norden und Nordosten. Im Westen und Süden liegen nur Steppe und Wüste. Das Euphratbecken umfaßt 444.000 Quadratkilometer. Davon entfallen 28 Prozent auf die Türkei, 17 Prozent auf Syrien, 40 Prozent auf den Irak und 15 Prozent auf Saudi-Arabien. Aber 88 Prozent des Wassers kommen aus der Türkei.

Im 11. Jahrhundert hatte sich der persische Universalgelehrte al-Biruni Gedanken darüber gemacht, warum das so sei. »Was aber das Wasser des Tigris und des Euphrat anlangt,« schrieb er, »so entspringt es in Gegenden, die weniger weit nach Norden reichen, und deshalb steigen sie im Winter und im Frühling, weil die Niederschläge in sie abfließen, und was möglicherweise gefroren war, am Anfang des Frühlings abschmilzt.« Der Grund, meinte al-Biruni, liege »in dem Nutzen, den der unfehlbare und weise Baumeister, der groß und erhaben ist, bei der Erschaffung der Berge bezweckt hat.«

Zwei Quellflüsse bilden den Euphrat, der nordöstlich von Erzerum entspringende, 444 Kilometer lange Kara-Su im Westen und der 666 Kilometer lange Murad-Su. Nach ihrem

Zusammenfluß bei Keban-Maden muß sich der Fluß den Weg durch den armenischen Taurus bahnen, durch ein 60 Kilometer langes, tief eingeschnittenes Tal, bevor er die syrische Ebene erreicht. Hier gesellen sich ihm zwei weitere Nebenflüsse zu, der Balikh und der Habur, auch sie den Bergen der südöstlichen Türkei entsprungen. Unterhalb dieser Nebenflüsse erreicht der Euphrat dann die »Insel«, die Djezira, die von den Wassern des Euphrat und Tigris umflossen wird.

Bei einer Flußreise auf dem Euphrat notierte der schwedische Reisende Sven Hedin vor mehr als 70 Jahren: »Das Land ringsum ist eine ungeheure Miozänkalksteinplatte, die bis unterhalb von Hit am Euphrat und bis Samarra am Tigris reicht und nicht nur Nordsyrien bedeckt, sondern auch ... das Land zwischen den beiden Bruderströmen, das ungefähr dem alten Assyrien entspricht. Ihre Höhe beträgt bis 500 Meter, so daß man von einer Hochebene sprechen kann ... Durch diese Kalksteinplatte arbeitete sich der Euphrat in zahllosen kleinen Windungen nach Südosten. Wo das Gestein dem Ansturm des Stroms gestrotzt hat, und dieser sich daher auf etwa 100 Meter Breite zusammendrängt, fallen die Ufer schroff ab; in den oft alabasterweißen Wänden hat das Wasser in jahrtausendlanger Arbeit schalenförmige Vertiefungen und gigantische Felsentore, Grotten und Höhlen, Löcher und Klüfte ausgewaschen, in denen Raubvögel und Dohlen horsten ... Man hört und sieht, wie der Fluß sein Bett unablässig formt, am konkaven Ufer bricht er ab und reißt er nieder, und die Wellen schäumen um Felsblöcke, die herabgestürzt und an seichten Stellen liegen geblieben sind; am konvexen Ufer baut er auf, manche flachen, unfruchtbaren Anschwemmungen können erst gestern oder vorgestern entstanden sein.«

Die Sumerer, weit im Süden ansässig, nannten den Fluß Bu-Ra-Nu-Nu, die Assyrer sprachen vom Puratu, im Altpersischen hieß er Ufratus, auf Hebräisch Phrat und auf Arabisch al-Furat. Hingegen soll der Tigris seinen Namen vom Altpersischen tigra – Pfeil – haben.

Auch der Tigris entspringt in 2.000 Metern Höhe im armenischen Taurus; auch er muß mit einem schmalen Tal Gebirgsketten durchbrechen, bevor er Mesopotamien erreicht, wo er noch vier bedeutende Nebenflüsse aufnimmt. In der Höhe von Bagdad kamen die beiden Flüsse plötzlich einander bis auf 35 Kilometer nahe, doch entfernen sie sich erst wieder voneinander. Wenn sie sich dann zum Schatt al-Arab vereinigt haben, fließt ihnen von Norden her noch der Kharun zu, mit 800 Kilometern der längste Fluß des Iran.

Euphrat und Tigris haben sicherlich nicht immer eine gemeinsame Mündung in den Persischen Golf gehabt. Es gibt Indizien dafür, daß sich ihr Flußbett mehrfach geändert hat. Umstritten ist die Küstenlinie ohnehin. Viele Ruinenstätten aus alter Zeit liegen weit landeinwärts, von denen man vermuten müßte, sie hätten sich dereinst an der Küste befunden. Wahrscheinlich haben die Ablagerungen von Sand und Geröll aus den Bergen die Küste der Golfs immer weiter nach Süden verschoben.

Das trockene Wüstenklima bot in Verbindung mit dem reichlichen Wasserangebot schon sehr frühzeitig den Anreiz für menschliche Ansiedlung, und dann für die schnelle Herausbildung einer frühen Zivilisation. Im 9. und 8. Jahrtausend v.Chr. sind im östlichen Gebirgsvorland Mesopotamiens jungsteinzeitliche Siedlungen entstanden. Im 6. Jahrtausend v.Chr. drangen Bauernvölker von Osten und Norden her in den Süden des Zweistromlandes vor, der bis dahin wahrscheinlich mit Sümpfen und mit Dschungel bedeckt war. Anfänge einer Bewässerungskultur sind im 5. und 4. Jahrtausend v.Chr. nachgewiesen. Aus dem 3.Jahrtausend gibt es dann materielle Zeugen der Bildung kleiner Stadtstaaten der Sumerer.

Das Land der Sintflut

Die totale Abhängigkeit vom Wasser bestimmte die Organisation der Gesellschaft. Auch das Weltbild wurde vom Wasser und von der Flut geprägt. Auf ihm basiert der babylonische Mythos von der Erschaffung der Welt. Tiamat ist das Urwasser und die Urmutter zugleich. Sie wird vom Gott Marduk getötet.

Aus ihrem Haupt schafft Marduk einen großen Berg, aus den Augenhöhlen entspringen Euphrat und Tigris.

Bis zu uns bewahrt hat sich die mesopotamische Sintflut-Sage. Im 1. Buch Mose ist zu erfahren: »Da aber der Herr sah, daß der Menschen Bosheit groß war auf Erden, und alles Dichten und Trachten ihres Herzens nur böse war immerdar, da reuete es ihn, daß er die Menschen gemacht hatte auf Erden, und es bekümmerte ihn in seinem Herzen. Und sprach: Ich will die Menschen, die ich geschaffen habe, vertilgen von der Erde.«

Vierzig Tage und vierzig Nächte habe es Gott regnen lassen, und alles wurde vom Erdboden vertilgt; nur Noah samt Familie in der Arche sowie all das gerettete Getier überlebten, bis sich das Wasser nach 150 Tagen wieder verlaufen hatte.

Die Suche nach dem Ursprung dieser Geschichte führt nach Sumer. Der gottesfürchtige Zisudra, der Herrscher des Stadtstaates Schurrupak am Euphrat, ist das Vorbild für den biblischen Noah. Die Legende wird vom babylonischen Gilgamesch-Epos aufgenommen. Hier folgt die Sintflut einem Beschluß der Götter. Sie ließen »den Südwind blasen, und der trieb das Wasser gegen die Gebirge zu, und die Fluten stürzten über die Menschen her, keiner konnte sich um den anderen kümmern.« Am siebten Tage habe der Sturm aufgehört und sich das Meer wieder beruhigt. Sieht man vom Eingriff der Götter ab, so sind wir fast bei der ganz realistischen Beschreibung einer Naturkatastrophe.

Die Geschichte Mesopotamiens, die Geschichte eines wie Ägypten vom Fluß und von der Bewässerungskultur bestimmten Landes, unterscheidet sich beträchtlich von der des Nillandes. Jenes war durch die Wüsten und durch das Nildelta immer relativ abgeschlossen. Das Zweistromland hingegen war weitaus offener. Hier hatte man es mit wechselnden Vorherrschaften zu tun, mit rivalisierenden Staatswesen, mit Eindringlingen und Eroberern. Und so haben auch stets die Angriffe von Nomaden aus den Steppengebieten sein Schicksal beeinflußt.

Schon der erste Territorialstaat, die III. Dynastie von Ur zu

Beginn des 3. Jahrtausends, versuchte, sich dagegen zu schützen. Er errichtete eine große Mauer. In einer Überlieferung, die von einer Erhebung der Nomaden berichtet, heißt es: »Doch die Stadtmauer von Uruk war wie ein Vogelnetz über die Steppe gespannt.« Die Nomadenmauer scheint etwa 280 Kilometer lang gewesen zu sein, sie zog sich wahrscheinlich vom Euphrat bis zum Tigris auf der Höhe von Samarra, und sie hinderte Gruppen nomadischer Amurriter daran, nach Südosten ins eigentliche Kulturland vorzudringen.

Der Staat, der Arbeiten, wie den Bau einer so großen Mauer, organisierte, hatte sich herausgebildet, weil nur eine Gesamtgemeinschaft in der Lage gewesen war, größere Siedlungen anzulegen, Kanäle zu graben, das Wasser zu verteilen. Die Notwendigkeit der Gemeinschaftsaufgaben förderte auch die Wissenschaften. Bereits im 4. Jahrtausend v.Chr. erfand man im südlichen Mesopotamien die erste Schrift. Das sich herausbildende Wirtschaftsleben verlangte nach schriftlichen Aufzeichnungen als Gedächtnisstütze. Der von den Flüssen in großen Mengen abgelagerte Ton lieferte ein ideales Schreibmaterial, das überdies den Vorteil hatte, sehr beständig zu sein; daß es unter günstigen Umständen Jahrtausende zu überdauern vermochte, war den Erfindern der Tontäfelchen sicherlich nicht gegenwärtig. Die Keilschrift entwickelte sich aus einer ursprünglichen Bilderschrift, einem piktografischen System, bei dem die keilförmigen Eindrücke des Griffels im Ton eine große Abstraktion wie von selbst herbeiführten. Die Keilschrift wurde erst zur Wortschrift, dann zur Silbenschrift.

Aus praktischen Bedürfnissen entstand die Geometrie. Schon allein die jährlichen Überschwemmungen, die oft die Grenzen zwischen den Feldern verwischten, erforderten regelmäßig neue Vermessungen. Erbteilungen und Immobilienhandel verlangten genaue Berechnungen.

Sodann war schon für die Bedürfnisse der Landwirtschaft eine sorgfältige Himmelsbeobachtung notwendig. Kalender entstanden, lange Zeit hindurch hatte übrigens jede mesopotamische Stadt ihren eigenen Kalender.

Die Staatswesen des Zweistromlandes wuchsen bald zu großer Macht heran, dehnten sich nach Norden aus, beherrschten schließlich den ganzen »fruchtbaren Halbmond«, gerieten bei Gelegenheit auch schon mal mit dem Pharaonenreich aneinander. Ursprünglich hatten sich die Zentren politischer Macht im Süden Mesopotamiens befunden, in Ur, Uruk und Nippur. Anfang des 2. Jahrtausends gewannen Städte am oberen Tigris an Macht, Assur, die Hauptstadt Assyriens, Ninive, beim heutigen Mossul gelegen. Am Euphrat-Mittellauf erlebte Mari als Handelszentrum schon Mitte des 3. Jahrtausends bis in die Mitte des 2. Jahrtausends seine Blütezeit. Um 1760 v.Chr. wurde die Stadt von babylonischen Truppen zerstört. Archäologen fanden in den einstigen Archiven des Palastes von Mari 25.000 Tontafeln, eine einmalige Quelle unserer Kenntnisse über das Leben im alten Orient. Im 9. Jahrhundert v.Chr. entstand das assyrische Großreich, das über zwei Jahrhunderte hinweg den ganzen Nahen Osten beherrschte. Und dann schließlich Babylon am Euphrat, Hauptstadt des altbabylonischen Staates im 2. Jahrtausend, Metropole des Neubabylonischen Reiches seit dem 7. Jahrhundert v.Chr., bevor es von den Persern erobert wurde.

Immer war Krieg im Zweistromland. Die Texte aus Mari sind voll triumphierender Feldzugsberichte. Salmanassar III. (854–824 v.Chr.), der Herrscher von Assur, ließ in eine Stele meißeln: »Aus Schiffen aus Hammelhäuten überschritt ich zum zweitenmal den Euphrat bei seiner Hochflut. Den Tribut der Könige jenseits des Euphrat, nämlich des Sangar von Karkemisch, des Kundaschpi von Kommagene, des Arame, des Sohnes von Bit-Gusi, des Lalli von Milid, des Hajani, des Sohnes von Bit-Gabari, des Kalparuda von Hattina, des Kalparuda von Gurgum: Silber, Gold, Zinn, Kupfer und kupferne Gefäße empfing ich in Assur-uter-asbat, jenseits des Euphrat am Sagurfluß. Vom Ufer des Euphrats brach ich auf und näherte mich Aleppo. Sie fürchteten sich vor einer Schlacht und ergriffen meine Füße. Silber und Gold empfing ich als ihren Tribut...«

Nicht weniger wichtig als solche Lobsprüche auf eigene

Erfolge schien den mesopotamischen Königen der Hinweis auf ein intaktes Bewässerungssystem, das soviel wert gewesen sein mag, wie ein gewonnener Krieg. Der babylonische König Nebukadnezar (605–562 v.Chr.) ließ sich auf Inschriften als »Bewässerer der Felder« preisen. Schließlich war die Landwirtschaft die Basis des Reichtums Babyloniens.

Man hatte dort sehr zeitig begonnen, Kanäle anzulegen, Wehre zur Regelung des Wasserstandes zu bauen. Man vermochte damals allerdings nicht zu übersehen, daß der Eingriff in eine natürliche Sumpflandschaft ökologische Konsequenzen haben würde, die erst heute, viertausend Jahre später, voll zu erkennen sind.

Südmesopotamien ist eine Tiefebene, die langsam immer weiter absinkt. Da aber die Flüsse den Boden ständig wieder aufschütten, ist das Land eben wie eine Platte. Es liegt sehr niedrig. Der Grundwasserspiegel erreicht fast die Bodenoberfläche. Damit entstehen Probleme mit der Drainage. Die Urbarmachung der ursprünglichen Sümpfe begünstigte die Verdunstung. Es begann ein Prozeß der Versalzung, der nun schon Jahrtausende andauert, und der das Land nach und nach zu einer Wüste macht.

Von dergleichen Sorgen aber war man in Babylon weit entfernt. Es ging um die Anlage komplizierter Kanalsysteme, die Hauptkanäle, von denen Nebenkanäle und dann Wassergräben ausgingen. Die Kanäle waren zu unterhalten, zu säubern, angespülter Sand und Schlick mußte ausgehoben werden. Auch darum hatte sich ein König zu kümmern. Der babylonische Herrscher Hammurapi (1792–1750 v.Chr.) befahl einem seiner Statthalter: »Sobald du die Ausbaggerung des Flusses, die du jetzt in Angriff genommen hast, vollendet hast, schaffe aus dem Euphrat von Larsa bis Ur den Schlamm weg. Entferne die Abfälle daraus und bringe ihn in Ordnung.« Worte eines Königs.

Die Bedingungen der Bewässerung am Ober- und am Unterlauf des Euphrat sind sehr unterschiedlich. Aus den Tontafelarchiven Mari wissen wir, daß dort vom Nebenfluß Habur Kanäle abgezweigt wurden, die dann parallel zum Euphrat liefen, und am Ende in diesen mündeten. In diesem

Falle konnte man natürliches Gefälle nutzen. Andernorts war es notwendig, das Wasser anzuheben, um es auf die Felder zu schaffen. Der assyrische König Sanherib (704–681 v.Chr.) führte Bewässerungsanlagen nach ägyptischem Vorbild ein. Und erst in unseren Tagen sind die traditionellen Schöpfwerke durch Motorpumpen ersetzt worden. Noch vor 75 Jahren aber hieß es in einem Reisebericht vom Euphrat: »Schon am fünften Tag meiner Euphratfahrt ... war ich an den ersten, noch primitiven Schöpfwerken, Denkmälern einer tausendjährigen Tradition ... Die Schöpfeinrichtung besteht aus einem kunstlosen Holzgerüst, in dessen Oberteil ein Seil über eine Rolle läuft. Nach dem Wasser zu hängt daran ein großer Ledersack; das innere Seilende wird von einem Zugtier – Ochse oder Pferd – oder durch Menschenkraft landeinwärts gezogen und so der Wassersack emporgewunden. Seine Öffnung ist durch ein Holzkreuz aufgespannt, damit er sich ordentlich füllen kann, und wenn er oben ankommt, ergießt er durch einen rüsselartigen, durch eine zweite Rolle und ein dünneres Seil regulierten Fortsatz seinen Inhalt in den Anfang des Bewässerungskanals ... Die knarrende Musik dieser Wasserhebewerke hatte mich von Tag zu Tag begleitet, und ihre derben Holzgerüste glichen besonders bei Nacht den Skeletten vorweltlicher Tiere.«

Auch Paternosterwerke beobachtet der Reisende am Euphrat: Ein waagerechtes Rad wird von Pferden mit verbundenen Augen gedreht; die Zähne diese Rades greifen in ein senkrechtes Rad, über das eine Kette mit Wassereimern läuft. Und er stößt auf Bewässerungsanlagen, bei denen die Wasserkraft selbst zum Heben des Wassers ausgenutzt wird: »Eine Steinmauer war in den Fluß hineingebaut; ihre Spitze bildete ein großes Rad von etwa acht Meter Durchmesser. In der Peripherie des Rades hingen längliche Tontöpfe, die bei der Umdrehung das Wasser schöpften und in eine Rinne entleerten, die rechtwinklig von dem über den Kamm der Mauer laufenden Kanal ausging. Das Rad ist aus rohem Treibholz zusammengezimmert, die Speichen sind krumm und schief, aber wenn es nur halbwegs rund ist, erfüllt es seine Aufgabe. Solcher Wasserschöpfwerke oder Dolabs sah ich auf meiner Weiterfahrt im Reich der Palmen eine Unzahl. Je nach ihrer Länge sind die Mauern durch Bogenwölbungen unterbrochen, damit sie dem ungeheuren Druck besonders bei Hochwasser standhalten und der Strom ungehindert hindurch kann.«

Selbstverständlich haben die Bewässerungsfragen auch Eingang in das Rechtssystem des alten Babylonien gefunden. So heißt es denn beispielsweise in der umfangreichen Gesetzessammlung Hammurapis: »Gesetzt, ein Mann hat es vernachlässigt, den Deich seines Feldes zu befestigen, und hat seinen Deich nicht befestigt, und an seinem Deich ist eine Öffnung entstanden, und er hat verursacht, daß das Wasser die Flur wegriß, so wird der Mann, an dessen Deich eine Öffnung entstanden ist, das Getreide, das er vernichtet hat, ersetzen.« Und weiter: »Gesetzt, er kann das Getreide nicht ersetzen, so wird man ihn und seine Habe für Geld verkaufen, und die Bewohner der Flur, deren Getreide das Wasser weggerissen hat, werden teilen.«

Die Aufmerksamkeit und Pflege, die man dem Ackerbau zuwandte, ist verständlich. Der zur Verfügung stehende Boden war begrenzt. Die eigentliche Anbaufläche in Babylonien bestand aus einem 375 Kilometer langen und 71 Kilometer breiten Streifen zwischen den Städten Eridu (südlich von Ur) und Sippar (südwestlich von Bagdad). Assyrien verfügte über nur die Hälfte dieser Anbaufläche, und für ganz Mesopotamien kam man auf 45.000 Quadratkilometer. Die wichtigste Kultur war Getreide, und zwar Gerste, Emmer, aber auch schon Weizen. Die Erträge sind für damalige Verhältnisse hoch gewesen, wenngleich antike Berichte oft ins Reich der Fabel verwiesen werden müssen. So sprach der assyrische Herrscher Assurbanipal (668–627 v.Chr.) in Keilschriftberichten von Getreidehalmen von zwei Metern Länge und von Ähren, die 33 Zentimeter maßen. Auch dem griechischen Historiker Herodot (485–425 v.Chr.) kann man kaum glauben, daß im Zweistromland bei Getreide ein zweihundertfacher Ertrag erzielt wurde. Aber ein fünfzigfacher Ertrag ist durchaus anzunehmen, und damit konnte der Landwirt des Altertums schon sehr zufrieden sein. Übrigens hat man festgestellt, daß in dem heißen Schwemmland an Euphrat und Tigris, das gut bewässert war, die Gerste von der ursprünglichen zweizeiligen zur sechszeiligen Form mutiert ist.

Es habe einen Versuch Sanheribs gegeben, wird berichtet, den Olivenbaum in Assyrien heimisch zu machen, aber er blieb erfolglos. Den großen Bedarf an Öl deckte man in Mesopotamien durch den Anbau von Sesam. Auch pflanzte man Flachs als Rohstoff für die Leinwandherstellung, und man baute Hülsenfrüchte an.

Schließlich wurde das Land weiterhin mit Obstbäumen bepflanzt, an erster Stelle mit Dattelpalmen. Noch heute prägen Wälder von Dattelbäumen das Gesicht des Südirak. Der Wert der Dattelpalme lag in der großen Vielfalt ihrer Nutzbarkeit. Der Stamm konnte als Bauholz dienen, aus den Blättern waren Bedachungen oder Einfriedungen herzustellen. Und erst die Früchte! Im alten Orient wußte man 360 mögliche Verwendungen zu nennen, nicht nur als Nahrung; Schmiede nutzten die getrockneten Kerne fürs Schmiedefeuer und das Vieh fraß die aufgeweichten Kerne.

Der Garten Eden lag am Euphrat

Ur und Uruk, Eridu und Schurrupak, die Städte Sumers lagen eingeklemmt in einem schmalen Saum am Sumpfland am Unterlauf des Euphrat in einer sehr fruchtbaren Ebene mit einer reichen Vegetation, die im Vergleich zur weiteren Umgebung geradezu paradiesisch anmuten mußte. Da muß es denn auch nicht verwundern, wenn die Bewohner des Orients just hier das Paradies vermuteten.

»Und Gott der Herr pflanzte einen Garten in Eden, gegen den Morgen, und setzte den Menschen darein, den er gemacht hatte. Und Gott der Herr ließ aufwachsen aus der Erde allerlei Bäume, lustig anzusehen und gut zu essen, und den Baum des Lebens mitten im Garten, und den Baum des Erkenntnisses Gutes und Böses,« heißt es in der Bibel. »Und es ging von Eden ein Strom, zu wässern den Garten, und teilte sich daselbst in vier Hauptwasser.« Der Garten Eden, das war ohne Zweifel der Süden Mesopotamiens, unbeschadet einiger Ungenauigkeiten in den geographischen Details. Unter den vier »Hauptwassern« aber zählt das Alte Testament das »Hidekel, das fließt vor Assyrien«, womit nur der Tigris gemeint sein kann, und: »Das vierte Wasser ist der Phrat.«

In al-Qurna, nicht weit von Basrah, wird noch heute »Adams Baum« gezeigt, zwei sich gabelnde, ziemlich unscheinbare Gewächse, dazwischen ein Baumstumpf, offensichtlich sehr alt, das Ganze umgeben von einer kreisrunden, gitterbewehrten Mauer, die diesen Platz hervorhebt. Ein Schild teilt mit, hier hätten Adam und Eva gelebt, auch Abraham sei hierher gekommen, um zu beten. Geschah es hier, daß die Schlange ... wuchs hier der Apfel, welcher ...?

Bei Basrah nimmt das südirakische Sumpfland seinen Anfang, in dem sich dank der naturgegebenen Unzugänglichkeit Sumerisches bis in unsere Tage erhalten hat. Eine Region von 15.000 Quadratkilometern ist mit einem fast endlosen Dschungel von Rohr und Schilf bedeckt, aus dem hier und dort Palmwedel aufragen. Kleine Seen unterbrechen das grüne Gewirr, oder offene Flecken, an denen sich Dörfer finden, und schließlich verschlungene, mäandernde Wasserwege. Und mitten hindurch zieht sich in weiten Schlingen der Euphrat.

In alten arabischen Geschichts- und Geographiebüchern findet sich der Hinweis, das Marschland im Süden Mesopotamiens sei im Gefolge einer gewaltigen Flut zur Regierungszeit des (persischen) Sassanidenkönigs Khusvan Parviz entstanden. Tatsächlich aber muß man annehmen, daß schon in der Frühzeit Sumers die Landschaft so aussah wie heute. Eine Theorie besagt, daß diese Region nach der letzten Eiszeit von den Wassern des Persischen Golfs bedeckt war, die dann allmählich zurückgingen und hinter sich die Sümpfe zurückließen.

Wie auch immer, das Gebiet ist besiedelt, sicherlich seit alten Zeiten, und man kann darüber rätseln, ob die »Marsch-Araber« nun die Nachkommen von zugewanderten Wüstensöhnen sind, oder ob sie in direkter Linie von den alten Sumerern abstammen. Jedenfalls haben sie sich in dem

Sumpfland eingerichtet, haben sie eigenwillige und eigenartige Lebensformen entwickelt.

Thor Heyerdahl, der norwegische Forscher, der die Sümpfe des Südirak zum Ausgangspunkt seiner »Tigris«-Expedition machte, schrieb: »Nur ein paar ferne Rauchsäulen zeigten an, daß Menschen in den Sümpfen wohnen. Wir fanden nicht eine einzige Spur von menschlichen Abfällen. Kein Dach verriet den Standort der Dörfer, bis wir einen Speerwurf von den Häusern entfernt waren. Keine Erhöhung, kein Stein, auf den man steigen konnte und der einen Blick über die Binsen und das Rohr erlaubte, die dicht und übermannshoch auf dem weichen Boden standen, der dem Fluß wie eine Matratze nachgab. Gänse, Enten und andere Wasservögel bevölkern die Sümpfe so zahlreich, als hätte man das Gewehr noch nicht erfunden ...«

Die wesentliche Basis der Existenz der Marsch-Araber ist das Schilf und das im wortwörtlichen Sinne. Sie leben nicht nur vom Schilf, sondern auf dem Schilf. Ihre Häuser bestehen aus Schilfrohr, sie werden ohne jeden Nagel, überhaupt ohne Metall zusammengefügt. Die Häuser stehen auf Schilf. Der Bau erfolgt in der heißen Jahreszeit, wenn der Wasserspiegel niedrig ist. Schilf, Schilfmatten, und Schlick werden aufeinander geschichtet, miteinander verbunden, neue Schichten kommen hinzu, bis ein tragfähiges Floß entstanden ist, auf das man das Haus stellen kann, auf dem Mensch und Tier und Hausrat Platz finden.

»Die gewölbten Schilfhäuser sind eins mit ihrer Umgebung,« schreibt Thor Heyerdahl, »wie die Vogelnester, die zwischen dem Rohr hängen. Einige sind klein und kaum mehr als ein Schutz oder Unterschlupf, doch die meisten sind groß und geräumig. Sie sind unseren Augen nur deshalb verborgen, weil wir selbst hinter einem hohen, nicht enden wollenden grünen Vorhang dahingleiten. Die größten Häuser ähneln gleichförmigen Schuppen mit Wänden und einem vollkommen symmetrischen Dachgewölbe; eine Seite ist ganz offen. Bei manchen Häusern sind beide Seiten offen, wie bei einem Eisenbahntunnel.« Viele solcher schwimmenden Inseln jedweder Größe bilden ein Dorf, auch ein großes Gemeinschaftshaus hat jeder Ort. Diese Art der Seßhaftwerdung reicht sehr weit zurück. Eine alte sumerische Legende erzählt vom Gott Enlil, der nach der Erschaffung der Welt ein Schilffloß auf dem Wasser baute und dann den Sand schuf und rings um das Floß verstreute.

Das Leben auf dem Wasser hat also seine Eigenheiten. Die Leute halten Wasserbüffel und Geflügel, sie sind fleißige Fischer, es wird Gemüse angebaut. Transport und Verkehr, selbst der Besuch beim Nachbarn – ohne Boot geht hier nichts. Im einfachsten Fall kann man sich auf ein Schilfbündel legen oder setzen und lospaddeln. Natürlich versteht man es seit dem frühem Altertum, elegante, hochbordige Boote mit aufragendem Bug und Heck herzustellen, Mashuf genannt. Baumaterial ist Holz vom Maulbeerbaum, das wuchs auch schon im alten Sumer, wie man von Tontäfelchen weiß. Und natürlich Schilf. In einem Königsgrab in Ur hat man das 4.500 Jahre alte silberne Modell eines Bootes gefunden, und es hat exakt die Form wie das Mashuf unserer Tage. Heyerdahl, der sein Expeditionsboot »Tigris« im Südirak nach altem Bauplan aus Schilf anfertigen ließ, hat Mashufs vermessen: 34 Meter Länge, fünf Meter Breite, drei Meter Höhe, davon ein Drittel unterhalb des Wasserspiegels gelegen.

Die Schilfwälder der Flußniederung bieten den Lebensunterhalt. Die Frauen flechten Matten aus Schilf, die in die ganze arabische Welt verkauft werden. Und neuerdings hat man entdeckt, daß Schilf ein guter Rohstoff für die Papierherstellung ist. Mit dieser Erkenntnis beginnt nach viereinhalb Jahrtausenden die sogenannten moderne Zeit in dem Sumpfland am Unterlauf von Euphrat und Tigris. Anfang 1980 beschloß die irakische Regierung einen »Entwicklungsplan« für die Region. Da war die Rede von großflächigem Reisanbau, von der Einrichtung von Geflügelfarmen, der Aufzucht neuer, hochproduktiver Fischarten. Dämme und Wehre sollten dazu gebaut werden. Vor allem aber wollte man Schilf in großem Maßstab industriell nutzen, und dazu natürlich auch maschinell ernten.

Der Krieg zwischen Irak und Iran, der – wenngleich auch nur partiell – ebenfalls das südmesopotamische Sumpfgebiet heimsuchte, hat immerhin verhindert, daß diese Pläne verwirklicht werden konnten, Pläne, deren Auswirkungen auf die Umweltbedingungen überhaupt nicht untersucht worden sind.

Zuvor war schon bemerkt worden, daß der Wasserspiegel in den Marschen des Südirak seit 1974 beständig gefallen ist. In 25 Jahren, so befürchtete man, würden die Sümpfe trocken liegen. Sumpfregionen gab es auch weiter im Norden. Sie bildeten sich alljährlich zur Flutzeit in Reichweite des Euphrat. Diese Sümpfe Babyloniens sind infolge von Regulierungsarbeiten vielfach verschwunden. Felix Langenegger, der an den Ausgrabungen in Babylon beteiligt war, schrieb 1911: »Dieser Sumpfsee vor uns wurde vom Euphrat genährt, aber die Frühjahrswasser waren zurückgegangen und der See hatte durch Verdunstung eine Menge Wasser verloren. Dennoch war er nur an wenigen Stellen zu durchqueren, und erst nach längeren Fehlritten und vielen Fragereien bei den Hirten fanden wir unsere Furt. Auf schlammigem und schwankenden Pfade ging es hinein ins Glucksen und Geplätscher des blauen Gebietes inmitten der Steppeneinsamkeit. Flache Seen und tiefe Gräben wurden durchquert oder graugrüne Inselchen durchschritten. Rings um unsere feuchten Wege drängte sich der leise zitternde Lanzenwald des über mannshohen Schilfrohrs ...«

Diese Schilderung gemahnt daran, daß die Topographie ständigen Veränderungen unterworfen ist und daß die Menschen jedweden Wandel offenbar als eine Wendung zum Schlimmeren begriffen haben. Immer hat es gute alte Zeiten gegeben. Der arabische Reisende al-Masudi (gestorben 956) erzählt von dem angeblich 350jährigen Abdelmasih vom Stamme Ghassan, der dem Feldherrn Khalid ibn al-Walid, einem Gefährten des Kalifen Abu Bakr folgendes gesagt habe:

»Ich habe gesehen, wie Schiffe mit Waren aus Sind und Indien bis hierher fuhren und Wogen des Meeres die Stelle überfluteten, auf der du stehst. Sieh, welche Entfernung uns heute vom Meer trennt! Damals konnte eine Frau aus Hira ihren Korb nehmen und sich auf den Kopf setzen, und sie brauchte als Wegzehrung nur einen einzigen Brotfladen, um bis nach Syrien zu gehen, da sie ständig durch blühende

Dörfer, bebaute Felder und reiche Obstgärten kam, vorbei an breiten wasserreichen Tümpeln und Teichen. Du siehst, was heute daraus geworden ist: eine trockene Wüste. So verfährt Gott mit Ländern und Menschen.«

Die Brücke von Babel

Der Bericht Langeneggers schilderte die Region zwischen dem antiken Babylon und dem heutigen Bagdad, dort, wo Euphrat und Tigris aufeinander zufließen, bevor sie noch einmal voneinander abrücken. Babylon hat ja durch die bedeutende Rolle, die es in Erzählungen des Alten Testaments einnimmt, die Phantasie Europas in besonderem Maße beflügelt.

Die Lage der Ruinenstätte war eigentlich immer bekannt. Schon Mitte des vorigen Jahrhunderts hatte man damit begonnen, in dem Hügelgebiet zu graben. 1899 ist dann durch Robert Koldewey die systematische Erschließung der Stätte in Angriff genommen worden. Ein spektakuläres Resultat war die Bergung von Überresten des Ischtar-Tores und der Prozessionsstraße – heute auf der Berliner Museumsinsel zu besichtigen.

Die Hauptburg des Königs Nebukadnezar II. (605–562 v.Chr.) befand sich unmittelbar am Euphrat. In Sichtweite des Flusses auch der Tempelbezirk mit Prozessionsstraße und Ischtar-Tor, der Zikkurat, der »Turm zu Babel«. Von diesem Bau, der die Kunst Europas vielfach angeregt hat, ist kaum etwas geblieben. Ein Reisebericht von 1915: »Nicht einmal ein Hügel ist mehr zu sehen, nur ein Durcheinander von Erderhöhungen, die hier und da mit Ziegelsteinscherben bedeckt sind, zwischen denen etliche genügsame Wüstenpflanzen ihre Stengel und Blätter trotzig der unbarmherzig strahlenden Sonne entgegenstrecken. Wo sich ehemals die dicken Mauern des Turms erhoben, findet man einen ebenso breiten Graben mit kristallklarem, grünen Wasser, ein verführerisch einladendes Quellbecken. Menschen späterer Zeiten haben die unerhörten Ziegelmassen geraubt, die Mauern Fuß für Fuß abgetragen und schließlich dem Erdboden gleichgemacht. Aber nicht einmal damit hat man sich begnügt, sondern die Plünderung sogar bis zu den Grundmauern fortgesetzt, bis der Spiegel des Grundwassers ihr Halt gebot. Steinharte, gebrannte Ziegel waren wertvolle Seltenheiten, deren Herstellung Mühe und Kosten erforderte ... Auf dem Grund des Grabens findet sich vielleicht noch diese oder jene Ziegelschicht, aber die deutschen Archäologen haben bisher noch nicht weiter nachforschen können ...

Das Wasser ist salzhaltig und ungesund. Algen und andere Pflanzen gedeihen darin, und über seinem stillen Spiegel, der mit dem Wasserstand des Euphrat steigt und fällt, heben die Frösche ihre Köpfe, um abends ihre Liebeslieder anzustimmen.«

Im Altertum waren auch auf der anderen Seite des Flusses Stadtteile Babylons entstanden. Deshalb baute man dicht beim Tempelbezirk eine später berühmt gewordene Brücke über den Strom, berühmt, weil es die erste Steinbrücke war, die den Euphrat überquerte. Sie lag auf acht Pfeilern aus Ziegeln, die man in Asphalt verlegt hatte, jeder neun Meter hoch. Große Steinplatten und die Form eines Schiffsbugs zum Oberlauf hin sollten die Brücke gegen Fluten schützen. Insgesamt war das Bauwerk, erbaut unter Nabopolassar (625–602 v.Chr.) und erneuert unter seinem Nachfolger Nebukadnezar, 123 Meter lang.

Die Bohlen, die die Pfeiler miteinander verbanden, wurden nachts entfernt, um Segelschiffe mit ihren hohen Masten durchzulassen. Babylon besaß auch einen wichtigen Flußhafen, wie denn der Euphrat für Mesopotamien als Transportweg große Bedeutung besaß, zumal alljährlich die Winterregen die Wege in Mittel- und Südmesopotamien unpassierbar machten.

Die Schiffahrt auf Euphrat und Tigris mußte Rücksicht auf das alljährliche Niedrigwasser und auf Sandbänke nehmen. Die Boote durften also keinen großen Tiefgang aufweisen. Dies und der allgemeine Mangel an geeignetem Holz haben zur Herausbildung ganz spezieller und recht origineller Schiffstypen geführt, die auch heute noch gebraucht werden.

Da ist zunächst das Floß auf aufgeblasenen Ziegenbälgen, über die ein hölzernes Gestell gelegt wird. Kelek nennt man ein solches Floß. Eine luftgefüllte Ziegenhaut kann bis zu 25 Kilogramm tragen. Es gibt Keleks, die aus bis zu 600 Schläuchen zusammengesetzt sind. Ein Vorteil dieses Bootstyps ist es, daß man sich flußabwärts treiben lassen, am Ankunftsort das Holz des Gestells verkaufen, die Ziegenfelle aber zusammenlegen und wieder zum Oberlauf des Flusses zurückschaffen kann – für die nächste Fahrt.

Ein anderer Bootstyp ist die Guffa, ein runder Korb, aus Weidenruten oder aus den Blattrippen der Dattelpalme geflochten und mit Asphalt abgedichtet. Eine Guffa kann einen Durchmesser von zwei Metern haben, darin finden dann bis zu sechs Personen Platz. Selbstverständlich gab und gibt es daneben auch hölzerne Kähne, die Schahtur, die man flußabwärts rudert und flußaufwärts treidelt.

Um auf die steinerne Brücke von Babylon zurückzukommen – sie war durchaus ein Weltwunder der Antike. Die technischen Anforderungen an einen solchen Bau waren sehr groß. Deshalb begnügte man sich in Mesopotamien meist mit Schiffsbrücken. »Alle diese Schiffsbrücken Babyloniens gleichen einander genau,« schrieb Langenegger, »als seien sie Werke eines Schöpfers. In Hilleh, Felludscha, Musejib, Bette, Gerara, Diwanije, Samaua, Tueridsch und anderswo sind es immer dieselben gefährlichen Knüppelholzwege, die, von keinem Geländer eingeengt, durch eine knarrende Reihe ungefüger Kähne mit plattem Boden über die andrängenden Wasser der eiligen Ströme hinübergetragen werden. Auf diesen Knüppelwegen, die allein der breitgetretene Mist ungezählter Lasttiere polstert, führt das Schicksal dem Reisenden manche Anfechtung in Gestalt heimtückischer Spalten und Löcher entgegen. Aber fast immer ist Allah mit den Seinen und behütet ihre Reittiere vor Sturz und Bruch der Beine.«

. Hier tritt uns die triste Seite Mesopotamiens entgegen. Der oben zitierte Felix Langenegger schrieb an anderer Stelle: »Eine unsagbare Traurigkeit liegt über diesem ganzen Lande, und nichts mehr erinnert daran, daß hier in grauer Zeit die

Wiege der Menschheitskultur gestanden hat, daß hier die sagenhaften Gebiete des Paradieses zu suchen sind. Dahin sind Reichtum, dahin schwellende Fruchtbarkeit und Schönheit ... Babylonien ist zur Wüstenei geworden, darinnen sich Schrecken, Traurigkeit und Gefahren verbergen. Die Eingeborenen sind ernst und stumm, man hört sie selten laut und herzlich lachen ... Unstet und flüchtig ziehen die babylonischen Wüstenbauern von Wasserstelle zu Wasserstelle, oder sie sitzen in unzugänglichen Lehmburgen, inmitten weiten Sumpfgeländes.«

Jahrhunderte von Verfall und Niedergang haben ihre Spuren hinterlassen, Überfälle, Kriege und lange Zeiten hindurch eine schwache Herrschaft. Dabei hat Mesopotamien sowohl unter den Persern wie unter den Arabern noch einmal Zeiten des Aufschwungs erlebt.

Es gab zunächst ein ganz kurzes Zwischenspiel: Alexander der Große, der Makedonierkönig, hatte im Frühjahr 334 v.Chr. sein Heimatland verlassen, war aufgebrochen zu einem gewaltigen Feldzug, bei dem er in rasender Geschwindigkeit innerhalb nur eines Jahres große Teile Vorderasiens eroberte, durch die libysche Wüste zum Amun-Heiligtum reiste, zuvor noch eben mal Alexandria gründete. 330 v.Chr. nahm er die Hauptstadt Persiens, durchzog den Pandschab, überschritt den Indus. 323 v.Chr. bezog er in seiner neuen Hauptstadt Babylon Quartier, wo er kurz darauf starb, gerade 33 Jahre alt.

Alexander ließ sich stets von Hofhistorikern begleiten, deshalb wissen wir Genaueres über eine Euphratfahrt, die ihn – kurz vor seinem Tode – von Babylon zur Mündung des Pallakopas führte. Man frage nicht, welcher Fluß das sein könnte, unklar ist, ob der Hindije-Arm des Euphrat gemeint sein könnte, oder ist Pallokopas, babylonisch Pallakut geschrieben, identisch mit dem heutigen Felludscha – wir wissen es nicht.

Egal, der Hofhistoriker Arrian schreibt: »Während die Dreiruderer für Alexander gebaut und der Hafen von Babylon ausgegraben wurde, machte er eine Fahrt von Babylon aus den Euphrat hinunter nach dem Flusse Pallokopas. Dieser ist von Babylon ungefähr 800 Stadien entfernt und kein aus Quellen entspringender Fluß, sondern ein vom Euphrat auf der Westseite abgeleiteter Kanal. Der Euphrat, der vom armenischen Gebirge herabkommt, fließt nämlich zur Winterzeit, wenn er wenig Wasser hat, in seinem Bett. Bei Frühlingsanfang aber, und namentlich gegen die Sommersonnenwende schwillt er an und ergießt sich über seine Ufer hinweg in die Fluren Assyriens. Denn dann vermehrt die Schneeschmelze in den armenischen Gebirgen seine Wassermasse bedeutend, und da er ein flaches Bett und einen hohen Lauf hat, so überschwemmt er das Land, wenn man ihm nicht einen Ablauf verschafft und ihn durch Pallokopas in die Teiche und Sümpfe leitet, die von diesem Kanal aus beginnen und bis an die Grenzen des Araberlandes reichen ...«

Nun wurde Alexander gesagt, daß man nach dem Ende der Flut die Einmündung des Euphrat in den Pallokopas verstopfe, damit der Fluß in seinem Bett bleibt und das flußabwärts gelegene Land bewässert. Die Mitteilung, daß diese Arbeit aber sehr aufwendig sei, bestimmte Alexander, »etwas zum Nutzen des assyrischen Landes zu tun. Deshalb beschloß er, da, wo sich der Lauf des Euphrat dem Pallokopas zuwendet, den Ausfluß fest zu verstopfen. Als er aber 30 Stadien weiterging, zeigte sich Felsengrund, von dem man annehmen mußte, daß er, durchstochen und mit dem alten Kanal des Pallokopas in Verbindung gebracht, einerseits das Wasser dank der Festigkeit des Erdreichs nicht durchsickern, andererseits seine Zurückdrängung zur bestimmten Jahreszeit leicht bewerkstelligen lassen würde. Deshalb befuhr er den Pallokopas und ruderte auf ihm in die Sümpfe hinab bis zum Lande der Araber. Als er hier einen schöngelegenen Punkt sah, baute und befestigte er dort eine Stadt und besiedelte sie mit einer Anzahl griechischer Söldner, die sich teils freiwillig anboten, teils durch Alter oder Verstümmelung nicht mehr dienstfähig waren.«

Im Jahre 144 v.Chr. fielen die Parther in Babylonien ein. Am linken Tigrisufer, 32 Kilometer vom heutigen Bagdad entfernt, richteten sie ein Feldlager ein, aus dem bald ihre florierende Hauptstadt wurde, Ktesiphon. Am anderen Ufer des Tigris gab es zu jener Zeit nur noch die Ruinen der hellenistischen Stadt Seleukia, 150 Jahre vorher erbaut von Alexanders Feldherrn (und Nachfolger in einem Teil des Reiches) Seleukos.

Ktesiphon ist 116 n.Chr. von den Römern zerstört und später von der persischen Sassaniden-Dynastie erneut zur Hauptstadt gemacht worden. In unserem Jahrhundert hat der Überrest eines Palastes immer wieder die Touristen angezogen, der Taq-i-Kesra, der sogenannte Khosrow-Palast, so benannt wahrscheinlich nach dem Sassanidenherrscher Khosrow II. (590–629). Im Grunde handelt es sich nur noch um einen Teil des Südflügels, einen Teil der Fassade (nunmehr mit einem Betonpfeiler abgestützt) und um Teile des gewaltigen gemauerten elliptischen Gewölbes, das, 33 Meter hoch, den Thronsaal überspannt hat. Der Nordflügel des Palastes ist erst 1909 bei einer Tigris-Überschwemmung weggerissen worden.

Viel Baumaterial aus dem vom oströmischen Kaiser Herakleios verwüsteten Ktesiphon ist im 8. Jahrhundert zum Bau der Kalifenstadt Medinet as-Salam, der Stadt des Friedens, benutzt worden.

Die Hauptstadt der Kalifen

In der 1.Hälfte des 7. Jahrhunderts hatten arabische Stämme unter dem Propheten Mohammed und seinen Nachfolgern, den Kalifen, begonnen, den Nahen Osten zu unterwerfen. 632 starb Mohammed. 635 war Damaskus erobert, 638 Jerusalem. 641 wurden die persischen Sassaniden geschlagen, der Islam eroberte den Iran. Aus den Heerlagern der Moslems entstanden Städte. Auf diese Weise ist 635 Basrah gegründet worden und 638 das an einem Nebenarm des Euphrat gelegene Kufa.

In den Machtkämpfen, die bald unter den Anhängern des Propheten ausbrachen, waren die Anhänger Alis, des Cousins und Schwiegersohns von Mohammed unterlegen. 661 wurde Ali in seiner Hauptstadt Kufa ermordet. Nach dem

Attentat, schwer verletzt mit dem Tode ringend, habe Ali gebeten, so die Überlieferung, man möge seinen Leichnam auf ein Kamel laden und dieses freilassen. An der ersten Raststätte dieses Tieres aber möge man ihn begraben. So sei es geschehen. Zunächst habe man die Stelle geheimgehalten, hundert Jahre später ist dann die Grabmoschee errichtet worden. Nedschef heißt die Stadt, die an dieser Stelle entstanden ist, eine der berühmten Wallfahrtstätten, zusammen mit dem westlich von Babylon gelegenen Kerbela den Schiiten fast so heilig wie Mekka. In Kufa hatten sich die Anhänger Alis zum Kampf gegen die Kalifen der Omajaden-Dynastie gesammelt. Dies war der Beginn der Schiat Ali, der Partei Alis, der Ursprung der islamischen Glaubensrichtung der Schiiten, zu der sich heute eine Mehrheit der irakischen Moslems bekennt.

680 kam es bei Kerbela zur Schlacht zwischen den Omajaden-Truppen und der Schiat Ali. Alis Sohn Hussein wurde hier mitsamt seiner Familie niedergemetzelt. Die Hussein-Moschee wurde zum zweiten Heiligtum der Schiiten.

Es sollten knappe hundert Jahre vergehen, als die Nachkommen von Abbas, des Onkels des Propheten Mohammed, die allgemeine Unzufriedenheit im Kalifenreich ausnutzten, von der persischen Provinz Khorasan aus 743 eine Erhebung unternahmen, sechs Jahre später ihren Führer Abul Abbas zum Kalifen ausriefen und im April 750 die Omajaden-Hauptstadt Damaskus eroberten. So begann die Herrschaft der Abbasiden-Dynastie und damit Aufstieg und Blüte Mesopotamiens.

763 legte der zweite Abbasiden-Kalif al-Mansur den Grundstein für die neue Hauptstadt des Kalifats, die unweit von Ktesiphon, am Schnittpunkt wichtiger Handelswege, bei dem alten Dorf Bagdad innerhalb von vier Jahren von 100 000 Arbeitern erbaut wurde, heißt es.

Bagdad wurde zum Zentrum von Handel und Handwerk, von Wissenschaften und Kultur. Von Bagdad aus entsandte Harun ar-Raschid seine Botschafter nach Aachen zu Karl dem Großen.

Doch dann ließ der Kalif al-Mutasim im Jahre 836 eine

neue Hauptstadt erbauen, in Samara, etwa 130 Kilometer flußaufwärts von Bagdad auf dem linken Tigris-Ufer gelegen. Al-Mutasim wollte ständigem Streit mit Untertanen und Gefolgsleuten ausweichen, und auch eine Reihe seiner Nachfolger regierten von Samara aus. Hier ließ der Kalif al-Mutawakil (847–861) eine große Moschee erbauen, von der heute nur noch die Umfassungsmauer und das Minarett erhalten sind, letzteres begehbar nur über eine schraubenförmig außen am Turm umlaufende Rampe, eine Wendeltreppe gewissermaßen. Man vermutet, dieses Minarett – einmalig in der arabischen Welt – habe die antiken babylonischen Zikkurats zum Vorbild.

Bagdad und Samara, die Kalifenresidenzen aus den Erzählungen aus Tausend und einer Nacht, verloren mit dem Niedergang der Abbassiden-Dynastie an Glanz und Bedeutung. Dabei war Bagdad seinerzeit eine veritable Großstadt – mit 300.000 Einwohnern. Sie war ein überaus bedeutendes Handels- und Wirtschaftszentrum. Seit dem Ende des 8. Jahrhunderts wurde hier Papier hergestellt, eine Kunst, die man von den Chinesen übernommen hatte. Töpfer- und Glaswaren kamen von hier, Stoffe und kostbare Kleidungsstücke. Es gab zahlreiche Seidenweber in der Stadt. Die großen Mühlen (eine soll mehr als hundert Mahlsteine besessen haben) wurden mit der Wasserkraft des Tigris betrieben.

Haupteinnahmequelle der Herrschenden war allerdings der Grundbesitz. Über den größten Landbesitz verfügte natürlich der Kalif. Aber auch die Angehörigen der Kalifen-Familie, sodann Beamte, Offiziere, und schließlich Händler und Handwerksmeister erwarben Boden. Dafür war zwar der Zehnte an den Staat zu zahlen, aber das Land warf genug ab. Das alles setzte intensive Bodennutzung voraus, und so versteht sich, daß man zu jener Zeit wieder dem Kanalsystem und den Bewässerungsanlagen große Aufmerksamkeit widmete. Zeitgenössische Quellen belegen, daß Provinzgouverneure und Großgrundbesitzer beträchtliche Summen in die Instandhaltung der Bewässerungssysteme investierten.

Allmählichem Niedergang des Abbassiden-Kalifats folgte

der Mongolensturm im 13. Jahrhundert. Auch Tamerlan fiel 1401 noch einmal über Bagdad her, wieder wurde die Stadt fast völlig zerstört, und bald war Mesopotamien Teil des Osmanischen Reiches, eine vernachlässigte Provinz, »sich selbst überlassen«, wie das »Lexikon der Arabischen Welt« formuliert, »unter den Paschas von Mossul, Kirkuk, Bagdad und Basrah, deren Autorität über die großen festen Städte kaum hinaus ging. Überall sonst war Niemandsland, Weidegründe ungestümer Nomadenstämme, mit wenigen und unsicheren Straßen, versandeten Bewässerungskanälen und verfallenen Deichen, mit einer spärlichen Bauernschaft, verarmt und verwildert in den drei Jahrhunderte andauernden Kämpfen ...«

Krieg um den Weg nach Indien

Dieses Bild eines allgemeinen Chaos, in dem Stämme, Clans und Feudalherren unumschränkt zersplitterte Regionen regierten, änderte sich erst im 19. Jahrhundert. Modernisierungsbestrebungen im Osmanischen Reich blieben nicht ohne Auswirkungen auf das Zweistromland, das nun auch ins Blickfeld europäischer Mächte geriet. Im Deutschen Reich wurde das Projekt der Bagdad-Bahn entworfen, die von Berlin bis an den Persischen Golf führen sollte. Großbritannien sah auf diese Weise den Weg nach Indien bedroht. Außerdem hatte es bereits im Golf, in den Trucial States, in den »Vertragsstaaten«, den Emiraten der Piratenküste Fuß gefaßt, und die Mündung des Schatt al-Arab lag in seiner Interessensphäre.

Die sich hier anbahnende Rivalität der beiden Mächte hatte mit dem Ausbruch des 1. Weltkrieges heftigste Kämpfe an Euphrat und Tigris zur Folge.

Anfang November 1914 nahm ein anglo-indisches Expeditionskorps Fao ein, am 22. November war es in Basrah und am 8. Dezember am Zusammenfluß der beiden Ströme. 20.000 Mann, dazu die sechs Kanonenboote der »Tigris-Flotille« rückten langsam, sehr langsam nach Norden vor. Im November 1915 griffen sie die türkischen Stellungen bei

Ktesiphon an. Hier hatte inzwischen ein Stratege aus Berlin das Kommando über die Soldaten des Sultans übernommen, Feldmarschall von der Goltz. Der englische Angriff bei Ktesiphon wurde zurückgeschlagen und die britische Division unter General Townshend bei Kut al-Amara am Tigris eingeschlossen. Als die Engländer am 29. April 1916, geschwächt von Hunger und Durst kapitulierten, als sechs britische Generale, 500 Offiziere und 13.200 Mann in die Gefangenschaft gingen, war der Sieger, von der Goltz, gerade zehn Tage zuvor gestorben, am Flecktyphus.

Ein zeitgenössischer Bericht: »Townshend durfte seinen Säbel behalten und wurde sofort nach Bagdad geschafft, wo man ihn, wie alle übrigen Offiziere, mit der größten Achtung und Gastfreundschaft behandelte ... Am Abend des 7. Mai gaben die in Bagdad sich aufhaltenden deutschen Offiziere im Garten des deutschen Konsulats Halil Pascha (dem türkischen Oberkommandierenden) und etwa zwanzig türkischen Offizieren ein Fest zu Ehren des Sieges von Kut al-Amara. In den Gängen brannten Fackeln und Pechpfannen und unter den Palmen zahllose bunte Laternen ... Während wir uns ... unterhielten, kam der Raddampfer 'Hamidije' mit zwei Booten, die zu beiden Seiten an ihm festgemacht waren, langsam und majestätisch den Strom herauf. Auf dem oberen Deck des 'Hamidije' saßen englische Offiziere in Korbstühlen und auf Bänken, und in den beiden Booten weiße und farbige Unteroffiziere. Nun wurde das Schiff am Kai festgemacht und die Landungsbrücke ausgeworfen. Türkische Offiziere gingen an Bord ... Zuerst kamen die fünf Generäle an Land, und der Kommandeur begrüßte seine 'Gäste'. Einer von ihnen war krank und stützte sich auf einen Stock und auf die Schulter eines Adjutanten. Im Schatten einiger Bäume wurden Stühle für sie aufgestellt ... Dann kamen die Obersten und Oberleutnants an die Reihe, die Majore, Hauptleute und Leutnants. Alle dem Rang nach geordnet und aufgestellt, um sofort in ihre Quartiere geführt zu werden.« So war das damals mit dem Krieg.

Doch zurück zu den zaghaften Anfängen einer Modernisierung des Landes. Mit ihnen einher gingen Überlegungen hinsichtlich der Flußsysteme. Im Auftrag der britischen Regierung hatte Oberst Francis Random Chesney in den Jahren 1835 bis 1837 die Schiffahrtsverhältnisse auf Euphrat und Tigris untersucht. Es ging um die Möglichkeiten einer schnelleren Überlandverbindung nach Indien. Dabei war seine Expedition übrigens in einen Zyklon geraten, der eines seiner Schiffe versenkte, wobei zwanzig Menschen ums Leben kamen. Chesney zeichnete die erste exakte Euphrat-Karte.

Umfassende hydrologische Studien wurden allerdings erst 1910 unternommen. Sie erfolgten unter dem besonderen Aspekt einer Ausdehnung der Bewässerung und der Regulierung der Überschwemmungen. Letztere konnten durchaus zu gefährlichen Situationen führen, wie die Beschreibung eines Hochwassers zeigt, das im März 1923 Bagdad heimsuchte:

»Mit einer Geschwindigkeit von 13 Kilometern in der Stunde führte der Strom gewaltige Wassermassen mit sich. Ihre Gewalt nahm derart zu, daß schließlich ein erheblicher Teil des linken Flußufers dem heftigen Druck nachgab und so 50.000 Kubikfuß Wasser in der Sekunde sich durch die weite Durchbruchstelle ergossen und eine Fläche Landes in Größe von 300 englischen Quadratmeilen nordöstlich von Bagdad sozusagen über Nacht in einen ungeheuren See verwandelten.« 50.000 Kubikfuß sind 150.000 Kubikmeter; 300 englische Quadratmeilen sind 78.000 Hektar!

Aber weiter im Bericht: »5.000 Arbeiter standen in Bereitschaft, um im geeigneten Augenblick den Schaden auszubessern, während die britischen Regierungsbeamten sich Tag und Nacht bemühten, den Damm, der die Stadt sichert, zu schützen und alle erdenklichen Vorsichtsmaßregeln zu treffen, die sich bei anhaltender Flut als notwendig erweisen könnten ... Glücklicherweise nahm die Flut allmählich ab, so daß die Dämme dem Druck des Wasser zu widerstehen vermochten, dank dem Verfahren, sie mit Strohmatten zu bedecken, um dadurch die Wirkung der Wogen zu mildern. Es war auch als eine glückliche Fügung anzusehen, daß sich ein frischer Luftzug erhob, der das Wasser nach der entgegengesetzten Richtung trieb.«

Die Bilanz des Hochwassers von 1923: »Die Flut riß beim Durchbruch eine Hälfte der neuen Maude-Brücke weg, die erst stromabwärts trieb, dann aber, nachdem sie durch Flugzeuge gesichtet worden war, wieder geborgen wurde. Die Flut bewirkte ferner den Einsturz des Zivilgefängnisses sowie die Zerstörung einer großen Zahl von Eingeborenenhütten in den nördlich gelegenen Ortschaften. Aller Schaden jedoch, der unmittelbar hierdurch angerichtet wurde, ist gering zu nennen im Vergleich zu dem, was sich hätte zutragen können, wenn die Flut nur noch wenige Tage angehalten hätte.«

Bei solchen Gelegenheiten erinnerte man sich der Widersprüche, die die Berichte mittelalterlicher arabischer Geographen hinsichtlich der Unterläufe von Euphrat und Tigris aufweisen. Solche Widersprüchlichkeiten waren sicherlich auf die zahlreichen Veränderungen der Flußläufe im Gefolge derartiger Fluten zurückzuführen. Übrigens hatte schon al-Masudi mitgeteilt, daß im ursprünglichen Flußbett Seeschiffe bis Nedschef fahren konnten, das heute abgeschlagen an einem Nebenarm des Euphrat liegt.

... als wäre es eine Fata Morgana

1913 ist der erste Staudamm am Euphrat fertiggestellt worden, die Hindija-Barrage. Mit ihrer Hilfe war es möglich, alte Bewässerungsanlagen gewissermaßen zu reaktivieren. Sir William Willcocks, der 1909 im Auftrag der türkischen Regierung die Vermessungsarbeiten für den Damm vorgenommen hatte, keine 30 Kilometer westlich von Babylon gelegen, projektierte die Bewässerung von 1,2 Millionen Hektar, was, so meinte er, einen zusätzlichen jährlichen Ertrag von einer Million Tonnen Weizen und von 100.000 Tonnen Baumwolle einbringen würde.

Langenegger schrieb – vor der Fertigstellung – über Hindija: »Nördlich von Aker-Kuf glänzt ein Sumpfsee, den der vom Euphrat bei Felludscha abfließende Saklawije-Kanal speist. Der etwa 90 Kilometer lange Saklawije verband in älterer Zeit den Euphrat mit dem Tigris als schiffbare Wasserader. Er ist jedoch jetzt verfallen und versandet, und nur die im Frühjahr von ihm davongeführten Überschwemmungswässer des Euphrat sammeln sich hier in einer großen Mulde zu jenem See, dem Hor Saklawije. Der See füllt indes nur einen Teil der Mulde aus, und der geniale Wasserbauer Willcocks beabsichtigt den Saklawije-Kanal wiederherzustellen und die gesamte ziemlich ausgedehnte Mulde als Staubecken für die überschüssigen Frühjahrsgewässer des Euphrat zu benutzen, die dort drüben zwecklos abfließen und nur Schaden anrichten. Sie sollen dann zur Bewässerung dieser öden Flächen um Aker-Kuf dienen.«

Der Staudammbau an Euphrat und Tigris ist vor dem Zweiten Weltkrieg kaum vorangekommen, immerhin, zwei Dämme an Tigris (bei Kut al-Amarna) und am Tigris-Nebenfluß Diyala sind 1939 fertig geworden. Durch sie konnte die Wasserführung in den abzweigenden Stromarmen und in den Bewässerungssystemen reguliert werden. Parallel sind dann an Euphrat und Tigris 1956 zwei Dämme in Betrieb gegangen, der Habbaniye-Damm und ein Stauwerk bei Samarra. Sie sollten das Frühjahrshochwasser abfangen und die überschüssige Wassermenge in Senken inmitten der Wüste ableiten. Damit war dann auch tatsächlich die Hochwassergefahr im Südirak gebannt.

Der Sturz der irakischen Monarchie am 14. Juli 1958 hat aufeinanderfolgend verschiedene Fraktionen von Revolutionären an die Macht gebracht, die sich untereinander befehdeten, einander absetzten und auch schon mal gegenseitig umbrachten, denen aber dabei ein gewisser Reformwille nicht abzusprechen war. Bodenreformprojekte gehörten dazu, Nationalisierungen, die Verheißung schnellen wirtschaftlichen Aufbaus im Interesse des Volkes. Neben dem Aufbau neuer Betriebe war das am sichtbarsten durch landwirtschaftliche Projekte zu demonstrieren. Dies aber hieß Ausbau des Bewässerungssystems und eben auch Staudammbau. So sind seit 1958 im Irak am Euphrat-Lauf, und mehr noch am Tigris neue Dämme errichtet worden, und nur der Krieg – erst gegen den Iran, dann, nach dem Überfall auf

Kuweit gegen so ziemlich die ganze Welt – hat hier den weiteren Ausbau zu einem Stop gebracht.

So ist am Diyala der Hamrin-Damm gebaut worden, der es erlaubte, überschüssiges Wasser in einen 25 Kilometer langen und 46 Kilometer breiten See abzuleiten. Die Tharthar-Senke, in die man Wasser vom Samarra-Damm leitet, ist durch einen weiteren Kanal mit dem Euphrat verbunden worden. So steigerte man die Wasserführung des Euphrat beträchtlich, doch um welchen Preis! Durch die hohe Verdunstung in der Tharthar-Senke stieg der Salzgehalt des Wassers, das nun bei Felludscha in den Euphrat floß und erhöhte dessen Salzgehalt beträchtlich.

Die Bewässerungsbauten, die man auch in Kooperation mit der damaligen Sowjetunion anging, waren immer Gegenstand des Stolzes und der Bewunderung durch alle beteiligten Bauherren. Der Glaube an grundsätzliche Machbarkeit beherrschte die Berichte, wie den eines russischen Journalisten aus dem Jahre 1987: »... um uns herum nur Sand, soweit das Auge reicht. Der glühend heiße Wind peitscht die seltenen Bündel der kärglichen Wüstenflora, läßt sich entsetzliche Sandstürme am Horizont zusammenballen. Unwillkürlich fährt man schneller, und da endlich nähert sich die Straße dem Euphrat – und sogleich, als wäre es ein Wunder, eine Fata Morgana, tauchen hinter der Wegbiegung dichte Palmenhaine, Gärten und bestellte Felder, das satte Grün von Wiesen auf, sieht man lächelnde braungebrannte Bauern. An den Euphrat schmiegt sich die gemütliche Kleinstadt al-Qadisiya, ein wahres Eldorado für Freunde der traditionellen arabischen Kultur. Doch nun schon einige Jahre hat die Stadt mit ihren engen Gassen ihre jahrhundertelange Ruhe verloren. Jeden Tag rollen durch al-Qadisiya LKW-Karawanen mit Baumaterial, Technik und Menschen.« Hier nämlich wurde als irakisch-sowjetisches Gemeinschaftsunternehmen ein Wasserkraftwerk errichtet, und der Beobachter notierte: »Jedesmal, wenn ich den Bau besuchte, war ich erstaunt, wie harmonisch sein riesiger, angespannt arbeitender Mechanismus funktioniert. Dutzende gigantischer Fahrzeuge, die den irakischen Bedingungen hervorragend angepaßt sind,

Sprengungen in den Felsen, Bagger, insbesondere Saugbagger. Meter für Meter wuchs der Staudamm. Gemeinsam waren hier sowjetische und irakische Ingenieure und Arbeiter tätig.«

Die irakischen Zeitungen jener Jahre waren voll von beeindruckenden Angaben über die Landwirtschaftsprojekte, die fruchtbar gemachten Hektar wurden aufgezählt, die Milchviehfarmen und die Geflügelzuchtbetriebe, die Mengen eingesetzten Kunstdüngers und die Zahl der neu gegründeten Kooperativen. Tatsächlich sind die positiven Resultate der Regulierungsarbeiten an den Flüssen auch in dieser Hinsicht unübersehbar. In den landwirtschaftlichen Regionen des Irak im Gebiet um Bagdad und südlich der Hauptstadt wird heute etwa die Hälfte aller Ländereien bewässert. Aber: 80 Prozent des bewässerten Bodens sind akut von Versalzung bedroht.

Durch die Ausweitung der Bewässerungslandwirtschaft hat der Wasserverbrauch des Irak drastisch zugenommen. Die 15 Millionen Iraker sind nicht nur als Verbraucher sondern auch als Exporteure in hohem Maße von der Agrikultur abhängig geworden, und 35 Prozent der Bevölkerung sind in der Landwirtschaft tätig. Entnahm der Irak in den Jahren 1940 bis 1949 jährlich im Durchschnitt 27,3 Prozent des Euphrat-Wassers, so waren es 1960 bis 1969 bereits 45,1 Prozent. Allein dies machte eine Steigerung um 56 Prozent aus. Damit stieß man an die Grenzen des Nutzbaren, und dies unter der Voraussetzung, daß die anderen Anrainer weiter oben am Fluß nicht ihrerseits den Wunsch oder das Bedürfnis hätten, mehr Wasser für sich zu nutzen. Früher, als man es sich mangels technischer Möglichkeiten noch leisten konnte, großzügig zu sein, ging es zur Not auch noch gut, wenn man sich eben nicht zu einigen vermochte. Nur ein einziges Mal ist es gelungen, eine schriftliche Vereinbarung über das Euphrat-Wasser abzuschließen. Das war am 29. März 1946. In dem damaligen irakisch-türkischen Freundschaftsvertrag verpflichtete sich die Türkei, den Irak über Arbeiten an Euphrat und Tigris zu informieren – nur zu informieren – und künftige Projekte »so weit wie möglich« den Interessen beider Staaten anzupassen. Lang ist's her, daß man es mit einer so großzügigen und so unbestimmten Regelung bewenden lassen konnte.

Die ersten Konflikte am Euphrat

Im September 1965 trafenVertreter der drei Anrainerstaaten Türkei, Syrien und Irak in Bagdad zusammen. Sie kamen in der löblichen Absicht, eine Vereinbarung abzuschließen. Auf dem Verhandlungstisch lagen drei Forderungen: Irak wollte jährlich 18.000 Millionen Kubikmeter aus dem Euphrat, Syrien 13.000 Millionen und die Türkei 14.000 Millionen. Machte zusammen 45.000 Millionen Kubikmeter, und das war genau das 1,4fache dessen, was der Fluß in einem Durchschnittsjahr führt. Keine Einigung.

Keine Einigung auch 1967 bei irakisch-syrischen Verhandlungen. Jetzt verlangten die Iraker zwar nur noch 14.000 Millionen, aber die Syrer meinten, der Irak benötige überhaupt nicht mehr als 9.000 Millionen Kubikmeter.

Zumindest zeitweilig hätte man annehmen sollen oder hoffen können, sei zwischen Syrien und Irak eine Einigung möglich. Denn 1963 übernahm die »Sozialistische Partei der Arabischen Wiedergeburt« – so der volle Name der Baath – die Regierungsgeschäfte in Bagdad. Das danach einsetzende Zerwürfnis zwischen den herrschenden Baathisten im Irak und in Syrien wird gemeinhin darauf zurückgeführt, daß es sich um zwei rivalisierende Fraktionen ein- und derselben Partei handelt. Das trifft sicherlich zu. Aber wie das bei einem Familienstreit so ist: Wenn neben all den anderen Dingen auch noch das Familiensilber der Erbtante ins Spiel kommt, ist keine Versöhnung mehr möglich. Könnte also nicht der Blick aufs mesopotamische »Familiensilber«, der Egoismus bei der Betrachtung des Euphrat-Wassers dem Bruderzwist einen zusätzlichen Kick gegeben haben?

1974 jedenfalls ist es zu der ersten großen Wasserkrise zwischen beiden Ländern gekommen. Die Iraker forderten, Syrien solle bei dem gerade fertiggestellten Tabqa-Damm die Schleusen öffnen und zusätzlich 200 Millionen Kubikmeter fließen lassen. Damaskus weigerte sich. Schon marschierten die Armeen an den Grenzen auf.

Die Töne wurden immer schriller. »Drei Millionen Menschen, die in sieben Governoraten im Euphrat-Becken leben, dazu ihr Vieh und ihre Felder, sind von Durst und Zerstörung bedroht,« schrieb der »Baghdad Observer« am 23. April 1975. »Der Durst, der heute Millionen unserer Bürger bedroht, das ist ein Bild, das das syrische Regime in seiner feindseligen Haltung gegenüber der Revolution und den Massen unseres standhaften Landes zeichnet.« Sollten die Syrer, drohte das Blatt, wirklich das Euphrat-Wasser zurückhalten, wären die irakischen Bauern gezwungen, ihre Sachen zu nehmen und ihr Land zu verlassen »und das syrische Regime bis zu seinen Ohren im Sumpf seiner Obsession zu ersäufen«.

Die Arabische Liga, um Schlichtung bemüht, bildete eine »Technische Kommission«. Vergeblich. Syrien verweigerte die Mitwirkung. Saudi-Arabien, die reichste Macht der Region, Geldgeber für alle und jeden, schaltete sich ein. Kronprinz Fahd, der spätere König, ging auf Vermittlerreise. Die Sowjetunion, mit Damaskus und Bagdad durch Freundschaftsverträge und Militärabkommen verbunden, am Staudammbau in beiden Ländern engagiert, mühte sich um einen Ausgleich. Als die syrischen Truppen auf die Grenze vorrückten, als behauptet wurde, die irakische Luftwaffe wolle innerhalb von Tagen den Tabqa-Damm bombardieren, da – ja, was geschah da eigentlich? Hatte Saudi-Arabien gezahlt, damit die Kampfhähne friedlich beigaben? Hatte die Sowjetunion gedroht, die Ersatzteile für Panzer und Flugzeuge zurückzuhalten? Was auch immer – Syrien öffnete die Schleusen, um etwas Wasser, »eigenes Wasser« wie Damaskus betonte, und natürlich nicht die ganze von Bagdad geforderte Menge, fließen zu lassen.

War womöglich die Wasserkrise dieses Mal vorgeschoben? Da hatte man in Syrien hunderte Baath-Mitglieder verhaftet, weil sie angeblich die Absicht hatten, die Regierung zu stürzen und die irakische Baath auch in Damaskus zur Macht zu bringen. Indessen klagten die Iraker die syrische Baath der Verschwörung an.

Der Zank zwischen Bagdad und Damaskus ist ein Dauerthema geblieben. Syrien hat den Iran unterstützt, als dieser seit 1980 den Golfkrieg gegen Saddam Hussein führte. Syrien trat auch der amerikanisch geführten Anti-Saddam-Koalition im Golfkrieg von 1991 bei.

Dafür war sicherlich nicht das Euphrat-Wasser der Grund. Aber irakische Autobomben in der syrischen Hauptstadt, die öffentliche Hinrichtung angeblicher irakischer Agenten in Damaskus, das schuf gewiß nicht die Atmosphäre, in der man ruhig und besonnen über Wasserverteilung reden konnte.

Natürlich wäre es zu diesem Konflikt nicht gekommen, hätte nicht Syrien begonnen, den Euphrat stärker zu nutzen. 38 Prozent des syrischen Territoriums können mit einem jährlichen Niederschlag von 100 bis 250 Millimetern rechnen, diese 38 Prozent sind also Steppe, der Regen reicht nicht für eine Nutzung durch Ackerbau. Aber mit künstlicher Bewässerung wäre da etwas zu machen, in diesem nördlichen Teil des »fruchtbaren Halbmondes«.

Jahrzehnte hindurch sind Erwägungen angestellt worden über eine Ausnutzung des Euphrat in Syrien. 1947 hatte dann eine britische Gesellschaft einen Dammbau bei Youssef Pascha vorgeschlagen, 20 oder 30 Meter hoch, zwischen 500 und 1.500 Millionen Kubikmeter sollten aufgestaut werden, 100.000 Hektar bewässert und 90 kW Energie erzeugt. Aber wer konnte und würde schon die 144 Millionen syrische Pfund Kosten aufbringen? Es blieb ein Plan.

Krach um Tabqa

Die Geschichte des Euphrat-Damms bei dem Dorf Tabqa ähnelt in mancherlei Hinsicht der des ägyptischen Assuan-Damms. Denn auch in diesem Falle geriet das Vorhaben in ein politisches Spannungsfeld. Als Syrien und die Sowjetunion im Oktober 1957 ein Abkommen über ökonomische und technische Zusammenarbeit schlossen, geschah das vor dem Hintergrund der gerade ein Jahr zurückliegenden britisch-französisch-israelischen Agression gegen Ägypten und der damit einhergehenden umfassenden politischen Umschichtung des ganzen Nahen Ostens. Wirtschaftsvorhaben und technische Pläne wurden nun nicht so sehr unter dem Aspekt betrachtet, wie optimaler ökonomischer Nutzen zu erzielen sei, sondern ob damit politischer Gewinn erzielt werden könne. Das sowjetisch-syrische Abkommen von 1957 enthielt beiläufig die Vereinbarung, daß man in Moskau das Vorprojekt für einen Staudamm am Euphrat ausarbeiten werde.

Da schrillten in Washington die Alarmglocken. Nach dem Ärger, den man mit Nasser wegen des Assuan-Damms gehabt hatte, wollte man nun wenigstens verhindern, daß die Sowjetunion nun auch noch dieses »Zweite Assuan« errichtete. Diesmal schienen die Umstände günstiger. Die USA hatten aus dem ägyptischen Debakel gelernt. Auch gab es in diesem Falle keine Probleme mit London oder Paris. Syrien und Ägypten schlossen sich damals zur Vereinigten Arabischen Republik zusammen, und den Regierenden dieses Einheitsstaates war durchaus nicht an einer einseitigen Bindung an Moskau gelegen. Der VAR-Vizepräsident Boghdadi handelte schließlich eine Vereinbarung aus: Die Bundesrepublik Deutschland werde einen 500-Millionen-Kredit zum Bau eines Staudamms am Euphrat zur Verfügung stellen. So besiegelt und unterschrieben am 5. Juli 1961.

Es war die Auflösung der Vereinigten Arabischen Republik, die erneute Selbständigkeit Syriens, die das ganze Vorhaben erst einmal verzögerte. In Damaskus gab es Mißvergnügen über die Kreditbedingungen. In Syrien wurde Kritik an den Deutschen laut und in Deutschland an den Syrern, bis der damalige Entwicklungshilfe-Minister Walter Scheel selbst nach Damaskus reiste und das – wie die Presse meldete – »Mißtrauen in Syrien« beseitigte. Am 14. Januar 1963 war es soweit: »Der Euphrat-Damm wird gebaut,« hieß es in den Zeitungen. »Damit entsteht im Nahen Osten ein neuer Schwerpunkt deutscher Entwicklungshilfe mit weitreichenden politischen und wirtschaftlichen Auswirkungen.« Die Zusage aus Bonn: 350 Millionen DM Kredit. Und: »Der Dammbau wird ein starkes deutsches Engagement in Syrien mit sich bringen und eine Verlagerung deutscher Wirtschaftsinteressen nach Damaskus verursachen.«

Die Blütenträume von 1963 sollten nicht reifen. Ende 1964 verstaatlichte Syrien alle Erdölvorkommen im Lande, und das hieß, daß die deutsche Erdöl-AG keine Konzession für die Ausbeutung der von ihr entdeckten Ölvorkommen erhielt. Bonn stornierte den Kredit. Damaskus erklärte, es werde sich diesbezüglich an die »Länder des Ostens« wenden, »die ein sozialistisches Regierungssystem haben, das dem syrischen ähnlich ist.«

Zwei Jahre später begannen bei Tabqa, einem Dorf aus wenigen Lehmhütten auf dem Westufer des Euphrat, die Bauarbeiten, nach sowjetischen Plänen, mit sowjetischen Ingenieuren, sowjetischen Baumaschinen und – vor allem – einem Kredit aus Moskau. 1.000 Russen und 12.000 Syrer waren schließlich auf der Baustelle tätig.

Das »Zweite Assuan« wurde ein durchaus imponierender Bau, 4.500 Meter lang, 60 Meter hoch, an der Basis 512 Meter breit, auf der Krone 19 Meter. Eine offizielle Schrift der syrischen Regierung versäumte nicht, darauf zu verweisen, daß der Euphrat-Damm so ziemlich in allen Parametern den Assuan-Damm beträchtlich übertrifft.

Am 5. Juli 1973 sperrte man den Euphrat ab, langsam füllte sich der Stausee, der hier nach dem syrischen Präsidenten Hafez al-Assad benannt wurde, 80 Kilometer lang, mehr als einen Kilometer breit, bedeckte er eine Fläche von 640.000 Hektar, womit er allerdings kleiner ist als der Nasser-See in Ägypten.

Inzwischen mußten mehr als 68.000 Menschen ihre heimatlichen Dörfer räumen, sie wurden umgesiedelt, mußten Platz schaffen für den See. Und alle erfreuten sich an den Visionen vom Alten und Neuen, wie sie der Schriftsteller Eduard Claudius aufzeichnete:

»Die Piste windet sich von der Dammkrone aus die Hänge hinauf ... Trostlos kahl ist die geröllübersäte Erde, bräunlichgrau, ockerfarben der Hitzeschleier am Horizont. Lehmhütten stehen nicht weit vom Weg, von bröckelnden Lehmmauern eingefaßt, in den Höfen dämmert staubüberpudertes

Baumgrün; im Schatten dosende, reglose Hunde, ein Esel und ein paar Ziegen ... Unser Agroingenieur sagt: 'Vielleicht sind Sie der letzte Ausländer, der diese Hütten sieht. Sie werden demnächst abgebrochen und die Bewohner in schöne, neu errichtete Häuser nordwestlich von hier umgesiedelt. Sie werden dort Wasser haben für sich und das Vieh. Und trotzdem wollen sie ihr Dorf nicht verlassen.'«

Wovon haben die Leute hier bloß gelebt, fragte sich der Schriftsteller. »Woher wurde auf dieser Hochebene das Wasser genommen? Stieg man täglich den stundenweiten Weg hinunter zum Fluß?« In der Tat, man holte es aus dem Fluß. Resume: »Für uns, die wir sozusagen von Nässe vollgetränkt sind, sind da all die Träume von Wasser vorstellbar, die Tag und Nacht durch die Träume der Menschen hier gegeistert sind? Alpträume müssen es gewesen sein zwischen den Lehmmauern der Hütten, die Herz und Seele schwermütig und ergeben gemacht haben ...«

Atmete nun alles erleichtert auf? Vielfältig sind die positiven Resultate des Sadd al-Furat. Seit dem Vollbetrieb im März 1978 liefern die Turbinen 800 Megawatt, 70 Prozent des Elektrizitätsbedarfs Syriens seien das, wird gesagt. Allein dadurch seien die Baukosten von 1,2 Milliarden syrischen Pfund schon in fünf Jahren wieder hereingeholt worden.

An der Stelle des Dorfes Tabqa ist eine Stadt entstanden, Medinat ath-Thaura, die »Stadt der Revolution«. Nach zehn Jahren hatte sie bereits 80.000 Einwohner, gab es 40 Betriebe, war man an die Eisenbahn angeschlossen.

640.000 Hektar würde man dank des Damms bewässern, sagte die Statistik, durch mehr als 100.000 Kilometer Kanäle und Gräben würde sich im Mittleren Euphrat-Tal das Wasser verteilen. Die Bewässerungsprojekte bezogen auch gleich den Khabur mit ein. Die Bewunderung war allgemein. »Bei der Stadt Raqqah funktionieren seit fünf Jahren Experimentalfarmen, die vom Wasser genährt werden, das der Damm aufstaut,« lobte 1978 in Washington das »National Geographic Magazine«. »Die Zuckerrübenernten fielen um 250 Prozent höher aus, als vorhergeplant; eine Zuchtfarm hat deutsche Holstein-Friesen-Rinder erfolgreich an das syrische Klima gewöhnt, so daß man ein Milchverarbeitungswerk bauen kann.«

Alles sehr beeindruckend. Aber: Bis Mitte 1988 sind erst 95.000 Hektar für die Bewässerung erschlossen worden. Man wird zügig weiter investieren müssen, will man das Ziel erreichen, noch vor dem Jahr 2000 autark in der Lebensmittelversorgung zu sein. Es ist ja nicht damit getan, Gräben auszuheben oder Leitungen zu verlegen. An vielen Stellen muß man erst einmal auf versalzten Flächen die obere Bodenkruste entfernen, wenn Bewässerung überhaupt nutzvoll sein soll. Da stellte sich dann plötzlich heraus, daß sich die Kosten für die Kultivierung eines Hektars Steppe auf zwischen 4.000 bis 10.000 Dollar belaufen, zu viel eigentlich für Syrien, um schnell Erfolge vorzuweisen. Zuletzt sind jährlich weniger als 12.000 Hektar zu der erschlossenen Fläche hinzugekommen, nur ein Fünftel des Geplanten.

Um das Jahr 2000 werden Syriens relativ spärliche Erdölvorräte erschöpft sein. Man besann sich darauf, daß das Land früher einen beträchtlichen Teil seiner Deviseneinnahmen aus dem Export von Baumwolle bezog. Der Baumwollanbau soll also auf dem Neuland forciert werden. Aber Baumwolle ist ein Wasserfresser.

Der Ausbau von Medinat ath-Thaura wird mehr Wasser verschlingen, und er wird viel Abwasser produzieren, also die Wasserqualität unterhalb des Damms verschlechtern.

Fragen über Fragen. Offenbar hat der Sadd al-Furat nicht die Lösung aller Probleme gebracht. Werden neue Vorhaben helfen? 25 Kilometer stromabwärts von Medinat ath-Thaura wurde ein weiterer Staudamm inklusive Elektrizitätswerk gebaut.

Letztlich aber wurde und wird alles mehr und mehr zu einer Frage der Politik. Der Streit zwischen Syrien und dem Irak von 1974/75 folgte der Schließung des Euphrat-Damms. In Damaskus hat man damals den Irakern vorgerechnet, Syrien habe in dem »Wasserjahr« zwischen Oktober 1973 und Oktober 1974 aus der Türkei 12,8 Milliarden Kubikmeter Euphrat-Wasser erhalten, davon 3 Milliarden für sich verwendet und den Rest – fast 9 Milliarden – an den Irak weitergegeben. Von

Oktober 1974 bis zum Oktober 1975 aber seien nur noch 10,5 Milliarden Kubikmeter aus der Türkei gekommen, und davon hätte Syrien 7 Milliarden weiterfließen lassen.

Der Schwarze Peter wurde weitergereicht: Das Problem liege offenbar weiter oben. In der Tat ...

Brennpunkt »wildes Kurdistan«

Anfang der 80er Jahre hatte ein interessanter Vorschlag Aufsehen erregt. Das hydrologisch sehr ungünstig gelegene Jordanien sollte Hilfe bekommen. Eine große Pipeline könnte, so das Projekt, Euphrat-Wasser vom Irak aus bis in die jordanische Hauptstadt Amman schaffen. Das Wasser müsse man zwar bergauf pumpen, aber dennoch könne sich das Vorhaben »rechnen«, noch befand man sich in der Hochstimmung der dicken Öleinnahmen.

Die Pipeline wurde nicht gebaut. Iraks Kriege waren teuer. Und: Euphrat-Wasser wurde knapp. Die Probleme lagen weiter oben... Eine 1984 veröffentlichte Studie des amerikanischen Armee-Geheimdienstes DIA über die Wasserprobleme des Nahen Ostens kam zu dieser nüchternen Prognose: Der Beteiligte mit der beherrschenden Anrainerposition und mit der größten Militärmacht sei die Türkei. »Sollte sich die Türkei entscheiden, spürbar mehr Wasser aus dem Euphrat-System zu entnehmen, würde für ihre Nachbarn flußabwärts das Leben schwieriger werden.«

Die Türkei hat sich entschieden. Sie hatte sich bereits entschieden, als die US-Geheimdienstler ihre Schlußfolgerungen gerade erst formulierten.

Am 13. Januar 1990 senkten türkische Arbeiter einen Betonklotz, 87 Tonnen schwer, in den Ableitungskanal unterhalb des Atatürk-Damms. An dieser Stelle hörte der Euphrat für die nächsten vier Wochen auf, zu fließen. Der Aufstau eines gigantischen Sees begann. Im Jahre 2005, so jubelten die türkischen Zeitungen, werde im Osten Anatoliens der Brotkorb des Orients stehen.

Güneydogu Anadolu Projesi, abgekürzt GAP, was heißt »Südanatolien-Projekt«, ins Deutsche möglicherweise sehr griffig übersetzt mit »Groß-Anatolien-Projekt«, das war es, was da bejubelt wurde, ein Vorgang, dessen wirtschaftliche, ökologische und politische Folgen alles übersteigen könnten, was bis dato an den Flüssen des Nahen Ostens geschehen ist.

Bereits in den 30er Jahren hatte man sich in der Türkei Gedanken über die Ausnutzung der Euphrat-Zuflüsse gemacht. Das war zu einer Zeit, als der Energiebedarf an Ort und Stelle gering war, als ein Zwang zum schnellen Ausbau der Bewässerungswirtschaft eigentlich noch nicht bestand, aber als der Osten der Türkei bereits politisch ein heißes Pflaster war. Die Euphrat-Quellen liegen – übrigens genau wie die des Tigris – in jenem Teil der Erde, den wir dank Karl May als »wildes Kurdistan« kennen. Dies ist die Heimat des kurdischen Volkes. Die Grenzen, die hier nach dem Ende des ersten Weltkrieges gezogen worden sind, nehmen darauf übrigens keine Rücksicht. Dies obwohl doch der amerikanische Präsident Woodrow Wilson allen Völkern Selbstbestimmung versprochen hatte. Für Armenier, Palästinenser und Kurden (und andere) blieben dergleichen Sympathiebekundungen leeres Geschwätz. Strategische Interessen, Wirtschaftsinteressen, Ölinteressen zumal bestimmten im Lausanner Abkommen vom 23. Juli 1923 die Grenzmarkierungen im Nahen Osten. Die Kurden fanden sich am Ende auf vier Staaten verteilt, die Türkei, den Iran, den Irak und Syrien.

Der Ursprung der Kurden verliert sich im Dunkel der Geschichte, wahrscheinlich sind sie die Nachfahren der Meder, eines indo-europäischen Volkes, das sich seit etwa 1000 v.Chr. in den Gebirgen Ostanatoliens niederließ, in ständige Kämpfe mit den Assyrern verwickelt wurde. 612 v.Chr. konnten die Kurden die assyrische Hauptstadt Niniveh am Tigris erobern und einen eigenen Staat errichten.

Unter dem Ansturm der Araber sind die Kurden islamisiert worden, in gewisser Weise auch integriert, einige Kurden haben in der arabischen Welt eine nachhaltige Rolle gespielt, vornehmlich die über Syrien und Ägypten herrschende Dynastie der Ayyubiden (1169–1250), deren größter Sohn der berühmte Sultan Saladin war.

Nichtsdestoweniger haben die Kurden ihre kulturelle und vielfach auch politische Eigenständigkeit bewahren können. Mit dem Aufkommen moderner nationalstaatlicher Vorstellungen wuchs auch bei ihnen der Wille zu Unabhängigkeit und Eigenständigkeit, was sich im 19. Jahrhundert in mehreren großen Aufständen gegen die Osmanische Herrschaft äußerte. Daß der türkische Sultan Partikularinteressen kurdischer Feudalherren zu nutzen wußte, sei nur am Rande erwähnt.

Seit 1923 dann also die Vierteilung. Das hieß vierfache kurdische Geschichte. Das bedeutete im Irak Erhebungen – 1930 und 1932 – gegen die britische Mandatsmacht. Es hieß seit 1945 Bestrebungen für eine Autonomie im Rahmen des Irak. Seit Anfang der 60er Jahre kulminierte der Konflikt in blutigen Feldzügen der irakischen Armee gegen die Kurden im Norden des Landes, in Guerrillakämpfen und in zeitweilig gebildeten »befreiten Zonen«. Die Welt sah den Massakern in irakisch-Kurdistan zumeist gelassen zu, und selbst im Frühjahr 1991, im Gefolge des Golfkrieges beschränkte sich die internationale Reaktion angesichts der schrecklichen Bilder der fliehenden, von den Truppen Saddam Husseins verfolgten Kurden auf Mitleid und Caritas.

Nicht minder schwierig war die Lage der Kurden im Iran. Hier gab es im Gefolge des Zweiten Weltkrieges sogar den Versuch, einen eigenen kurdischen Staat zu schaffen. 1941 waren sowjetische Truppen in den Norden des Iran eingerückt (die Engländer besetzten zur gleichen Zeit den Südiran; man wollte verhindern, daß Hitler-Deutschland aus dem Land einen Stützpunkt machte). In der »sowjetischen Zone«, in der Stadt Mehabad, wurde am 23. Januar 1946 die Kurdische Nationalregierung gebildet. Ein Jahr lang hat die Mahabad-Republik existiert, gegründet sicherlich mit Rückenwind aus Moskau, weil sie in Stalins weltpolitisches Kalkül paßte, fallen gelassen dann, als sich die Lage änderte. Der Zerschlagung der kurdischen Republik durch iranische Truppen folgte ein blutiger Rachefeldzug – dennoch, auch im Iran ist es immer wieder zu kurdischen Erhebungen gekommen, auch hier mit dem begrenzten Ziel einer Autonomie-Regelung. Im Irak, im Iran und in Syrien erkannte man immerhin die Existenz der kurdischen Nationalität an, wenn man sie auch nicht respektierte. In der Türkei hingegen bestritt man sie rundheraus. Die Kurden wurden kurzerhand zu »Bergtürken« erklärt. Man verbot ihnen den Gebrauch ihrer Sprache. Ostanatolien wurde (und wird) im Grunde wie ein Kolonial-Territorium behandelt, in dem eine Kolonial-Armee die Geschichte bestimmt. Zwanzig große Aufstände fanden zwischen 1923 und 1939 in den kurdischen Regionen der Türkei statt, der letzte in einem grausigen Massaker niedergeworfen. Für mehr als drei Jahrzehnte herrschte Friedhofsruhe zwischen Euphrat und Van-See, zwischen Erzerum und Diyarbekir, das die Kurden Amed nennen.

Einerseits hat also die türkische Politik gewaltsamer Assimilation nicht die gewünschten Resultate gebracht. Andererseits waren die türkischen Behörden gezwungen, etwas für die regionale Entwicklung zu tun. Dadurch entstand aber auch die Basis für ein zunehmendes Selbstbewußtsein der Kurden. Anfang der 70er Jahre gründeten kurdische Intellektuelle eine neue Nationalbewegung, die sich zunächst für Reformen einsetzte. Unter dem Gegendruck der Behörden radikalisierte sie sich. Schließlich nahm die 1978 gegründete Kurdische Arbeiterpartei (PKK) einen Guerrillakampf auf. Es spricht vieles dafür, daß der Militärputsch vom 12. April 1980, mit dem die Generale in der Türkei die Macht übernahmen, eine Reaktion auf die Unfähigkeit der vorhergehenden Regierung war, mit dem kurdischen Aufstand fertig zu werden.

Seit 1980 erlebt Ost-Anatolien grausamen Terror, brutale Repression, einen Krieg, den Ankara offensichtlich nicht militärisch gewinnen kann. In dieser Situation mag man im GAP einen Ausweg gesehen haben. Statt der Peitsche vielleicht ein wenig Butterbrot, ein ökonomisches Entwicklungsprojekt mit vielfältigen Folgen, einschließlich der Zerstörung jener sozialen Strukturen, die den Aufstand möglich gemacht haben, und mit denen man nicht fertig wurde. GAP war und ist eben weitaus mehr als ein Staudammbau und ein Bewässerungsprojekt. Hinter dem Wort von einer »strukturellen Neuordnung« verberge sich, sagen die Kurden, eine neue, elegantere Art von Völkermord.

Brotkorb des Orients?

Das türkische »Wirtschaftswunder« für das nächste Jahrhundert soll durch ein Superprojekt bewirkt werden, das sich aus 13 Einzelvorhaben zusammensetzt. Insgesamt 21 Staudämme und 17 Wasserkraftwerke am Euphrat gehören dazu. Mit dem Bau der Kraftwerkskaskade am Euphrat ist bereits begonnen worden, als das ganze Ausmaß der Anlage noch nicht einmal im Detail geplant war. 1983 ist der Keban-Staudamm fertiggestellt worden, 1986 dann – etwa 170 Kilometer flußabwärts – der Karakaya-Damm. Ihnen folgte nun seit Anfang 1990 der Atatürk-Damm. Dieses fast zwei Kilometer lange Bauwerk, benannt nach dem Begründer der modernen Türkei, Mustafa Kemal Atatürk, erreicht eine Dammhöhe von 166 Metern und staut einen künstlichen See auf, der mit 800 Quadratkilometern eineinhalb mal so groß ist, wie der Bodensee. Alle drei Stauseen am Euphrat-Oberlauf gehen fast ineinander über, insgesamt mehr als 500 Kilometer lang ist diese künstliche Seenkette im Taurusgebirge.

Südöstlich des Atatürk-Damms verlaufen 150 Meter unter der Erde zwei Tunnel, jede Röhre fast 27 Kilometer lang, mehr als siebeneinhalb Meter im Durchmesser. Durch sie fließt das Wasser für die Bewässerung der Harran-Ebene, die sich bis zur syrischen Grenze erstreckt.

Insgesamt hat man sich vorgenommen, durch das GAP erst einmal 470.000 Hektar zu bewässern, im kommenden Jahrhundert sollen es dann 1,6 Millionen Hektar sein, was etwa einem Drittel der gesamten Anbaufläche Deutschlands entspräche. Die Türkei will aber überdies durch das GAP zu einem Exporteur von Elektroenergie werden, dazu soll die Industrie ausgebaut werden, die Landwirtschaft umgewälzt. Wie es ein türkischer Minister sagte: »Das Südostanatolien-

Projekt ist eines der größten regionalen Entwicklungsprojekte der Welt und das größte und umfangreichste Unternehmen, das je in der Türkei durchgeführt wurde.«

Man möchte den optimistischen Reden glauben. Immerhin fließen die Investitionen in den rückständigsten, am meisten vernachlässigten Teil der Türkei. Es ist die Gegend, in der nach offiziellen Angaben ein Drittel der Bevölkerung unterhalb der Armutsgrenze lebt, und die ist in der Türkei wahrlich tief genug angesetzt. Amtlich wird dort von 20 Prozent Arbeitslosen gesprochen, und das ist gewißlich eine große Untertreibung. Die türkischen Statistiken, vorgeführt, um die Bedeutung des GAP herauszustreichen, sind deutlich. In vier der fünf betroffenen Provinzen hatten 1987 von knapp 5.000 Dörfern etwa 2.200 keinerlei Wasserversorgung. Weitere 1.000 Dörfer wurden nur unzureichend mit Wasser versorgt. Nur an die 1.500 Dörfer verfügten über einen Stromanschluß, ganze 737 Orte waren mit dem Telefonnetz verbunden. Oder: Auf 525.000 Einwohner kamen 88 Ärzte (Provinz Siirt), auf 183.000 Menschen 75 Krankenhausbetten und 40 Ärzte (Provinz Hakkari). Würde sich nun alles, alles ändern? 18 Milliarden Dollar waren ursprünglich für das GAP veranschlagt worden, für die wirtschaftlich marode Türkei eine Riesensumme. Inzwischen ist bereits von 21 Milliarden Dollar die Rede. Mit etwa 50 Milliarden Dollar ist die Türkei bereits verschuldet, alljährlich müssen 7 Milliarden Dollar zurückgezahlt werden. 54 Prozent der türkischen Exporterlöse werden von Zinsen und Kreditrückzahlungen aufgefressen.

Das mochte der Grund für die Weltbank sein, von der gewaltigen Investition Abstand zu nehmen (ganz abgesehen mal von dem Widerstand Syriens und des Irak, dem die Weltbank Rechnung tragen mußte). Die Türkei hat mit einem Schweizer Bankenkonsortium ein Finanzierungsabkommen über mehr als 2 Milliarden DM ausgehandelt. Woher mag wohl der Rest kommen? Täglich fließen umgerechnet 2 Millionen Dollar aus dem türkischen Staatshaushalt in das GAP, sagt die Regierung in Ankara.

Die philantropischen Argumente türkischer regierungsoffizieller GAP-Hochglanzbroschüren in allen Ehren – natürlich soll an dem Projekt vor allem kräftig verdient werden, wird verdient werden, wird schon verdient.

Die gesamte Sozialstruktur der betroffenen Region weist auf große Rückständigkeit hin. Die Hälfte aller Bauern besitzt überhaupt keinen Boden, es sind Tagelöhner, jedweder Willkür preisgegeben, und sie müssen zu Hungerlöhnen arbeiten. 70 Prozent des Landes sind Staatseigentum, das verpachtet wird. 0,9 Prozent der Bevölkerung hingegen besitzen ein Drittel des Bodens. Sie, die Aghas, die Großgrundbesitzer, sind die einzigen Ortsansässigen, die etwas Gewinn machen, wenn GAP kommt, denn sie kassieren Entschädigungen. Und da die türkische Regierung ihrer bedarf, wenn sie versuchen will, die kurdische nationale Bewegung zu spalten, zeigt sie sich erkenntlich.

Der große Profiteur aber wird das Agrarbusiness sein. Eine Broschüre des türkischen Planungsministeriums wurde ganz direkt: "Für ausländische Investoren ist es die Landwirtschaft, die den einfachsten Zugang zum türkischen Markt bietet. Investitionen können bereits mit geringen Mitteln getätigt werden. Arbeitskraft ist billig, und auf den einheimischen Märkten besteht rege Nachfrage." Wird so die Bodenreform aussehen, von der im Vorfeld der GAP die Rede war?

Als die ersten GAP-Pläne durchsickerten, waren auch schon die Spekulanten zur Stelle. Die Regierung hat 1984 Landverkäufe großen Ausmaßes in der Entwicklungsregion untersagt, aber da war es schon geschehen, da hatten schon ganze Dörfer den Besitzer gewechselt. Den Boden aber, der in Staatsbesitz ist, will die Türkei auf 99 Jahre an Privatpersonen verpachten, an jene oben erwähnten ausländischen Investoren.

Es ist oft ein sehr fruchtbarer Lößboden, um den es geht. Was fehlt, ist nur das Wasser. In der Harran-Ebene steigt im Sommer das Thermometer auf 60 Grad. Es gibt nicht Baum noch Strauch, die Erde ist von der sengenden Sonne aufgerissen, nichts wächst dann hier, Ziegen und Schafe finden kaum etwas zum Knabbern. Die heiße Luft verwirbelt in Windböen, die den Sand über das Land treiben. Hier konnte es geschehen, daß nur in jedem dritten Jahr eine Ernte eingebracht wurde. Hier trocknen im Hochsommer die Dorfbrunnen aus, und wo es Wasser gibt, muß es durch Tiefbrunnen aus 70 Metern Tiefe heraufgepumpt werden.

Wird sich hier in einem Jahrzehnt ein Garten Eden erstrekken? Der Atatürk-Damm war das Prachtstück des GAP in der bisherigen Planungsphase. Das Vorzeigestück der nächsten Etappe soll die Harran-Ebene südlich der Provinzstadt Urfa sein.

Dieses Urfa, das heute mehr als 250.000 Einwohner zählt, ist eines der großen Handelszentren des Altertums gewesen. Die Händler aus Mesopotamien, die zum Mittelmeer wollten, kamen den Euphrat herauf und machten eben in dieser Stadt Rast. Das Alte Testament läßt uns wissen, daß sich Abraham einige Zeit hier aufgehalten hat, er kam ja aus Ur am Euphrat-Unterlauf, und er zog später weiter nach Palästina. Auch der Prophet Hiob wird unter denen aufgezählt, die in Urfa gelebt haben. Zeitweise ist Urfa auch assyrische Hauptstadt gewesen, wurde von Römern und Arabern erobert und 1260 von den Mongolen zerstört.

Einiges von der uralten Kulturgeschichte des Gebiets am oberen Euphrat ist entdeckt und gesichert worden, als die Dammbauten des GAP begannen. Archäologen haben zwischen Harran-Ebene und Keban-Damm sich in Notgrabungen Aufschluß über den Gang von Jahrtausenden verschafft. Eines der interessantesten Forschungsresultate war die Erkenntnis, daß diese Region schon im 3. Jahrtausend v.Chr. dichter besiedelt war, als heute, woraus man schließen könnte, daß sich die natürlichen Bedingungen seither nur zum Schlechteren verändert haben. Und schon vor 8.000 Jahren bildeten Dörfer und Städte von hier aus eine Kette von Handelsstützpunkten bis hinunter an den Persischen Golf.

Die Harran-Ebene soll durch die schon erwähnten Urfa-Tunnel Wasser vom Atatürk-See erhalten. Seit Jahren wachsen die Halden aus weißgrauem Abraum in die Höhe, geschürft aus den kilometerlangen Tunnelröhren. Auch mit dem Bau der Bewässerungskanäle ist begonnen worden.

»Brotkorb des Orients« – das ist die Rolle, die der Harran-Ebene für die Zukunft zugedacht ist. Kleinbauern, Pächter und Landarbeiter haben hier seit Jahrhunderten nur kleine Parzellen bewirtschaftet. Damit wird nun Schluß sein. GAP sieht eine großflächige Nutzung vor. Moderne Landmaschinen, Kunstdünger, Pestizide – dort sollen optimale Erträge erzielt werden. Weizen, Mais und Sojabohnen sollen angebaut werden, an Zitrusfrüchte denkt man, und an den Wasserfresser Baumwolle.

Jahrhunderte hindurch haben die Harran-Bauern mit Trockenheit fertig werden müssen. Sie sind gewissermaßen Spezialisten im Trockenfeldbau. Jetzt müssen sie wissen und sollen sie lernen, wie man mit modernen Bewässerungstechniken umgeht. Mit den Kursen für die Bauern gab es Probleme. Hier spricht man das – verbotene – Kurdisch oder Arabisch. Unterweisungen in Türkisch versteht kaum jemand. War dieser Umstand mit ein Grund dafür, daß sich die türkische Regierung entschloß, das Kurdisch-Verbot endlich zu lockern? Und werden die Trockenfeldbauern verstehen, daß man bewässertes Land auch wieder entwässern muß, weil es sonst nach 15 Jahren unfruchtbar ist? Daß man nicht mehr Jahr für Jahr auf dem gleichen Feld die gleiche Kultur anbauen darf?

In der Harran-Ebene ist man skeptisch. Die Leute haben ihre historischen Erfahrungen. Der Bürgermeister der Stadt Harran an der türkischen Grenze sagte: »Das GAP-Projekt wird nicht für uns gemacht. Niemand kann es sich hier leisten, seine Kinder auf die Schule zu schicken. Wenn das Projekt fertig ist und die Felder bewässert sind, dann werden sie von irgendwoher Ingenieure holen, die das große Geld verdienen und wir bleiben Tagelöhner.«

Ungewißheit für Mensch und Natur

Das Harran-Projekt hat auch noch andere Dimensionen. Man schätzt, daß für die Bewirtschaftung der neu bewässerten Flächen siebenmal mehr Arbeitskräfte gebraucht werden, als bisher in der Ebene leben. Man wird Leute benötigen, die etwas von der Sache verstehen, die – so sagt man in Ankara

– wenigstens Lesen und Schreiben können, Türkisch, nicht Kurdisch, versteht sich. Sieht man davon ab, daß bereits bei allen Dammbauten des GAP, der größten Baustelle des Nahen Ostens, zeitweilig 12.000 Arbeiter tätig waren, von denen ein beträchtlicher Teil aus anderen türkischen Provinzen herangeschafft wurde, so deuten sich hier Umsiedlungs-, »Durchmischungs«-, Assimilations- und »Integrations«vorgänge an.

Im GAP-Gebiet leben nach einer Zählung vor einigen Jahren 4,5 Millionen Menschen, neun Prozent der Gesamtbevölkerung der Türkei. Nach Fertigstellung des Projekts sollen es dreimal soviel sein, 12,5 Millionen. Ost-Anatolien aber zählt insgesamt 12 bis 15 Millionen Kurden – das Ausmaß einer gewaltigen Bevölkerungsumschichtung wird sichtbar.

Ein Bevölkerungstransfer größerer Dimension im Osten Anatoliens würde auf wundersame Weise das Kurdenproblem gewissermaßen ganz von selbst lösen – so mag man in Ankara denken. Schon in den 70er Jahren gab es einen Plan, Türken aus den dicht besiedelten Regionen am Schwarzen Meer in den kurdischen Raum umzusiedeln. Mangels finanzieller Möglichkeiten wurde die Sache damals auf Eis gelegt …

Den großen Stauseen am Euphrat mußten tausende Dörfer, zehntausende Menschen weichen. Allein in den Wassern des Atatürk-Stausees sind die Wohnstätten von mehr als 65. 000 Leuten versunken. Auch dies eine Möglichkeit, den Transfer in Gang zu setzen. Nach der Umsiedlung werden die Kurden in Wehrdörfern untergebracht, bewacht von der Armee, so hat man sie unter Kontrolle.

Einen Vorgeschmack auf all das hat es bereits 1984 gegeben. Damals wurden auf Anordnung des Staatlichen Wasseramtes der Türkei einige hundert kurdische Familien auf eine Dardanellen-Insel und in ein Gebiet bei der Hafenstadt Izmir geschafft. Zuvor war ein Großteil der dort lebenden griechischen Einwohner durch wirtschaftlichen Druck veranlaßt worden, ihrerseits auszuwandern. Über 1.500 Kilometer von ihrer kurdischen Heimat entfernt fanden sich die Aussiedler wieder, aus den Bergen mit ihrem Kontinentalklima versetzte man sie ans Mittelmeer. Ein Vertreter der türkischen

Regierung kommentierte das so: »Die Neuansiedlung von Dörfern in der Türkei gibt entschieden weniger Probleme auf als etwa in Zentraleuropa, denn die Menschen hier sind durch Jahrhunderte hindurch an eine rauhe Behandlungsweise gewöhnt. Zudem haben sie auch nichts zu verlieren.« Angesichts dieses Zynismus klingt die Kritik eines Vertreters der kurdischen PKK am GAP vergleichsweise zurückhaltend: »Sie setzen den ertragreichsten Boden unter Wasser. Die gewonnene Energie transferieren sie sofort in den Westen, ohne hierfür einen Ausgleich zu schaffen. Außerdem begraben sie das Zentrum unserer Hasankeyf-Zivilisation für immer unter dem Wasser des Staudamms. Dort gab es ein Kunst- und Kulturzentrum. Auch das wird überflutet. Das sind historische Orte und sehr ertragreiche Böden. Hunderte von Dörfern sollen verschwinden. Also das zielt auch darauf ab, die kurdische Bevölkerung und Zivilisation auszulöschen.«

In der Tat ist nicht nur das Schicksal der Menschen ungewiß, sondern auch das der Natur. Kann es sein, daß an die Stelle knisternder Trockenheit in der Harran-Ebene tropische Schwüle tritt, wenn die Bewässerung beginnt? Könnten dann hier Stechfliegen und Mücken ideale Brutstätten finden und Malaria verbreiten?

Bisher liegt keine Untersuchung über die ökologischen Folgen des GAP vor. Messungen am Keban-See oberhalb des zuerst fertiggestellten Staudamms haben aber bereits eine Veränderung des Klimas durch den Anstieg der Luftfeuchtigkeit bestätigt. Es gibt – nicht anders als am Assad-See und am Nasser-See – eine Erhöhung der Durchschnittstemperatur und eine Zunahme der Niederschläge. Hin und wieder wird ein dort bis dato unbekanntes Phänomen beobachtet: Nebel bildet sich. Und was die mögliche Bodenerosion am Euphrat-Oberlauf und ihre Folgen angeht, so ist man noch auf Vermutungen und auf Befürchtungen angewiesen.

Befürchtungen, die man auch flußabwärts hegte, schienen sich schnell zu bestätigen. Am 13. Januar 1990 war der Atatürk-Damm durch den türkischen Staatspräsidenten Türgut Özal für vier Wochen geschlossen worden. 24 Stunden später, am 14. Januar, stellte man im syrischen Barak, 60

Kilometer flußabwärts, fest, daß der Euphrat bereits um einen Meter gefallen war. Hatte Özal bei der feierlichen Zeremonie am Vortag noch betont, die Schließung sei eine »rein technische Maßnahme«, wegen der man »keine Probleme« mit Syrien oder dem Irak bekommen werde, so stellte sich ganz geschwind das Gegenteil heraus. Drunten, ganz im Süden, nannte die offizielle irakische Zeitung »ath-Thaura« die türkische Maßnahme eine Katastrophe. Weiter im Norden war diese Katastrophe fast eingetreten. Syrien meldete die Einschränkung der Leistung des Kraftwerks Tabqa. Ende Februar 1990 arbeitete dort nur noch eine einzige Turbine, und auch die nur vier Stunden täglich – was ganzen zwei Prozent der Kraftwerksleistung entsprach.

Das war nicht allein eine Folge der Sperrung am Atatürk-Damm, gewiß. Seit der viel zu trocken ausgefallenen Regensaison von 1988/89, als nur die Hälfte der üblichen Niederschläge gefallen war, fehlten dem Assad-See bereits acht Millionen Kubikmeter Wasser.

Das wirkte sich übrigens auch auf die syrische Landwirtschaft aus – es gab zu wenig Wasser für die Bewässerung, sinkende Erträge waren die Folge, schon 1989 hatte Syrien nach einer Mißernte zusätzlich 400 Millionen Dollar für den Import von Getreide ausgeben müssen.

Klarer Sieg im Wasserkrieg

Im Oktober jenes Jahres war über der Harran-Ebene ein türkisches Beobachtungsflugzeug von zwei syrischen Mig-21 Düsenjägern abgeschossen worden. Die syrische Regierung hatte ihr Bedauern über die fünf Todesopfer ausgedrückt, hatte eine Untersuchung des Zwischenfalls versprochen. War dies der Vorgeschmack auf Kommendes? Der Atatürk-Damm werde, so eine Prognose des Direktors des Tabqa-Damms, Shaker Bazoua, den Zufluß des Euphrat um zwei Drittel kürzen, werde den »Sultan« in ein versalzenes Rinnsal verwandeln: »Der Euphrat ist tot. Die Türken geben den Leuten, die an diesem Fluß leben, zu verstehen, daß sie auswandern oder zugrunde gehen müssen.«

Höheren Orts drückte man sich diplomatischer aus, war aber nicht minder besorgt, nicht weniger zornig. Ankara mußte sich stellen. Als Ende Juni 1990 der stellvertretende türkische Ministerpräsident nach Bagdad kam, fiel die Begrüßung auf dem hitzeflirrenden Flugplatz der irakischen Hauptstadt eisig aus. Die VIP-lounge blieb geschlossen, und nur in letzter Minute konnten türkische Diplomaten das irakische Protokoll dazu überreden, den roten Teppich auszurollen.

Dabei waren, verglichen mit Syrien, die türkisch-irakischen Beziehungen lange stabil und recht freundlich gewesen. Die Türkei blieb im achtjährigen Golfkrieg zwischen Iran und Irak mehr als neutral. Über eine Pipeline zum Mittelmeer konnte Bagdad weiterhin Öl exportieren und so Geld einnehmen, während die iranische Marine die Straße von Hormuz am Ausgang des Persischen Golfs für irakische Tanker sperrte. Über die Türkei kam Nachschub in den Irak. Andererseits hatte Saddam Hussein schon 1984 ein Abkommen mit Ankara geschlossen, das es der türkischen Armee erlaubte, kurdische Partisanen über die Grenze hinweg auch auf irakischem Territorium zu verfolgen. Dieses Abkommen war nach 1988 nicht mehr verlängert worden, aber es funktioniert in der Praxis bis zum heutigen Tag.

Kurioserweise ist es Kuweit gewesen, das sich angesichts der knisternden Spannungen zwischen Bagdad und Ankara als Vermittler anbot. Wenige Monate, bevor Saddam Hussein die irakischen Truppen zur Okkupation Kuweits in Marsch setzte, vermittelte Kuweits Außenminister Sheikh Sabah al-Ahmad al-Sabah zwischen beiden Seiten. Denn, so sagte er, der Streit »besorgt uns. Wir möchten, daß die Beziehungen arabischer Staaten zu ihren Freunden und Nachbarn fest sind und auf Zusammenarbeit und gegenseitigem Respekt beruhen«. Das waren einigermaßen altmodische Kategorien, die da ins Feld geführt wurden. Einige Monate später war, wie gesagt, Kuweits Außenminister im Exil, es brannten seine Ölquellen, die Türkei trat der Anti-Saddam-Koalition bei, die Luftwaffenstützpunkte in Ost-Anatolien waren Ausgangspunkt für die mörderischen Angriffe der US-Luftwaffe gegen irakische Städte. Aber als das vorbei war, als Saddams Truppen am Oberlauf des Tigris, in den Bergen des Nordens die Kurden jagten, ließ man sie gewähren. Und es dauerte nicht mehr lange, da verfolgte die türkische Armee wieder gemäß den 1984 geschlossenen und 1988 abgelaufenen Abkommen die »eigenen« Kurden auf irakischem Boden. Vom Wasser war zwischen beiden Staaten vorübergehend keine Rede.

Ende Januar 1990 hatten in Ankara der türkische Minister für öffentliche Arbeiten, der irakische Landwirtschaftsminister und der syrische Bewässerungsminister miteinander verhandelt. Es waren – wie vorherzusehen – Gespräche ohne Resultat. Der Türkei war nichts anderes eingefallen, als ein Dreierkomitee vorzuschlagen. Wissenschaftler aus den drei Staaten sollen die Wasserressourcen und den Wasserbedarf im Euphrat-Becken erforschen. Das Resultat der Erkundigungen nahmen die Türken mit einigen Forderungen gleich vorweg. Syrien müsse sein System der offenen Bewässerungskanäle durch eine modernere Technik ersetzen; zuviel Wasser gehe durch Verdunstung verloren. Euphrat und Tigris sollten nach türkischer Ansicht im Irak zu einem großen Staubecken zusammengefaßt werden. Nach dieser »Modernisierung«, so die Herren aus Ankara weiter, werde man feststellen, daß das ganze Wasserproblem »künstlich« sei. Da fanden sich die beiden feindlichen Brüder dann doch bereit, wenigstens miteinander einen Kompromiß auszuhandeln. Damaskus und Bagdad schlossen im Sommer 1990 ein Abkommen: Syrien solle 42 Prozent, der Irak 58 Prozent des aus der Türkei kommenden Euphrat-Wassers erhalten.

Aber wieviel Wasser wird kommen? 500 Kubikmeter pro Sekunde hat Türgut Özal 1987 den Syrern versprochen. Wird man sich daran halten?

Noch fließt der Euphrat. Wieder. Sind es technische Probleme gewesen, die die Türkei bewogen haben, die Schleusen wieder zu öffnen? Nachdem der Aufstau des Atatürk-Sees begonnen hatte, stellte man fest, daß der Damm nicht dicht hält. Poröses Gestein an der Dammsohle läßt angeblich Wasser durchsickern, und jetzt werde nach einem Weg gesucht, wie der Fold abgedichtet werden kann. Dr. Toktamis Ates, Professor für internationale Beziehungen an der Univorsität Istanbul, hat gesagt, die Türkei sei sich bewußt, daß Wasser eine Waffe werden kann. Ankara habe es aber noch nie als Waffe eingesetzt.

Muß es zum Einsatz kommen?

Anfang April 1992 fanden heftige Kämpfe in Ost-Anatolien statt, zwischen der türkischen Armee und den Guerrillas der kurdischen PKK. Aus Ankara erging am 8. April eine »letzte Warnung« an Syrien. Weshalb? Die PKK unterhielt ihre Ausbildungszentren in der Bekaa-Ebene im Libanon. Der Libanon und die Bekaa-Ebene aber werden seit bald einem Jahrzehnt von der syrischen Armee kontrolliert. Ohne stillschweigende Zustimmung aus Damaskus geht dort nichts. Die »letzte Warnung« wurde ein voller Erfolg. Am 17. April 1992 haben die Syrer der PKK befohlen, die Ausbildungslager im Libanon zu schließen und das Land zu verlassen. Zum ersten Mal bezeichneten bei dieser Gelegenheit hohe syrische Beamte die PKK als »terroristisch« und versprachen, dem türkischen Geheimdienst Listen mit den Namen der im Bekaa-Tal ausgebildeten kurdischen Kämpfer auszuhändigen.

Anfang August 1992 besuchte der türkische Außenminister Syrien und sagte zu, daß der Euphrat künftig 500 m^3 Wasser in jeder Sekunde über die Grenze bringen wird. »In Damaskus wurden die Wasser wärmer«, schrieb die türkische Zeitung »Cumhuriyet«.

Das war ein klarer Sieg im Wasserkrieg.

Man hört so gut wie niemals vom Orontes
Ist das die Folge »innerer Symmetrie«?

Es gebe, so eine Studie des amerikanischen Armee-Geheimdienstes aus dem Jahre 1984, einen Faktor, der zur »Stabilität beitragen würde, selbst wenn die libanesischen und türkischen Interessen am Orontes größer wären«. Es bestehe nämlich eine »innere Symmetrie« zwischen den Positionen der drei Anrainerstaaten als Flußanlieger und ihren Positionen hinsichtlich militärischer Stärke. Der an der Quelle gelegene Libanon sei militärisch am schwächsten, die Türkei an der Mündung hingegen am stärksten, dadurch gerate alles in die rechte Balance. Im Grunde sei keinerlei Potential für einen Konflikt über den Orontes vorhanden.

Richtig ist, man liest und hört von den Auseinandersetzungen um den Euphrat, Nil oder Jordan, nichts aber vom Orontes, dem 451 Kilometer langen Fluß, der von Süden nach Norden größtenteils parallel zum Mittelmeer verläuft. Der Orontes ist vor allem ein syrischer Fluß. Zwar entspringt er in der Nähe der berühmten Tempelruinen von Baalbek im Libanon, bezieht sein Wasser vor allem vom Libanon- und Antilibanon-Gebirge gleichermaßen, aber nach 35 Kilometern schon passiert er die Landesgrenze.

325 Kilometer lang ist sein Lauf in Syrien. Zunächst fließt er dort in den Hama-See, ein 60 Quadratkilometer großes Gewässer, aus dem die Stadt Homs ihr Trinkwasser bezieht und aus dem sich die Landwirtschaft zur Bewässerung bedient.

Wahrscheinlich gibt es den See seit dem 2. Jahrtausend v.Chr., seit nämlich am Nordende ein zwei Kilometer langer Staudamm aus behauenen Steinen errichtet wurde. Der arabische Gelehrte Abul Fida (1273–1331) glaubte, Alexander der Große sei der Bauherr gewesen; der griechische Historiker Strabo (63 v.Chr.–20 n.Chr.) schrieb ihn den alten Ägyptern zu und der Talmud meint, der römische Kaiser Diokletian

(284–305) habe ihn orrichten lassen. Weit gefehlt, der Bau ist älter. So alt ist der See, daß die Umfassungsmauer, die die Insel Rell et-Tin mitten im See umgibt, wahrscheinlich auf die Hethither zurückgeht.

Natürlich ist der Damm in den letzten dreitausend Jahren immer mal wieder erneuert worden, zuletzt in den 50er Jahren, als man das Stauvolumen des Sees auf 200 Millionen Kubikmeter erhöhte, so daß 20.000 Hektar um Homs und Hama bewässert werden können. Dazu grub man gleich noch einen 60 Kilometer langen Zuleitungskanal.

In einer Schleife windet sich dann der Orontes von Homs auf Hama zu, eine der großen Städte Syriens, einen bereits in der Jungsteinzeit besiedelten Platz. Jahrtausende reicht hier die erkundete Geschichte zurück. Vor 3000 Jahren war Hamath für zweihundert Jahre die Haupstadt eines syrisch-hethitischen Königreiches. Für Touristen von besonderem Reiz, als Fotomotiv beliebt sind in Hama die Norias, haushohe hölzerne Wasserräder, mit denen das Oronteswasser gehoben und in Aquädukte geleitet werden kann. Nach römischen und byzantinischen Vorbildern sind diese steinernen Wasserleitungen hier im 16. Jahrhundert gebaut worden. Teilweise erfüllen die Norias noch heute ihren Zweck. Aber sie konnten das Wasser nicht auf die Höhe der umliegenden Hügel bringen, und so waren der Ausdehnung von Hama Grenzen gesetzt.

Hinter Hama wendet sich der Orontes nach Westen, frißt sich durch die Canyons von Cheizar und tritt dann in das breite, flache Ghab-Tal ein.

Das Ghab ist altes Kulturgebiet, umfassende Be- und Entwässerungssysteme gab es hier schon unter den Seleukiden im 2. Jahrtausend v.Chr. und im Mittelalter. Dann verfielen die Anlagen, das Gebiet versumpfte, Malaria breitete sich aus und schließlich konnte man hier nur noch Rindvieh weiden und Fische fangen.

Heute nimmt in Cheizar das Ghab-Bewässerungsprojekt seinen Anfang. Es sind zahlreiche Staudämme gebaut worden, mit deren Hilfe die Unregelmäßigkeiten der Wasserführung reguliert werden konnten. Begonnen wurde damit, genau wie am Homs-See, bereits in den 30er Jahren. 1951 hat dann die syrische Regierung die Ghab-Projekt-Organisation gegründet, eine niederländische Gesellschaft übernahm die Planung, und zwischen 1955 und 1967 wurden die wichtigsten Bauvorhaben durchgeführt.

Insgesamt handelt es sich um 140.000 Hektar. Zwei Dämme in Rastan (mit 25 Millionen Kubikmetern) und Hilfaya-Mehardeh (65 Millionen Kubikmeter) sowie zwei Drainagekanäle, die das ganze Ghab durchziehen, wurden 1961 fertiggestellt. Die Arbeiten waren damit nicht abgeschlossen. So soll ein Damm den Nebenfluß Sarout zurückstauen, der im Winter besonders starkes Hochwasser führt, das im Sommer sehr erwünscht wäre.

Obwohl die Bedeutung des Ghab-Projekts für Syrien weit hinter der des Tabqa-Damms zurückbleibt, hat es die Regierung in Damaskus stets als eine Art Vorzeigeprojekt benutzt. Seit 1952 ist die Bevölkerungszahl in der Ebene von 30.000 auf 150.000 gestiegen, nicht so sehr als Resultat eines natürlichen Zuwachses, sondern auch im Ergebnis systematischer Neuansiedlung im Gefolge der Bodenreform. Anfang der 60er Jahre wurden 11.000 Hektar bewässerten Bodens enteignet und an landlose Bauern verteilt. Der schon zitierte amerikanische Geheimdienstbericht formulierte dazu diese bemerkenswerte Feststellung: »Die Regierung beabsichtigt in der Ghab-Region die zwei traditionellen Gestalten des syrischen Landes zu beseitigen: den abwesenden Grundbesitzer und den verarmten Bauern. An ihrer Stelle will sie eine neue ländliche Gesellschaft aufbauen: egalitär, wissenschaftlich, wohlhabend.«

Hinter der Ghab-Ebene frißt sich der Orontes durch Basaltberge und wendet sich dann in einer großen Kurve erst nach Westen, dann nach Südwesten, vorbei an den Kurd-Dagh-Bergen im Norden und dem Alawiten-Gebirge im Süden strömt er ins Mittelmeer. Auf 40 Kilometern Länge bildet er die Grenze zwischen Syrien und der Türkei, eine nicht unumstrittene Grenze.

Nördlich des Flusses liegt das alte Alexandrette, die einstige Hauptstadt des gleichnamigen Sandschak (Verwaltungsbezirks). Nach dem Ende des Ersten Weltkrieges war Alexandrette unter französische Verwaltung gestellt worden, dem Mandatsgebiet Syrien zugehörig. In dem Gerangel um Bundesgenossen vor dem Ausbruch des Zweiten Weltkrieges willigte die Türkei in einen Bündnisvertrag mit Großbritannien und Frankreich ein. Als Belohnung gewissermaßen übergaben die Franzosen der Regierung in Ankara den Sandschak. Syrien hat diese einseitige Grenzverschiebung nie anerkannt.

Wenn nun die Türkei unlängst vorgeschlagen hat, den Orontes in die Verhandlungen mit Syrien über die Aufteilung des Euphrat-Wassers einzubeziehen, so sicherlich in der Absicht, auf dem Umweg über ein formelles Abkommen zum Orontes-Wasser die förmliche, rechtliche Anerkennung der Abtretung des Sandschak von Alexandrette an die Türkei zu erlangen. Damaskus scheint dazu keineswegs bereit zu sein. Aber in der Alexandrette-Frage können die Syrer natürlich nicht auftrumpfen. Schließlich könnten ihnen die Türken dann am Euphrat den Hahn zudrehen.

Sicherlich gibt es viele Gründe, weshalb Syrien bemüht ist, die Kontrolle über die Republik Libanon zu behalten – die Kontrolle über die Orontes-Quelle wird gewiß einer davon sein.

Man muß sich an den Sommer 1982 erinnern, als die Armee Israels weit nach Norden vorstieß und schließlich Beirut besetzte. Damals standen die israelischen Truppen nur 75 Kilometer vor Ain Zerqa, der Hauptquelle des Orontes. Der im September 1982 nach nur wenigen Amtswochen ermordete libanesische Präsident Bechir Gemayel hatte als eine seiner ersten Amtshandlungen eine Studie über den Orontes in Auftrag gegeben. Er wußte, daß es bei Verhandlungen über einen angestrebten syrischen Rückzug aus dem Libanon auch um diesen Fluß gehen würde.

Der Litani
Als einziger Fluß der Region fließt er nur in einem
Land – Von Nachbarn begehrlich betrachtet

»Äußerlich,« so schrieb 1984 der amerikanische Armee-Geheimdienst DIA in einer Studie, »ist der Litani-Fluß problemlos. Es gibt nur einen anliegenden Nutzer, und gegenwärtig führt der Fluß genügend Wasser, um die Bedürfnisse dieses Nutzers zu befriedigen. Die Zukunft wird jedoch vielleicht nicht so beruhigend sein.«

Schlechte Aussichten also für den Litani?

Es ist schon eine vertrackte Geographie um diesen Fluß. Er entspringt bei Baalbek, nur wenige Kilometer von der Orontes-Quelle entfernt, wendet sich aber nicht wie dieser nach Norden, sondern nach Süden. Zwischen Libanon- und Antilibanon-Gebirge durchfließt er das Bekaa-Tal, bis er in eine Schlucht zwischen dem Hermon-Massiv – wo wiederum die Jordan-Zuflüsse entspringen – und dem Libanon-Gebirge gerät. Dann aber macht er eine scharfe Wendung nach rechts und frißt sich durch die Berge zum Mittelmeer hin. Der Litani fließt durch eine Region, in der mehr Regen fällt, als sonstwo im Vorderen Orient, kurzum, er ist ein wasserreicher Fluß, 700 Millionen Kubikmeter führt er jährlich. Und, so wird allgemein hervorgehoben, das Wasser ist von ausgezeichneter Qualität.

Liest man die dickleibigen Folianten mit den gesammelten Dokumenten zur britischen Außenpolitik, stößt man in dem Protokollband der Londoner Konferenz über einen Friedensvertrag mit der Türkei (sie fand im Februar/März 1920 statt) auf ein bemerkenswertes Zeugnis für die Ignoranz führender Politiker. Die künftige Grenzziehung im Nahen Osten im Gefolge der Liquidation des Osmanischen Reiches wurde diskutiert, die Konstituierung von Kolonien, Halbkolonien, Mandatsgebieten. Da fiel aus dem Munde des britischen Premiers Lloyd George das Wort von den »Quellen des Hebron« – nein, natürlich war nicht das biblische Hebron südlich von Jerusalem gemeint, sondern der Hermon-Berg, aber schon setzte sein französischer Kollege nach, indem er auf den »Litani-Berg« verwies.

Das Vergnügen über derlei allerhöchste Ausrutscher mal beiseite gelassen, über die Wasser des Litani wurde auf den Konferenzen nach Ende des Ersten Weltkrieges in der Tat wieder und wieder debattiert.

Die Zionistische Weltorganisation, vertreten durch ihren Präsidenten Chaim Weizmann (den nachmaligen ersten Staatspräsidenten Israels), hatte den Vorschlag gemacht, die künftige Nordgrenze Palästinas solle etwa bei der libanesischen Stadt Sidon verlaufen, und auf diese Weise sollten große Teile des Litani eben zu Palästina gehören. Die Zionistische Organisation wurde bei den Konferenzen angehört, weil Großbritannien ihr in der berühmt-berüchtigten Balfour-Deklaration vom 2. November 1917 die Zusage zur Errichtung eines »Jüdischen Nationalheims« in dem vornehmlich von Arabern bewohnten Palästina gemacht hatte. Chaim Weizmann und seine Kollegen forderten also Zugang zum Litani.

So gibt es aus den Jahren 1919 und 1920 eine Vielzahl Dokumente, die sich mit dem libanesischen Fluß befassen. Der britische Politiker Sir Herbert Samuel, später britischer Hochkommissar in Palästina, schrieb beispielsweise am 5. Juni 1919 aus dem Konferenzort Paris seiner Regierung: »Der Erfolg des ganzen Plans für die Zukunft Palästinas hängt davon ab, in welchem Umfang das Land jüdische Einwanderer aufnehmen kann, und das hängt von der Entwicklung sowohl von Industrie wie von Landwirtschaft ab ... Beides hat den Zugang zu Wasserkraft und Wasserversorgung zur Bedingung, und für diesen Zugang ist die jetzt » – von Weizmann – «vorgeschlagene nördliche Grenze unerläßlich.«

Es war die französische Regierung, die das Mandat über Syrien und den Libanon übernehmen sollte (während Großbritannien Mandatar für Palästina wurde) und die deshalb diesen Grenzwünschen widersprach.

Weizmann insistierte immer wieder. Am 30. Oktober schrieb er an den britischen Minister Earl Curzon: »Die jetzt von den Franzosen vorgeschlagene Regelung würde nicht nur Palästina von jeglichem Zugang zum Litani abschneiden ... Euer Lordschaft, dessen bin ich sicher, versteht die enorme Wichtigkeit des Litani für Palästina ...«

Die Konferenzen, die die »Neuordnung« des Nahen Ostens erst einmal festschrieben, entschieden anders. Wie es der historischen und geographischen Realität entsprach, blieb der Litani beim Libanon. So ist er bis heute der einzige größere Fluß der Region, der ausschließlich in einem einzigen Land fließt.

Zunächst einmal war es dann auch still um den Litani. Die französische Mandatsregierung hatte zwar um ihn gerungen, aber nun ignorierte sie ihn. Die Regierungen des 1943 unabhängig gewordenen Libanon begnügten sich zunächst mit einigen kleinen Bewässerungsprojekten. Erst mit dem Jahr 1948 begannen sich die Dinge zu ändern. Die Gründung des Staates Israel und der erste arabisch-israelische Krieg brachten den plötzlichen Zustrom palästinensischer Flüchtlinge auch in den Libanon, die unterzubringen und zu versorgen waren. Auch zeichnete sich ein kräftiges Bevölkerungswachstum ab, eine rasche Steigerung der landwirtschaftlichen Produktion (auch für den Export) und schnelle Industrialisierung erwiesen sich als notwendig. Daß dabei der Litani als größter Fluß des Landes ins Blickfeld geriet, ist nur allzu logisch. 1950 begannen erste Studien, mit denen man eine USA-Wasserbehörde beauftragte, 1954 wurde die Litani River Authority gegründet.

Die wichtigste Frage, der man sich stellte, lautete: Sollte die Bewässerung oder die Erzeugung von Elektroenergie Vorrang erhalten? Man entschied sich für die Elektrizität.

Das Projekt, auszuführen in drei Etappen, sah so aus: Errichtung eines Staudamms und eines Stausees bei Qaraaun mit einer Kapazität von 220 Millionen Kubikmeter; Bau des Markaba-Tunnels unterhalb des Dammes vom Litani durch das Libanon-Gebirge zum Awali, einem Flüßchen, das im Libanon-Gebirge entspringt und ins Mittelmeer mündet. Dadurch würde der Awali hinsichtlich der Wasserführung zum größten Fluß des Landes. Es würde zwei Kraftwerke geben, die in einer ersten Phase 336 Millionen Kilowattstunden jährlich liefern könnten. Angesichts des libanesischen Gesamtverbrauchs von 80 Millionen Kilowattstunden im Jahre 1948 erschien das ungeheuer viel zu sein. Es sollte sich aber bald herausstellen, daß der Verbrauch rasend stieg und alle Voraussagen über den Haufen warf – schon 1964 wurden 900 Millionen Kilowattstunden verbraucht. Außerdem sollten in einer zweiten Phase des Projekts im Bekaa-Tal 26.000 Hektar und in der Küstenebene 47.000 Hektar Land bewässert werden.

Ende der 50er Jahre hatten die Arbeiten am Litani-Projekt begonnen. Es gab verzögernde Schwierigkeiten. Die Berechnung der Wirkung möglicher Erdbeben erzwang, daß ein Teil des Betondammes wieder eingerissen und durch einen Schüttdamm ersetzt werden mußte. Die Abmessungen des Markaba-Tunnels mußten ebenfalls mehrfach geändert werden, aber dann war schließlich das Vorhaben erst einmal fertiggestellt.

Daß aber damit die Probleme überhaupt erst begannen, hängt zunächst mit der komplizierten Gesellschaftsstruktur der Republik Libanon zusammen. Das Zusammenleben eines Dutzends verschiedener Religionsgemeinschaften, von christlichen Maroniten, sunnitischen und schiitischen Moslems, von Drusen, Griechisch-Orthodoxen, Griechisch-Katholischen, Armenisch-Orthodoxen und, und, und wurde in dem Augenblick kompliziert, als sich tiefere soziale und politische Gräben zwischen ihnen auftaten. Die Maroniten, ursprünglich die Mehrheit im Lande, besetzten die Spitze der gesellschaftlichen Pyramide auch dann noch, als sie zur Minderheit geworden waren. Die Schiiten, vor allem im Südlibanon zu Hause, blieben die Ärmsten und wurden zur stärksten Gruppe, die größere Teilhabe an Macht und Wohlstand verlangte.

Auch die Wasserverteilung am Litani verstärkte die Interessengegensätze. Warum erhielten die Schiiten in der Bekaa weniger Wasser als die Sunniten am Awali-Unterlauf? Weshalb verkaufte das maronitische Establishment 100 Millionen Kilowattstunden Elektroenergie nach Syrien, wo doch im Südlibanon Stromsperren eingeführt werden mußten, als der überaus trockene Sommer von 1973 den Wasserspiegel des

Qaraaun-Sees absinken ließ? Es gab im August 1973 heftige Demonstrationen im Süden gegen die staatlichen Appelle zum scharfen Stromsparen. Und dann verbreitete sich 1974 auch noch das Gerücht, man wolle noch mehr Wasser aus dem Litani ableiten, um auf diese Weise die Wasserknappheit in Beirut zu beheben.

Hier ist nicht der Platz, jenes tragische Jahrzehnt nachzuzeichnen, in dem sich die verschärfenden sozialen Spannungen (verschärft noch zusätzlich durch die bewaffnete Präsenz der palästinensischen Widerstandsbewegung in Beirut und im Südlibanon) sich ein Ventil suchten. Zehn Jahre Bürgerkrieg haben das Land jedenfalls so ruiniert, daß die dritte Etappe des Litani-Projekts nicht mehr fertig gestellt werden konnte. In ihr sollte ein Damm bei Marjayoun gebaut werden, um die Bewässerung des Südens zu verbessern.

Dennoch sollte der Litani aber bald wieder in die Schlagzeilen rutschen. Die Schatten von 1919 und 1920 fielen auf das libanesisch-israelische Grenzgebiet. Man entsann sich jenes alten Hinweises, die Litani-Wasser seien für Israel lebenswichtig. Hatten nicht in den 60er Jahren Israels Ministerpräsident Levi Eschkol und Verteidigungsminister Moshe Dayan gesagt, Israels Nordgrenze sei »unbefriedigend«. Betrachteten nicht alle israelischen hydrologischen Gutachten, Pläne und Projekte den Litani als Teil des Jordan-Beckens, weil er angeblich kein eigenständiges Flußsystem sei.

Gab es nicht die (nie wiederlegte) Behauptung, die USA hätten Anfang der 70er Jahre die Finanzierung eines Plans blockiert, im Libanon einen weiteren Damm am Litani zur Bewässerung der Bekaa zu bauen.

Als im Frühjahr 1978 die israelische Armee die libanesische Grenze überschritt und in einer Blitzaktion nach Norden vordrang, wurde dieser Angriff als Vergeltung für einen angeblichen Terroranschlag palästinensischer Guerrillas gerechtfertigt; der Vorbeugung gegen weiteren Terrorismus diene er, hieß es. Aber offiziell trug die Aktion dennoch den Namen »Operation Litani«, und das weckte Verdacht und Ängste. Es wurde nun auch von Landverkäufen und -käufen durch Ausländer im Südlibanon berichtet. Der libanesische (christliche)

Major Saad Haddad gründete eine »Südlibanesische Armee« (seit Haddads Tod wird sie von General Antoine Lahad kommandiert). Sie erhielt Geld und Ausrüstung aus Israel und besetzte einen zehn bis fünfzehn Kilometer breiten Streifen entlang der libanesischen Südgrenze, ein Gebiet, das die Medien seither als die »von Israel beanspruchte Sicherheitszone« bezeichnen.

Der UNIFIL, der UNO-Truppe, die nach dem Angriff von 1978 in den Libanon entsandt wurde, verweigerten die Haddad-Milizen an einer Stelle des Südlibanon die dort vorgesehene Stationierung – es war jener Punkt zwischen Marjayoun und Taibeh, wo es die geringste Entfernung zwischen der israelischen Grenze und dem Litani gibt, die mögliche Stelle eine Ableitung also?

Ein gleicher Verdacht kam sofort im Juni 1982 auf, als die Armee Israels erneut über den Libanon herfiel, diesmal bis Beirut vorrückte und weite Teile des Landes – einschließlich des Qaraaun-Sees – für ein Jahr besetzte. Diesmal hieß die Operation »Frieden für Galiläa«. Und sie stand unter dem Kommando des Verteidigungsministers Ariel Sharon, der in Israel als »Wasser-Falke« gilt, und der mehrfach in aller Öffentlichkeit davon sprach, wie Röhren zur Ableitung des Litani angeliefert wurden. Erdarbeiten hätten begonnen.

Aus Israel kamen indessen heftige Dementis. Einmal sei die Sache ja nur dann sinnvoll, wenn Israel das gesamte Bekaa-Tal auf Dauer erobern würde, hieß es. Denn sonst könnten Libanesen oder Syrer den Fluß schon in Quellnähe ableiten. Sodann stünde angesichts der Awali-Ableitung nicht genügend Wasser für eine Anzapfung, die sich rechnet, zur Verfügung.

Wie dem auch sei – geschehen ist offenbar nichts. Dabei steht außer Frage, daß das Litani-Wasser in regelmäßigen Abständen Gegenstand von Erörterungen in Israel ist. Unbestritten blieb, daß die israelische Armee während der Invasion von 1982 die gesamte technische Dokumentation der libanesischen Litani River Authority erbeutet hat, eine »legitime militärische Geheimdienstsache«, meinte Israels Wissenschaftsminister Yuval Ne'eman.

Sybillinisch schlußfolgerte jedenfalls der US-Armee-Geheimdienst in seiner schon zitierten Studie: »Israel ist weiterhin an möglichem Wasser von Litani interessiert und wird äußerste Maßnahmen ergreifen, sollten irgendwelche libanesischen oder syrischen Aktionen die Möglichkeit künftiger israelischer Nutzung beeinträchtigen.«

1 – Tiberias See
2 – Totes Meer
3 – King Talal-Damm
4 – Maqarin-Damm
5 – Geplante arabische
    Jordan-Ableitung
6 – Israels National
    Water Carrier
7 – Huleh-Ebene

(Die Grenzen entsprechen
den Waffenstillstandslinien
von 1949)

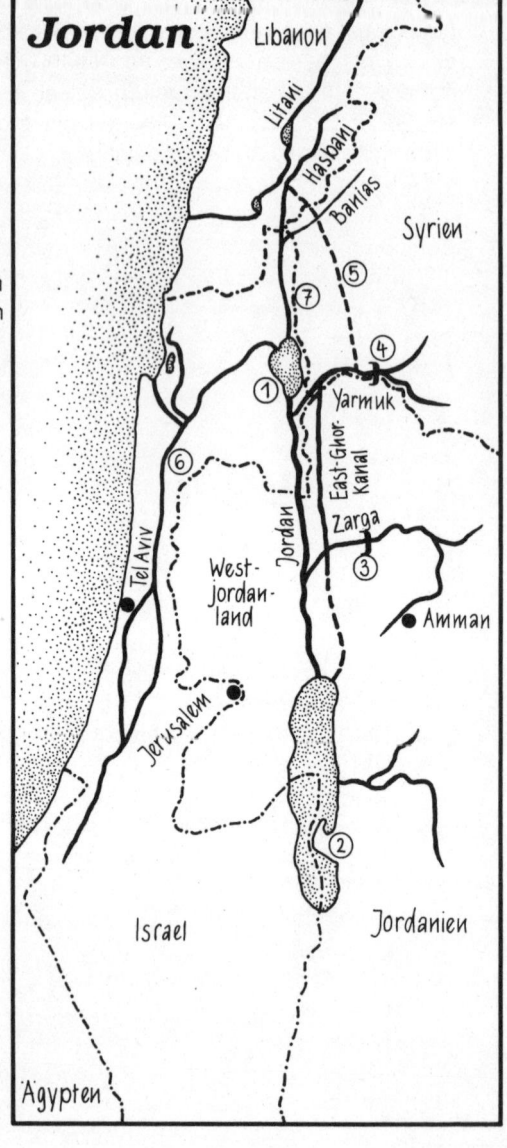

Der Streit um das Wasser des Jordan
Wo Jesus getauft wurde und Petrus fischte

Inmitten grüner, üppiger Felder liegt Mewo Horon. Hier haben jüdische Siedler ihre Häuser inmitten einer arabischen Umwelt gebaut. Mewo Horon gehört zu den weit mehr als hundert jüdischen Dörfern, die seit 1967 im West-Jordanland, das die israelische Armee damals erobert hat, gebaut worden sind.

Mewo Horon und seine Bewohner haben vergleichsweise wenig Sorgen. Die Lebensqualität sei hier besonders groß, sagt man, die Regierung zahlt vielerlei Subventionen, und man hat – vor allen Dingen – auch genügend Wasser. Aus einem unterirdisch gespeisten Teich wird das Wasser auf die Felder gepumpt, hier scheint sich die Prophezeiung zu erfüllen, daß aus Wüste ein blühender Garten zu machen sei.

Unweit von Mewo Horon befindet sich das Dorf Beit Likja. Es besitzt keine Brunnen. Die palästinensischen Bauern sammeln im Winter das Regenwasser in Zisternen. Wenn es verbraucht ist, müssen sie Wasser kaufen, bei ihren neuen Nachbarn in Mewo Horon.

Nach 25 Jahren Okkupation des Westjordangebiets, des Gazastreifens und der Golan-Höhen ist neben den täglichen Belastungen, die eine militärische Besetzung mit sich bringt und die den Widerstand gegen die Besatzungsmacht herausgefordert haben, eine Erschwernis immer deutlicher geworden: Es geht hier nicht nur um den Besitz von Boden, sondern auch um den Zugang zum Wasser. Eine grobe Schätzung besagt, daß im Westjordanland 100.000 jüdische Siedler genau so viel Wasser verbrauchen, wie eine Million Palästinenser, die dort zu Hause sind. Die neu gebohrten Brunnen der Siedler sind im Schnitt sechsmal tiefer, als die arabischen Dorfbrunnen. Den Arabern aber verbietet die Militärverwaltung den Bau neuer und tieferer Brunnen.

So, wie der gegenwärtige Streit um Palästina immer sichtbevor zu einem Streit um Wasser wird, so ist hier schon seit dem Ende des vorigen Jahrhunderts das Wort Wasser immer im gleichen Atemzug mit den Begriffen Ansiedlung und Kolonisation genannt worden. Als Theodor Herzl 1895 in seiner Schrift »Der Judenstaat« die Vision des künftigen Israel beschrieb, war da erstaunlicherweise kein Platz für so profane Dinge wie Bewässerung oder Wasserversorgung. Aber als Herzl drei Jahre später, am 2. November 1898 in Palästina Wilhelm II. gegenübertrat, sagte der deutsche Kaiser in seiner großspurigen Art: »Das Land hat Platz für alle. Schaffen Sie nur Wasser und Schatten.«

Wo sollte man Wasser »schaffen«? Jede Idee war willkommen. Eintragung Theodor Herzls in sein Tagebuch, 30. Dezember 1902: »Heute zwischen Nacht und Morgen fiel mir ein: Vielleicht könnten wir das Wüstenland durch den Nil befruchten! Eine einfache Lösung zwar wegen des Suezkanals nicht möglich; man müßte es in Schiffshöhe (!?) hinüberpumpen oder in großer Tiefe unten durch. Letzteres schien mir das viel leichtere. Ein solcher Aqädukt könnte Millionen kosten und wäre noch nicht zu teuer bezahlt.«

Es ist schon merkwürdig genug, lange Zeit kam der Jordan in den Überlegungen der zionistischen Pioniere überhaupt nicht vor. Lag das am abschreckenden Toten Meer, in das der Fluß einmündet? Hatte es seinen Grund in den technischen Schwierigkeiten, die die extreme Lage des Jordans bereiten könnte?

Man wußte um die Mitte des vorigen Jahrhunderts überhaupt noch recht wenig über diesen Fluß, dem in Europa dank des Religionsunterrichts doch jeder mindestens dem Namen nach kennt. »Und Josua machte sich frühe auf; und sie zogen aus Sittim, und kamen an den Jordan, er und alle Kinder Israel, und blieben daselbst über Nacht, ehe sie hinüber zogen,« übersetzt Martin Luther. Es begann die Landnahme israelitischer Stämme in Kanaan, in Palästina. Der Prophet Elia bekundet, der Herr habe ihn an den Jordan gesandt, und dort nahm er seinen Mantel, »und wickelte ihn zusammen, und schlug ins Wasser; das teilte sich auf beiden Seiten, daß die beiden trocken hindurchgingen.«

Das muß nicht Legende sein. Unterhalb des Tiberias-Sees befindet sich ein toter Arm des Jordan, der im Jahre 1266 entstanden ist. Damals stürzte ein Stück des steilen, vom Fluß unterhöhlten Ufers ein und veränderte so den Flußlauf. Danach lag das untere Jordan-Tal für etwa zehn Stunden trocken! So hatten sich die Wasser »geteilt«.

Auch der aussätzige Naeman, der Feldhauptmann des Königs von Syrien, taufte sich auf Geheiß des Propheten im Jordan und wird auf diese Weise von seiner Krankheit geheilt. Heute schickt man die Hautkranken zur Kur ans Tote Meer!

Das Christentum mißt dem Jordan besondere Bedeutung bei. Jesus von Nazareth kommt an den Fluß, um sich von Johannes dem Täufer taufen zu lassen. Als Jesus aus dem Wasser steigt, »da öffnete sich der Himmel, und er sah den Geist Gottes wie eine Taube auf sich herabkommen.«

Die frühen Reisenden aus Europa, meist Pilger, hat denn auch am Jordan ausschließlich jene Stelle interessiert, an der die vom Neuen Testament überlieferte Taufe stattgefunden haben soll, und es gibt nicht nur ein Uferstück, das man mit der biblischen Geschichte in Verbindung bringt. Bericht eines deutschen evangelischen Pfarrers aus dem Jahre 1858: »Der Weg nach dem Jordan ... zu der Badestelle der Pilger und wo Johannes getauft haben soll, führt an ziemlich hohen Sandbergen vorbei. Diese dünenartige Hügelkette wird von den Arabern Katar haridsche, d.h. eine Reihe aneinander gehalfterte Kamele, genannt. Die Entfernung der beiden Badestellen beträgt eine Stunde. Da das Flußbett sehr tief und das Gesträuch in demselben (Schilf, Tamarinden, Weiden u. dergl.) sehr hoch ist, ist der Fluß, dessen Rauschen man hört, selbst vom Pferde aus erst weiter nördlich zu sehen. Sein Wasser ist gelb, weil auf dem Grunde toniger Schlamm ist, der durch den reißenden Lauf angezogen wird, dabei aber doch klar.«

Nach 1967 war die Taufstelle am unteren Jordan, unterhalb der König-Hussein-Brücke (früher hieß sie Allenby-Brücke), nicht mehr zugänglich: Demarkationslinie, militärisches Sperrgebiet.

Die Berichte von Besuchern im vorigen Jahrhundert beschränken sich zumeist auf die Beschreibung eines Jordan-Übergangs, damals stets durch eine Furt. Erst 1848 unternahm es die von der USA-Marine ausgerüstete Expedition von W.F. Lynch, den Jordan auf Strecken hinweg mit dem Boot zu befahren und den Fluß zu kartographieren. Der Jordan wird heute auf Arabisch »al-Urdun« genannt, früher bezeichnete man ihn jedoch als »asch-Scheriat«, »die Tränkstelle«, und dies gelegentlich mit dem Zusatz »al-Kebir« – »die große«. Das Tal, die am Unterlauf bis zu 12 Kilometer breite Ebene, trägt im Arabischen die Bezeichnung »al-Ghor«, ein Wort, mit dem ein tiefliegender Landstrich oder eine Ebene, gemeinhin zwischen zwei Bergen, bezeichnet wird.

Das Quellgebiet des Jordan befindet sich am Berg Hermon etwa 500 Meter über dem Meeresspiegel (der fast das ganze Jahr hindurch schneebedeckte Hermon, den die Araber Dschebel asch-Scheikh nennen, ist 2.814 Meter hoch). Von seinen Quellen aus fällt der Jordan bis zu seiner Mündung (bei 392 Metern unter dem Meeresspiegel, dem tiefsten Punkt der Erdoberfläche) um mehr als 900 Meter ab. Dabei beträgt die Länge des Flusses in Luftlinie überhaupt nur 200 Kilometer!

Drei Quellflüsse vereinigen sich zum Jordan, der Hasbani, der auf libanesischem Territorium entspringt, der Banias, der seinen Anfang in Syrien nimmt, und der Dan, der völlig auf israelischem Gebiet liegt. Der vereinigte Fluß ergoß sich in den Huleh-See, der seit 1959 von den Landkarten verschwunden ist, er wurde trockengelegt. Vom Huleh aus nimmt der Jordan seinen Weg durch eine fruchtbare und lange Zeit hindurch umstrittene Ebene. Hier befand sich eine Furt, die »Brücke der Töchter Jakobs«, bei der die Via Maris den Jordan überquerte, einer der wichtigen antiken Handelswege.

Wenig flußabwärts stürzt der Fluß zum 290 Meter tiefer gelegenen See Genezareth hinab, über Stromschnellen und durch Schluchten. Der See wird gemeinhin auch als Tiberias-See bezeichnet, auf Hebräisch nennt man ihn Kinnereth, auf Arabisch Bahr al-Tabarije. Am Südwestende verläßt der Jordan den See wieder, einige Kilometer weiter fließt ihm von Osten her der Yarmuk zu. Das Ghor ist erreicht, 105 Kilometer lang, mit einem Gefälle von 180 Metern, ein Bruchgraben aus dem frühen Diluvium vor etwa 600.000 Jahren, ursprünglich gefüllt mit einem brackichen Binnenmeer, dessen Überrest das Tote Meer ist.

Der amerikanische Theologe und Geograph Edward Robinson schrieb nach einer Reise im Jahre 1838: »Der Jordan tritt aus dem See Tiberias nahe bei seinem S.W. Winkel, wo noch Spuren von der Ortslage und den Mauern des alten Tarichaea sind. Der Fluß schlängelt sich anfangs sehr stark, und fließt gegen drei Stunden nahe bei den westlichen Bergen; dann wendet er sich zu den östlichen, an welcher Seite er seinen Lauf mehrere Stunden lang fortsetzt bis nach dem Distrikt, der den Namen Kurn el-Hemar, 'Esels-Horn' führt, zwei Stunden unter Beisan, wo er wieder nach der westlichen Seite des Tales zurückkehrt. Weiter abwärts folgt der Jordan mehr der Mitte des großen Tals, obwohl Jericho gegenüber und nach dem toten Meere zu sein Bett näher an den östlichen Gebirgen sich hinzieht ... Ein paar hundert Yards unterhalb des Punktes, wo der Jordan aus dem See hervorkommt, gibt es eine Furt, dicht bei den Ruinen einer römischen Brücke von zehn Bogen. Etwa zwei Stunden weiter abwärts sieht man die Ruinen einer anderen Brücke, Namens Jisr el-Mejami'a, bestehend aus einem Bogen im Mittelpunkt, mit kleinen übereinanderliegenden Bogen an den Seiten ...«

Römerbrücken, Furten, längst wurden moderne Brücken über den Jordan geschlagen – an eben jenen Stellen. Dort, wo der Jabbok in den Jordan mündet, befand sich die Damije-Furt, an der einst Gileaditer und Ephraimiten miteinander kämpften, und dort ist heute die Damija-Brücke. Eine andere berühmte Furt gab es an der Stelle der heutigen König-Hussein-Brücke. Einige Kilometer flußabwärts geht der Jordan dann allmählich in zwei sumpfige Arme über, das Tote Meer ist erreicht.

Die älteste Stadt der Welt

Die enge Senke unter brennendem orientalischem Himmel leidet im Sommer unter nur schwer erträglichen Temperaturen. Robinson notierte: »Das Klima zu Jericho ist äußerst heiß, und wird nach zwei oder drei Monaten ungesund und namentlich von schädlichem Einfluß für Fremde. Nach unsern Arabern ist oft ein einziger nächtlicher Aufenthalt hinreichend, jemanden fieberkrank zu machen. In der Tat, wenn ein Reisender nur die kurze Strecke von fünf oder sechs Stunden zwischen Jerusalem oder Jericho zurücklegt, so kommt er aus der reinen und gemäßigten Atmosphäre in die schwüle Hitze eines ägyptischen Klimas. Auch ist dies kein Wunder, wenn man bedenkt, daß der Kessel des toten Meeres und das Jordantal ... beinahe dreitausend Fuß niedriger als Jerusalem liegen.«

So ist das Ghor zwar stets landwirtschaftlich genutzt worden, die Bauern zogen es aber vor, ihre ständigen Wohnsitze möglichst außerhalb der Senke zu haben.

Es gab im unteren Jordantal überhaupt nur eine Siedlung von Bedeutung, das war Jericho, vielleicht die älteste Stadt der Welt, seit 1907 erst von deutschen Archäologen, dann seit 1930 von ihren englischen Kollegen erforscht. Man fand die Spuren einer Siedlung aus dem 8. Jahrtausend v.Chr., die von einer Mauer umgeben war. Spuren oftmaliger Zerstörung wurden sichtbar, Skelette, Tonmasken und Töpferwaren gefunden. Die britische Archäologin Kathleen Kenyon, die 1958 unweit einer alten, ständig Wasser führenden Quelle, einen gewaltigen Steinturm, Teil der Befestigungsanlage, freilegte, resumierte: »Die Nachfahren jener Jäger, die ein Heiligtum an der Quelle errichtet hatten, haben erstaunliche Fortschritte erzielt. In einem Zeitraum, der ungefähr tausend Jahre umfaßte, haben sie den gesamten Übergang von der nomadischen zur seßhaften Lebensform vollzogen und, wie die imposanten Wehranlagen bezeugen, ein differenziertes Gemeinwesen mit einer gut funktionierenden kommunalen Organisation aufgebaut.«

Archäologisch ist übrigens erwiesen, daß Jericho zu jener

Zeit, als die israelitischen Stämme auf dem Weg ins »gelobte Land« den Jordan überschritten, als Josua mit den berühmten Trompeten die Mauern zu Einsturz brachte, nicht besiedelt war, in Trümmern lag. Da schmückte sich wohl der Feldherr mit fremden Federn.

Bei aller Fruchtbarkeit und bei allem Wasserreichtum war Jericho – ar-Riha, wie die Araber die Stadt nennen – wenig anziehend. Der mittelalterliche Geograph al-Mukaddasi jedenfalls meinte, ar-Riha sei »die Stadt der Riesen, die im Koran erwähnt sind, und darinnen sieht man das Tor, von dem Allah zu den Kindern Israels sprach. Dort wächst viel Indigo und viele Palmen, und die Stadt besitzt Dörfer im Ghor, deren Felder von Quellen bewässert werden. Die Hitze in ar-Riha ist außerordentlich. Schlangen und Skorpione sind zahlreich ... Die Leute sind braunhäutig und schwärzlich. Andererseits hält man das Wasser von ar-Riha für das leichteste und beste im ganzen Islam. Bananen gibt es reichlich, auch Datteln und Blumen von wohlriechendem Duft.«

Kolonisation und Besiedelung Palästinas würden wesentlich von der Nutzung der Wasservorkommen abhängen, das war den Forschern des vorigen Jahrhunderts klar. Angesichts der begrenzten technischen Möglichkeiten jener Zeit konzentrierte sich das Interesse erst einmal auf die Jordan-Senke. Noch einmal ist Edward Robinson zu zitieren: »Diese ausgedehnte Ebene ist ... zum Teil Wüste, aber größtenteils so beschaffen, daß sie, zumal bei dem Überfluß an Wasser und der Hitze des Klimas, im höchsten Grade ergiebig gemacht werden kann. In der Tat ist ihre Fruchtbarkeit in früherer Zeit oft gepriesen worden. Josephus unterläßt es selten, so oft er nur Gelegenheit hat Jericho zu erwähnen, in Lobeserhebungen der Segensfülle und Ergiebigkeit seiner Umgebungen auszubrechen. Er nennt diesen Landstrich den fruchtbarsten in Judäa ... und sagt, wo die Rede von der Quelle ist, daß sie einen siebenzig Stadien langen und zwanzig Stadien breiten, mit schönen Gärten und Wäldern verschiedenartiger Palmen bedeckten Landstrich bewässere. Die heil. Schrift nennt Jericho die 'Palmenstadt', und Josephus beschreibt überall diese anmutigen Bäume hierselbst als reichlich vorhanden und oohr groß, und selbst längs den Ufern des Jordan wachsend. Die Gegend brachte auch Honig, Opobalsam, die Cypor Blume oder al-Henna und Myrobalanum, wie auch die gewöhnlicheren Früchte in reichlichem Überfluß hervor. Der Maulbeerfeigenbaum wuchs hier gleichfalls, wie wir aus der Schrift ersehen.«

Robinson machte besonders auf die Möglichkeit aufmerksam, Zuckerrohr anzubauen. Bereits die Chronisten der Kreuzzüge hätten von großen Zuckerrohrpflanzungen in Palästina berichtet, und Jacob de Vitriaco nannte in diesem Zusammenhang besonders die Jordan-Ebene, »wo die vielen Einsiedler dieser Gegend zum Teil davon lebten, indem sie den Saft für den wilden Honig ihres Vorläufers Johannes des Täufers hielten«.

Strom vom See Genezareth

Die von den frühen Zionisten seit 1882 begonnene jüdische Ansiedlung in Palästina begnügte sich zunächst mit einer Feldwirtschaft, wie sie die arabische Bevölkerung betrieb. In der Küstenebene und in den Tälern des Berglandes gaben die Brunnen genügend Wasser für den Gemüseanbau; Getreide und Oliven kamen mit dem Winterregen und dem nächtlichen Tau aus. Erst bei einer Ansiedlungspolitik großen Stils, dem Aufbau landwirtschaftlicher Großbetriebe und einer Industrie stellte sich die Wasserfrage anders und neu. Das wurde mit dem 2. November 1917 akut, mit der Balfour-Deklaration, mit dem Beginn des Aufbaus eines »Jüdischen Nationalheims« unter britischem Mandat.

Im Zusammenhang mit dem Litani wurde schon darauf verwiesen, welche große Bedeutung einer künftigen Grenzziehung im Nahen Osten durch die alliierten Nachkriegskonferenzen wegen der Wasservorräte beigemessen wurde. Der französische Vertreter Berthelot erklärte am 17. Februar 1920 auf der Londoner Konferenz, man habe schon begriffen, daß die jüdischen Organisationen besonderes Interesse an der Frage der Wasserversorgung hätten, Frankreich sei durchaus für eine Regelung »die den Zionisten ausreichend Wasser für Bewässerungszwecke gibt«. Aber der Litani käme da nicht in Frage, und auch die zionistische Forderung »nach Annexion des Yarmuk-Flusses« müsse man zurückweisen.

Lloyd George, der britische Premier, antwortete, »daß die Wasser Palästinas lebenswichtig für seine Existenz sind. Ohne diese Wasser wäre Palästina eine Wildnis; und alle Juden sind einmütig der Meinung, daß die Quellen des Jordan lebensnotwendig für die Existenz des Landes sind«. Überdies, so fuhr Lloyd George fort, wären »die gleichen Wasser für jemand, der Syrien hält, nutzlos. Sie würden im Endeffekt nur als Tauschobjekt oder zum Zwecke der Erreichung von Konzessionen von Palästina benutzt werden.« Deshalb baten die Engländer die Franzosen einer Einbeziehung aller Jordan-Quellen in das Mandatsgebiet Palästina zuzustimmen.

Man hat noch lange um diese Grenze gerangelt, immer des Wassers wegen. Am 30. September 1920 schrieb Earl Curzon an den britischen Verhandlungsführer in Paris, der gerade vorgelegte Vorschlag Frankreichs für das Mandat über Syrien belasse die Kontrolle des Litani und der Jordan-Quellen vollständig beim Gebiet des französischen Mandats. »Es ist klargeworden, daß die Franzosen keinerlei Grenzveränderung diskutieren würden, die ihre Kontrolle des Litani-Wassers berührt, und es ist deshalb richtiger, auf eine Veränderung zu drängen, die Palästina vollere Kontrolle über die Jordan-Quellen, speziell über den Yarmuk ... gibt.«

Man vermochte nicht, sich zu einigen. Also wurden die USA als Vermittler eingeschaltet. Die aber stimmten nicht der britischen Ansicht zu, vielmehr setzte sich die Forderung Frankreichs durch, die Nordgrenze Palästinas am Ufer des Tiberias-Sees verlaufen zu lassen.

Das große Interesse der zionistischen Bewegung am Jordan nach dem Ende des Ersten Weltkrieges galt sowohl der Bewässerung als auch der Erzeugung von Elektroenergie. Bereits 1920 wurde eine Untersuchung über die mögliche Nutzung von Jordan und Yarmuk angestellt. 1922 kam es zum Abschluß einer britisch-französischen Vereinbarung, die der Mandatoregierung in Palästina das Recht übertrug, Infrastrukturarbeiten für Bewässerungsprojekte auszuführen. Die bereits zunehmenden Spannungen zwischen Arabern und Juden in Palästina veranlaßten die Mandatsregierung jedoch, vorerst von solchen Arbeiten Abstand zu nehmen. So wurde auch nichts aus einem Plan des Ingenieurs Mavromatis von 1922 zur Melioration des Huleh-Gebiets, einer Bewässerung der umliegenden Region, der Ableitung des Yarmuk direkt in den Tiberias-See und dem Bau von zwei Bewässerungskanälen parallel zum Jordan-Unterlauf. Immerhin, Mavromatis Ideen haben spätere Projekte inspiriert.

Erst 1926 ist der erste große Schritt zur Nutzung des Jordan unternommen worden. Der britische Hochkommissar erteilte dem aus Rußland zugewanderten jüdischen Ingenieur Pinchas Rutenberg die Konzession, für siebzig Jahre Yarmuk und Jordan zur Erzeugung von Elektroenergie zu nutzen. Der Knackpunkt an dem Unternehmen war, daß der Hochkommissar zuvor einem christlichen Araber eben diese Konzession verweigert hatte. Das bestärkte die Palästinenser in ihrer Überzeugung, daß Großbritannien einseitig parteiisch für die Zionisten und gegen die arabische Majorität im Lande sei.

Die Rutenberg-Konzession, oder die – wie sie dann amtlich hieß – Palestine Electric Corporation Limited, baute zehn Kilometer südlich vom Tiberias-See ihr erstes Wasserkraftwerk; zwei Dämme über Jordan und Yarmuk, verbunden durch einen Kanal, schufen den nötigen Stauraum. Drei Turbinen mit einer Gesamtleistung von 72.000 Kilowatt wurden montiert und mit dem fast ganz Palästina umfassenden Stromnetz der Gesellschaft verbunden, in das auch zwei Wärmekraftwerke in Haifa und in Tel Aviv Energie einspeisten.

Es waren sowohl der Ärger um die Rutenberg-Konzession als auch die zunehmenden Spannungen und Auseinandersetzungen zwischen Juden und Arabern in Palästina, die schließlich verhinderten, daß man sich auf irgendeinen Plan zur besseren Ausnutzung der Wasservorräte einigen konnte. Der UNO-Teilungsplan vom 29. November 1947, der den Kämpfen zwischen den beiden Volksgruppen ein Ende setzen sollte und die Gründung zweier Staaten, eines jüdischen und eines arabischen vorsah, erwähnte das Wasserproblem nicht einmal. Doch das Ausklammern änderte nichts an den Schwierigkeiten und die künftigen Konflikte blieben programmiert.

1944 war ein amerikanischer Plan ausgearbeitet worden, der bereits mit Blick auf die Entwicklung nach dem Zweiten Weltkrieg davon ausging, man müsse Ressourcen für die Ansiedlung von vier Millionen jüdischer Flüchtlinge in Palästina schaffen, zusätzlich zu den im Lande lebenden 1,8 Millionen Palästinensern. Der Autor dieses Projekts, Lowdermilk, schlug vor, Jordan- und Litani-Wasser zur Bewässerung der Negev-Wüste zu nutzen, Mittelmeer und Totes Meer durch einen Kanal miteinander zu verbinden, den Yarmuk in den Tiberias-See abzuleiten und das Jordan-Tal zu nutzen – kurz, Vorschläge, die in dieser oder jener Form seither immer wieder aufgegriffen wurden. Ähnliche Ideen enthielt auch der Hays-Savage-Plan, 1948 im Auftrag der Zionistischen Weltorganisation ausgearbeitet.

Der junge Staat Israel, der am 14. Mai 1948 in Tel Aviv proklamiert worden war, verfügte zwar am Ende des ersten israelisch-arabischen Krieges von 1948/49 über ein Territorium, das beträchtlich größer war, als das, was ihm die Vereinten Nationen zugesprochen hatten (56,47 Prozent Palästinas laut UNO-Beschluß, 77 Prozent am Ende des Krieges). Aber einen großen Teil seines Gebiets nahm die Negev-Wüste ein, die wichtigsten Wasserzuflüsse lagen außerhalb seiner Grenzen und die Grundwasservorräte waren schon jetzt durch Übernutzung in Gefahr.

Die britische Mandatsregierung stellte 1945/46 in ihrem »Survey of Palestine« fest: »Im letzten Jahrzehnt gab es eine bemerkenswerte Verschlechterung in der Untergrundwasser-Situation in mindestens drei Regionen. In den Sanddünen Haifas, deren Süßwasser für die Eisenbahn-Dampfkessel und andere lebenswichtige Zwecke gebraucht wird, ist der Wasserspiegel um vier Meter gefallen, und der erreichte Minimalspiegel liegt 80 Zentimeter unterhalb des Meeresspiegels an einem nur zwölfhundert Meter vom Meer entfernten Punkt. Wenn die gegenwärtige Weise des Abpumpens unkontrolliert fortgesetzt wird, gibt es die reale Gefahr, daß durch das dadurch entstehende Vakuum Salzwasser angezogen wird. Ein ähnliches Desaster bedroht Teile von Tel Aviv. An Stellen, die 1.500 Meter vom Meer entfernt sind, ist das Grundwasser auf zwei Meter unterhalb des Meeresspiegels abgesunken. Zwei Brunnen sind bereits versalzen, ein Hinweis darauf, daß das Seewasser bereits eingedrungen ist ... In dem Dreieck, das von Lydda-Rehovot-Rishon gebildet wird, ist ein Abfallen um bereits sieben Meter beobachtet worden. Die Brunnen mußten vertieft werden ...«

Nun war die israelische Regierung darangegangen, durch forcierte Einwanderung die Bevölkerungszahl drastisch zu steigern. Es gab völlig neue Probleme, die die DIA-Studie rückwirkend so beschrieb: »Erstens hatten die zumeist europäischen Einwanderer andere (höhere) Gewohnheiten des Wasserverbrauchs als die einheimische Bevölkerung. Zweitens hatte sich Israel aus einer ideologischen Verpflichtung der Landwirtschaft gegenüber – aus demographischen und Sicherheitsgründen und um 'die Wüste zum blühen zu bringen' – einem ambitionierten Plan landwirtschaftlicher Entwicklung verschrieben. Landwirtschaftliche Siedlungen boten die effektivste Weise, dünnbesiedelte Gebiete und Sicherheitszonen zu besiedeln.« Der zum großen Teil also selbst auferlegte Zwang, ganz schnell mehr Wasser bereit zu stellen und der objektive Mangel an zugänglichen Ressourcen, hatten Pläne im Gefolge, die zwangsläufig Konflikte mit den Nachbarn heraufbeschwören mußten, solange keine einvernehmliche Regelung zu erzielen war. Aber die lag nicht in greifbarer Nähe.

Schüsse am Huleh-See

Zum ersten Konflikt kam es im Gebiet um den Huleh-See. Hier hatten schon 1914 libanesische Geschäftsleute von der türkischen Regierung eine Konzession zur Drainage von malariaverseuchten Sümpfen und zur Bewässerung von Ackerland erhalten. 1934 war die Konzession von der Palestine

Land Development Company erworben worden. Die Schwierigkeiten, aus der Konzession etwas zu machen, hatte der syrisch-israelische Waffenstillstand von 1949 geschaffen. An der Grenze, um den Huleh-See und vor allem in dem Gebiet westlich der Brücke der Töchter Jakobs hatte man demilitarisierte Zonen eingerichtet, aus denen sich Syrer wie Israelis heraushalten sollten. Drainage und Bewässerung aber bedeuteten: Eingriffe durch israelische Behörden, israelische Arbeiter, Beeinträchtigung der alten Rechte arabischer Bauern. Aus dem Bewässerungsstreit wurde schließlich ein Schießkrieg.

Der Huleh-See maß 6,4 Kilometer in nordsüdlicher und 4,8 Kilometer in ostwestlicher Richtung. Das Becken, die Huleh-Ebene ist 18.200 Hektar groß, der See selbst umfaßte 1.400 Hektar, in den Berichten aus den 40er Jahren wird er als »seichte, sumpfige Pfütze« bezeichnet. Die israelische Absicht war, diesen See völlig trocken zu legen, damit auch die Malaria auszurotten, vor allem aber den gewonnenen Boden landwirtschaftlich zu nutzen. Dazu mußte der Jordan unterhalb des Sees erweitert und vertieft, der Abfluß beschleunigt werden. Sodann waren zwei tiefe Kanäle durch den See zu baggern, weitere Entwässerungskanäle sollten sich anschließen.

Für die Palestine Land Development Company, die die Pläne ausgearbeitet hatte, stellten sich zwei Probleme. Sie besaß zwar die alte Konzession für die Urbarmachung, ihr gehörte aber nicht alles umgebende Land. Dies war im Besitz arabischer Bauern, die sich weigerten, darauf zu verzichten. Sodann befand sich ein beträchtlicher Teil des betroffenen Gebiets in der Demilitarisierten Zone. Dort aber verboten sich aufgrund des zwischen Israel und Syrien am 20. Juli 1949 vereinbarten Waffenstillstandes tiefgreifendere Veränderungen.

Ende März 1951 ging dem Sicherheitsrat der Vereinten Nationen eine Beschwerde Syriens über Verletzungen des Waffenstillstands zu. Israelische Streitkräfte hätten die Syrer beschossen, sie hätten Teile der Demilitarisierten Zone besetzt, und sie würden zwischen Huleh-See und Tiberias-See

Arbeiten am Bett des Jordan vornehmen. Der Stabschef der UNO-Waffenstillstandsbeobachter bestätigte auf Nachfrage, er habe von den Israelis verlangt, die Arbeiten am Ostufer des Jordan einzustellen. Die Gemischte israelisch-syrische Waffenstillstandskommission sei einberufen worden, um eine Lösung des Konflikts zu finden.

Inzwischen wurde schon geschossen. Sieben israelische Polizisten kamen bei einem Zwischenfall ums Leben. Die Israelis nahmen UNO-Beobachter fest. Syrische Truppen rückten vor und israelisches Militär verjagte arabische Bauern aus der Demilitarisierten Zone. Am 8. Mai 1951 beschloß der UN-Sicherheitsrat eine salomonische Resolution, die beide Seiten zur Zurückhaltung und zur Einhaltung der Waffenstillstandsvereinbarung mahnte. Am 18. Mai 1951 forderte der Sicherheitsrat den Rückzug der israelischen Streitkräfte aus der Demilitarisierten Zone – ein Jahr später stellte der UNO-Stabschef bedauernd fest, Israel habe dieser Aufforderung keine Folge geleistet.

In einem Bericht vom 16. August 1951 hat der Stabschef vermerkt, die Palestine Land Development Company plane, den Rahmen ihrer Aktivitäten auszudehnen und jetzt auch einen zeitweiligen Damm über den Jordan zu errichten. »Das würde offensichtlich den Zufluß von Wasser in die Reihe von Kanälen unterbrechen, die von syrischen und anderen arabischen Landbesitzern für die Bewässerung ihrer Felder im Gebiet östlich des Flusses auf syrischem Territorium genutzt werden,« hieß es in dem Bericht. Israel habe überdies arabisches Farmland besetzt, es schränke die Bewegungsfreiheit sowohl der Bauern wie auch der UNO-Beobachter ein.

Wie verzwickt die Lage war, kann man einem Bericht des amerikanischen Konsuls in Jerusalem an das State Department entnehmen. In seinem Schreiben vom 5. März 1951 hieß es über die Pläne Israels: »Die beiden Projekte werden, wenn sie fertiggestellt sind, Veränderungen in dem Gebiet bewirken, die zum Zeitpunkt der Unterzeichnung des syrisch-israelischen Waffenstillstandes nicht vorgesehen waren. Da jedoch dieses Sumpfgebiet und der Huleh-See auf israelisch kontrolliertem Territorium liegen, glaube ich nicht, daß Syrien ein Recht besitzt, zu diktieren, was die Israelis bei solcher Drainage tun dürfen.« Der Konsul verwies auf die Befürchtungen der Syrer, auf dem neu gewonnenen Land würden neue Siedlungen angelegt, besiedelt mit israelischen Soldaten, die man als Bauern tarne. Er, der Konsul, teile allerdings die Befürchtungen der Syrer: »wenn diese Arbeiten entlang des Jordan-Flusses fortgesetzt werden, ohne daß eine gegenseitige Übereinkunft zwischen den betreffenden Seiten erzielt wird, könnte es Ärger geben«.

Es gab Ärger. Bald fand am Huleh-See ein reger Kleinkrieg auf allen Ebenen statt. In der nüchternen Sprache diplomatischer Berichte (in diesem Fall der amerikanischen Diplomaten) hieß es dann: »... israelische Traktoren nahmen die Arbeit wieder auf. Die israelische Armee eröffnete das Feuer mit Mörsern und Maschinengewehren ...« (27. März 1951). »... weitere Berichte über israelisches Feuer mit Mörsern und automatischen Waffen in der Demilitarisierten Zone und entlang der syrischen Grenze ... Die syrische Luftwaffe und zwei Infanteriebrigaden in Alarmbereitschaft versetzt ...« (28. März 1951). »... Daß auf UN-Beobachter geschossen wurde und daß man in den zurückliegenden Tagen Zucker in ihre Benzintanks getan hat ...« (1. April 1951). Dann die israelische Beschwerde bei den Amerikanern: Syrien verletze den Waffenstillstand, indem es die israelischen Arbeiten behindere.

Die US-Diplomaten in Damaskus predigten den Syrern Zurückhaltung. In Tel Aviv baten sie die Israelis, nicht zu provozieren.

Was soll's! Die Arbeiten am Huleh-See und in der Demilitarisierten Zone sind fortgesetzt worden, begleitet von ständigen »Zwischenfällen«, blutigen »Zwischenfällen« und gelegentlich von regelrechtem Krieg. Die UNO-Dokumentationen sind voller syrischer Beschwerden und israelischer Dementis, über die Jahre hinweg. 2. September 1953: »Die israelischen Behörden haben mit Arbeiten zur Veränderung des Flußbetts im zentralen Abschnitt der Demilitarisierten Zone begonnen ...« 27. Oktober 1953: Resolution des UNO-Sicherheitsrates – die Arbeiten sollten für die Zeit der Prüfung des Problems durch den Sicherheitsrat suspendiert werden.

Israel sagte zu. Eines Tages dann hatte sich die ganze Angelegenheit am Huleh erledigt. Der Huleh war verschwunden. Israel hatte sich durchgesetzt. Streit und Kämpfe verlagerten sich nach Süden, vorbei an der Brücke der Töchter Jakobs zum Tiberias-See.

Am 7. Oktober 1953, mitten in den heftigsten syrisch-israelischen Auseinandersetzungen, ernannte der amerikanische Präsident Dwight D. Eisenhower den Vorsitzenden des Advisory Board for International Development, Eric Johnston, zu seinem Persönlichen Beauftragten im Range eines Botschafters. Außenminister John Foster Dulles formulierte wenige Tage darauf die Aufgaben des Neuernannten:

»Sicherung eines Abkommens der Staaten Libanon, Syrien, Jordanien und Israel über die Teilung und Nutzung der Wasser des Jordan-Flußbeckens.« Den amerikanischen Politikern war klar, daß die Wasserfrage eng mit einer Reihe genereller Probleme des Nahen Ostens verflochten war und nur gelöst werden konnte, wenn diese einbezogen würden. Das wurde in den Vorgaben von Dulles, die Johnston mit auf den Weg bekam, berücksichtigt. Eine Lösung für die palästinensischen Flüchtlinge – annähernd eine Million Menschen – müsse gefunden werden, Grenzen seien zu fixieren, letztlich solle ein Friedensvertrag die Waffenstillstandsvereinbarungen ersetzen. Israel, so die Weisung von Dulles, müsse sich an den Aufwendungen für eine Ansiedlung der Flüchtlinge beteiligen und es müsse der Repatriierung einer Anzahl dieser Flüchtlinge zustimmen.

Eric Johnston bereiste den Nahen Osten. Er konsultierte Experten. Er studierte frühere Vorschläge. Er debattierte mit Regierungen. Es dauerte fast zwei Jahre, bis er den sogenannten »Vereinigten Plan« vorlegen konnte. Kern dieses Papiers, Kernfrage überhaupt in diesem Stadium der Gespräche, war die Aufteilung des Wassers unter den Anrainern. Die Vorstellungen der Betroffenen hatten natürlich weit auseinander gelegen. Da 77 Prozent des Jordan-Wassers in arabischen Ländern entspringen, verlangten die arabischen Staaten einen entsprechenden Anteil. Nach ihren Vorstellungen sollte Jordanien 861 Millionen Kubikmeter bekommen, Syrien 137

Millionen und Israel 200. Für die Libanesen blieben 35 Millionen Kubikmeter. Die israelische Forderung lautete schlicht und ergreifend: »Vorerst« 810 Millionen.

Im Johnston-Plan wurde am Ende diese Regelung vorgeschlagen: 35 Millionen Kubikmeter aus dem Hasbani für den Libanon; 132 Millionen aus Banias, Jordan und Yarmuk für Syrien; 720 aus Jordan, Yarmuk und einigen kleineren Nebenflüssen für Jordanien und 400 Millionen Kubikmeter für Israel (375 aus dem Jordan und 25 aus dem Yarmuk). Das war sicherlich nicht das Optimale, was man sich in Amman oder Damaskus oder Jerusalem erhofft hatte. Erstaunlich genug aber (und vielleicht eine Folge amerikanischen Drucks) war, daß der Plan von den technischen Komitees sowohl Israels wie auch der arabischen Staaten akzeptiert wurde.

Im Juli 1955 diskutierte das israelische Kabinett den Johnston-Vorschlag, und beschloß, nichts zu beschließen.

Das arabische Experten-Komitee stimmte im September 1955 dem Plan zu und überwies ihn dem Rat der Arabischen Liga. Dieser aber weigerte sich am 10. Oktober 1955, den Plan zu ratifizieren. Eric Johnston sagte später, diese Ablehnung sei nicht total gewesen. Man habe politisch nicht zugestimmt, weil sich der Plan auf das Wasser beschränkte, weil all die anderen Fragen, in Besonderheit das Flüchtlingsproblem, offen blieben. Die Arabische Liga sei aber bereit gewesen, die technischen Details zu akzeptieren.

Sehr schön, aber angesichts des nicht zu verheimlichenden Fehlschlags der Johnston-Mission gingen Israel und Jordanien daran, einseitig Projekte auszuführen.

Wasser mit Gewalt nehmen

Jordanien befand sich nach dem Krieg von 1948/49 in einer ähnlich schwierigen Lage wie Israel. Der Zustrom einer großen Zahl palästinensischer Flüchtlinge verlangte nach einem Ausbau der Landwirtschaft. Dabei aber konnten überhaupt nur zehn Prozent der Gesamtfläche Jordaniens landwirtschaftlich genutzt werden – Bewässerung war der einzige Ausweg.

Zusammen mit der UNRWA, dem Flüchtlingshilfswerk der Vereinten Nationen, waren schon Anfang der 50er Jahre Bewässerungsprojekte ausgearbeitet worden. Der amerikanische Ingenieur M.E. Bunger legte 1952 der UNRWA einen Plan vor, wonach der Yarmuk bei Maqarin aufgestaut werden sollte – Kapazität 480 Millionen Kubikmeter. Über einen zweiten Damm bei Addassiyah sollte das Wasser in einen Kanal parallel zum Jordan laufen. Bunger plante die Bewässerung von 43.500 Hektar in Jordanien und von 6.000 Hektar in Syrien. Kraftwerke an beiden Dämmen sollten 28.300 Kilowattstunden jährlich erzeugen. 100.000 Menschen könnten angesiedelt werden.

Im März 1953 unterzeichneten Jordanien und UNRWA ein Abkommen zur Verwirklichung des Bunger-Plans, im Juni des gleichen Jahres einigten sich Syrien und Jordanien über die Aufteilung des Yarmuk-Wassers, im Juli 1953 begannen die Arbeiten am Projekt.

Israel protestierte augenblicklich. Sein Hauptargument: Die Rutenberg-Konzession gebe Israel Rechte an der Nutzung des Yarmuk-Wassers, die nun verletzt würden. Jordanien mußte den Bunger-Plan wieder fallen lassen.

Erst 1957 ist man dann erneut an die Arbeit gegangen – nunmehr hieß das Vorhaben East-Ghor-Canal. Zwei Dämme entstanden am Yarmuk (Mukheiba und Maqarin). 1959 begann der Bau des Ost-Ghor-Kanals, 1961 war der erste Abschnitt fertig gestellt, der zweite und dritte Teil wurden 1966 in Betrieb genommen.

In der gleichen Zeit trieb die israelische Regierung ihr Projekt voran – den großen, das ganze Land umfassenden National Water Carrier. Der erste Abschnitt wurde im Juli 1955 eröffnet, eine hundert Kilometer lange Leitung vom Yarkon aus nach Süden. Der Yarkon, Israels größter Fluß, entspringt in der Nähe von Tel Aviv. Diese Leitung war aber gewissermaßen nur das Probestück. Der 1953 aufgestellte Siebenjahrplan orientierte auf die Nutzung des Jordan-Wassers. Bereits im Juli 1953 hatte Israel beabsichtigt, bei der Brücke der Töchter Jakobs, wo man sich ohnehin mit den Syrern im Dauerclinch befand, den Jordan abzuleiten. Aufforderungen der Vereinten Nationen, die Arbeiten sofort einzustellen, wurden ignoriert. Aber dann drohte die USA-Regierung, zugesagte Kredite zu sperren. Das wirkte.

Natürlich ging man von der Idee nicht ab. Aber man verlegte die Abpumpstelle nach Süden, an den Tiberias-See. Dort war das Territorium nicht umstritten. Nur einen Zeitverzug hatte Israel hinnehmen müssen. Am 11. Juni 1964 war der National Water Carrier fertiggestellt. Gewaltige Pumpen hoben das Wasser des Jordan vom Tiberias-See aus 350 Meter in die Höhe, dann floß es durch Rohre von zweieinhalb Metern Durchmesser in die Negev-Wüste.

Fünf Jahre lang hatten die arabischen Staaten debattiert, wie dem israelischen Projekt, diesem – wie man in Damaskus oder Kairo meinte – Wasserdiebstahl, entgegenzusteuern sei. Fünf Jahre lang war die Welt mit Drohungen konfrontiert worden, leeren Drohungen von beiden Seiten.

Es war der israelische Generalstabschef Moshe Dayan, der auf einer Wahlversammlung gesagt hatte, die künftige Regierung werde das Jordan-Wasser in den Negev leiten, gleichgültig, ob die Araber zustimmen würden oder nicht. Das war am 4. Oktober 1959 gewesen. Zwei Wochen später war der General noch deutlicher geworden: »Wenn die Araber nicht mit uns bei der Lösung der Jordan-Wasser-Angelegenheit zusammenarbeiten, werden wir handeln, wie wir es im Golf von Aqaba getan haben, und das Wasser mit Gewalt nehmen.« Einen Tag nach dieser Art von Kriegserklärung legte Israels Premierminister Levi Eshkol nach: Die Ableitung des Jordan sei zum Projekt von Spitzenpriorität geworden und sein erster Abschnitt werde innerhalb von fünf Jahren fertiggestellt.

Die erste Antwort kam aus Amman. Der jordanische Regierungschef verlangte eine gemeinsame arabische Aktion zur Unterbindung der israelischen Pläne. Adressat dieses Rufs war natürlich Kairo. Dort saß die Regierung der VAR, der Vereinigten Arabischen Republik, zu der sich Ägypten und Syrien am 1. Februar 1958 zusammengeschlossen hatten, und dort residierte das Idol aller Araber, Präsident Gamal Abdel Nasser. Der aber hatte relativ zurückhaltend reagiert.

Man beschränkte sich darauf, durch Dekrete vom 29. November 1959 eine Regierungskommission zum Studium des Problems einzusetzen.

Der Rest der Welt sah etwas irritiert zum Jordan. »Die unmittelbare Alternative zu völliger Anarchie,« schrieb die Londoner »Times« am 22. Dezember 1959, »kann nur eine internationale Garantie sein, daß alle Anliegerstaaten Wasser für ihre jeweiligen Projekte nur bis zu gewissen festgelegten Mengen entnehmen dürfen.« Während man sich in Kairo weiter ausschwieg, begann im Libanon eine öffentliche Debatte über die Möglichkeiten einer Ableitung des Hasbani. Israel reagierte auf der Stelle. Am 20. Januar 1961 erklärte Außenministerin Golda Meir auf einer Pressekonferenz in Paris, jedwede Ableitung der Jordanzuflüsse durch die Araber bedeute »einen offenen Angriff aus Israels Überlebensnotwendigkeiten«. Sie hoffe, die Äußerungen in Beirut seien nichts als verbale Drohungen.

In dieser Atmosphäre von Drohung und Gegendrohung mußte der Konflikt zwangsläufig eskalieren. Beide Seiten waren nicht willens, auf ihre Rechte – tatsächliche und vermeintliche – zu verzichten. Am 5. Februar 1960 verlangten fünf arabische Staaten vom UNO-Sicherheitsrat, er solle die israelischen Ableitungspläne verurteilen.

In der Arabischen Liga hat man geraume Zeit weiter überlegt, was man tun könne. Die VAR, also Syrien, und der Libanon informierten den Rat der Liga, sie seien dabei, Pläne für eine Abteilung der Quellflüsse auszuarbeiten. Jordanien verlangte, Hasbani und Banias in den Yarmuk umzuleiten, weil Jordanien das Wasser ohnehin für sein Ost-Ghor-Projekt brauche. Es wurde aber auch sofort klar, daß eine Umleitung langwierig, arbeitsaufwendig und extrem kostspielig sein würde, und daß damit auf die betroffenen Länder enorme Finanzierungsprobleme zukämen (man möge sich erinnern: 1960, das war noch nicht die Zeit, als die »Ölscheichs« der Golfregion die gewaltigen Gewinne einstrichen). So darf es nicht verwundern, daß man in der Arabischen Liga auch Stimmen vernahm, die eine »militärische Lösung« bevorzugten.

Am 29. Februar 1960 beschloß der Rat der Liga eine Resolution. Punkt Eins besagte, Israels Versuche, das Jordan-Wasser umzuleiten, seien »eine agressive Aktion gegen die Araber – eine Aktion, die legitime Selbstverteidigung durch alle arabischen Staaten, die solidarisch handeln, rechtfertigt«. Punkt Zwei stellte fest, »die Wasser des Jordan-Flusses müssen zum Wohl der arabischen Länder und der Araber Palästinas genutzt werden ... Die arabischen Staaten sollten sich einseitig und gemeinsam beeilen, dies durchzuführen.« Dementsprechend empfahl der Rat die Bildung eines speziellen Komitees zur Koordinierung der Aktivitäten.

»Sollten« und »empfehlen« – das war eine unmißverständliche Sprache. Die Londoner »Times« kommentierte denn auch die Liga-Resolution mit den Worten: »Wieder einmal haben ihre eigenen Rivalitäten und Verdächtigungen die Araber davon abgehalten, eine kohärente Politik anzunehmen.« Denn da Israel nun bebsichtigte, das Jordan-Wasser nicht – wie ursprünglich geplant – bei der Brücke der Töchter Jakobs abzupumpen, sondern am Tiberias-See, also auf unbestritten israelischem Territorium, würde Punkt Eins der Liga-Resolution bedeuten, einen grenzüberschreitenden Präventivkrieg zu führen, was kaum vorstellbar sei. Die Alternative, die Ableitung von Hasbani und Banias aber sei gar nicht zu finanzieren.

Logischerweise nannte Israels Regierungschef David Ben Gurion die Liga-Beschlüsse einen Bluff. »Wenn sie uns wirklich angreifen wollen, so sollen sie es versuchen, wir sind bereit, ihnen ein Willkommen zu bereiten.«

Die militärische Lösung schloß sich für die Araber tatsächlich aus, denn David Ben Gurison sprach, wie sie wohl wußten, aus einer Position der Stärke. Immerhin schienen die arabischen Staaten wenigstens für einen Augenblick willens, mit der Ableitung der Jordan-Quellen ernst zu machen. Am 10. November 1960 nahm das arabische Technische Komitee einen entsprechenden Plan an. Zwar hielt es den Beschluß geheim, arabische Zeitungen aber ließen durchsickern, man wolle den Hasbani innerhalb des Libanon umleiten. Ein Wasserüberschuß könne dann in den Banias fließen, und das

Wasser, das dort nicht von Syrien gebraucht werde, solle zugunsten Jordaniens in den Yarmuk geleitet werden. Die Kosten für die Hasbani-Ableitung wurden mit 12 Millionen Libanesischen Pfund angegeben (was damals umgerechnet der gleichen Summe in DM entsprach), die Banias-Umleitung würde 6 Millionen kosten, und für das Gesamtprojekt bis hin zum Jordan wären 20 Millionen libanesische Pfund zu veranschlagen.

Israel reagierte mit einer erneuten Erklärung: Die Ableitung der Quellflüsse sei eine »Bedrohung des Friedens«.

Der National Water Carrier arbeitet

Im israelischen Entwicklungsbudget für 1961/62 waren noch einmal 43 Millionen israelischer Pfund für den Bau des National Water Carrier, den Bau der Wasserleitung vom Jordan in die Negev-Wüste vorgesehen. Die Arbeiten machten Fortschritte. »Wehe uns Arabern,« sagte ein Kommentator in Radio Amman. »Israel führt seine agressiven Projekte durch, während wir gegeneinander intrigieren.« Der Aufschrei konnte nicht verwundern, wenn man sah, daß es zwar wortreiche Resolutionen der Arabischen Liga gab, aber ansonsten mehr Eifersucht als Kooperation. Da lehnte es die VAR ab, sich von einem jordanischen Ingenieur über die Vorstellungen Jordaniens auch nur informieren zu lassen. Da diskutierte der arabische Verteidigungsrat zum soundsovielten Male, ob es nicht doch noch möglich sei, die israelischen Pläne mit Waffengewalt zu stören.

Es begann eine Zeit großer Propagandaschlachten. Israel malte weltweit das Bild eines bevorstehenden neuen Holocaust und verwies auf den faschistischen Massenmord, der der Welt die Verpflichtung auferlegt habe, dafür zu sorgen, daß Juden in Ruhe und Frieden siedeln dürften, und dazu brauche man nun einmal Wasser. Die arabische Propaganda hingegen gab sich martialisch, kriegerisch – so daß die israelischen Behauptungen direkt zutreffend schienen. Dies umso mehr, als die ungelöste Palästinafrage nun mit dem Wasserproblem verknüpft wurde.

Die Palästinenser waren seit der arabischen Niederlage von 1949 einer eigenen Vertretung beraubt. Der arabische Teil Palästinas (oder das, was nach dem Kriege davon übrig geblieben war), war von Transjordanien, das sich nun Jordanien nannte, faktisch annektiert worden, ausgenommen der Gaza-Streifen, den Ägypten verwaltete. Hinzu kam, daß die palästinensischen Flüchtlinge in den arabischen Nachbarstaaten unter recht miserablen Bedingungen lebten.

Die arabischen Regimes boten im Grunde nichts als leere Versprechungen. So nutzten sie den sich anbahnenden Wasserstreit, um mit Wortgedröhn auch die verzweifelten Palästinenser zu beruhigen. Noch 1960 begannen Debatten um die Schaffung einer palästinensischen Vertretung und um eine »Palästinensische Armee«. Daß auch daraus nichts wurde, schien fast vorhersehbar – zu egoistisch die Regierungen, zu weit auseinander die Interessenlagen.

Das ganze Jahr 1961, während die arabischen Jordan-Pläne abgelegt wurden und Israel am National Water Carrier weiterbaute, sind aber auch die »Zwischenfälle« an der syrisch-israelischen Demarkationslinie nicht abgerissen, am Tiberias-See, am Jordan-Oberlauf, am Huleh-See. Man beschoß einander, es gab weiterhin Gerangel um die Bestellung von Äckern in der Demilitarisierten Zone, und es gab immer wieder Meldungen wie die vom 6. Juni 1961: Israel beschwert sich bei der Gemischten Waffenstillstandskommission darüber, daß die Syrer das Wasser von einer Quelle abgeleitet haben, die die Felder des Dorfes Shamir bewässert ...

In dieser Zeit arbeiteten die Jordanier ernst und unverdrossen an ihrem Projekt weiter. Am 15. August 1961 gab die East Ghor Canal Authority offiziell bekannt, daß seit diesem Tage Wasser vom Yarmuk in den ersten, 23 Kilometer langen Abschnitt des Ost-Ghor-Kanals geflossen sei. Dadurch konnten 3000 Hektar Farmland bewässert werden. 12 Millionen Dollar aus den USA hatten das möglich gemacht.

Die Yarmuk-Ableitung spürte man in Israel sofort. Um

6.000 Kubikmeter verringerte sich die Wasserführung des Yarmuk in der Stunde, um ein Fünftel also. Das beeinträchtige, so hieß es, die israelischen Landwirtschaftsbetriebe bei Beth Shean.

Schienen nun, da man – mit amerikanischer Hilfe! – erfolgreich eine Wasserumleitung vollbracht hatte, die arabischen Jordanpläne doch gar nicht so utopisch? In Amman kündigte man an, man werde sich jetzt um ausländische Finanzhilfe für das »Groß-Yarmuk-Projekt« bemühen. Das werde etwa zwanzigmal soviel kosten, wie der bisherige East-Ghor-Canal, aber dafür könnte man dann auch 52.000 Hektar bewässern. Man ging das Vorhaben an.

Am 11. Juni 1964 nahm indessen die Pumpstation von Tabagha am Tiberias-See ihre Arbeit auf, Israels National Water Carrier war vollendet. Alle Register moderner Ingenieurkunst waren für dieses Werk gezogen worden. Man hatte 60 Meter lange Ansaugrohre, jedes mit drei Metern Durchmesser, im See versenkt. Sie führen in eine Höhle, die in den Uferfelsen gesprengt worden ist. Hier stehen in einer 80 Meter langen Halle die Pumpen, die mit 30.000 Pferdestärken das Wasser durch ein 2.200 Meter langes Rohr auf die Höhe von 40 Meter über dem Meeresspiegel drücken (der Tiberias-See liegt 212 Meter unter Normal-Null).

Mit natürlichem Gefälle fließt nun das Wasser durch einen 16 Kilometer langen Kanal, dann muß es bei Eilabun erneut gehoben werden, diesmal um 115 Meter, wieder geht es durch einen Tunnel, dann durch einen Kanal bis ins Reservoir Bet Netufa. 3,5 Millionen Kubikmeter Wasser werden hier gespeichert, aufbereitet, in die Verzweigungen des National Water Carrier eingespeist, bis in den Süden geleitet. 130 Kilometer lang ist das Hauptsystem zwischen Tiberias-See und der Negev-Wüste. Bis zum Sommer 1964 waren dafür 147 Millionen Dollar aufgewendet worden.

Erst jetzt besannen sich die arabischen Staaten wieder darauf, daß sie ja den einseitigen Zugriff auf das Jordan-Wasser nicht hinnehmen wollten. Im Januar 1964 versammelten sich in Kairo die Vertreter von 13 arabischen Staaten zu einer Gipfelkonferenz, vier Monarchen, ein Kronprinz, sieben Präsidenten und ein Ministerpräsident. Sie beschlossen die Bildung eines Gemeinsamen Militärischen Oberkommandos. Obwohl dieses Kommando, wie aus später bekannt gewordenen Dokumenten ersichtlich ist, als reines Defensivinstrument gedacht war, gab es nun wieder militante Töne. Gamal Abdel Nasser in einem Interview am 7. Februar 1964: »Ein neuer Krieg zwischen Israel und den arabischen Staaten kann jederzeit ausbrechen ...« Und: »Solange Israel existiert, müssen wir in jedem Augenblick Krieg erwarten.«

Wenn diese drohenden Worte fielen, so allerdings kaum je mit dem Hinweis auf den Jordan, sondern stets unter Betonung der Notwendigkeit, die offene Palästina-Frage zu lösen. Jordan-Wasser und Palästina-Problem begannen zu einem Thema zu verschmelzen, kaum war mehr auseinanderzuhalten, welches den Vorwand für das andere lieferte. Die arabische Gipfelkonferenz in Kairo hatte beschlossen, die Gründung einer einheitlichen Organisation der Palästinenser zu unterstützen. So wurde für den 28. Mai 1964 ein Palästinensischer Nationalkongreß nach Jerusalem einberufen. Er gründete die Palästina-Befreiungsorganisation, die PLO. Schaut man sich die Taten dieser Organisation in den ersten drei Jahren ihrer Existenz an, blickt man auf ihre Führung, so ist unübersehbar, daß sie als eine Alibi-Gründung konzipiert war, gedacht zur Ablenkung und Beruhigung der enttäuschten und zornigen jungen palästinensischen Generation.

Die drohenden Worte aus den arabischen Hauptstädten, die Konstituierung der PLO, in deren erster Charta vom Mai 1964 unübersehbar die Beseitigung des Staates Israel gefordert wurde, das alles war von der israelischen Regierung geschickt zu nutzen. Für die folgenden drei Jahre wurde die Bedrohung Israels zu dem ständig variierten Thema.

Inzwischen hatten auch die Großmächte wieder Interesse an der Region gefunden. Im Juni 1964 besuchte der sowjetische Regierungschef Nikita Chruschtschow Ägypten und bezeichnete bei dieser Gelegenheit den Jordan als »arabischen Fluß«. USA-Präsident Lyndon B. Johnson kam nach Israel, mahnte zur Zurückhaltung und versprach den Israelis 100 Millionen Dollar für den Bau eines Atomreaktors, mit dessen

Energie man dann auch Meerwasser entsalzen könnte. (Es blieb bei dem Angebot).

Gescheitert: Jordan-Ableitung

Eine zweite Arabische Gipfelkonferenz im Alexandria im September 1964 beschloß Arbeiten zur Ableitung der Jordan-Quellen. Israel nahm das als Kriegserklärung. »Das Wasser des Jordan ist uns so kostbar wie das Blut in unseren Adern und dementsprechend werden wir handeln,« verkündete Israels Premier Levi Eshkol.

Die zunächst betroffenen Länder waren Libanon und Syrien. Hier mußten die Arbeiten beginnen. Doch es war noch kein halbes Jahr nach dem Beschluß von Alexandria vergangen, als sich schon die Tücken des Objekts zeigten, weniger technische Tücken, nicht einmal finanzielle, sondern vorrangig politische. Anfang 1965 hatte sich das bereits in der Pressepolemik zwischen Beirut und Kairo gezeigt. Im Libanon sei man bereit, hieß es, mit den Arbeiten am Hasbani zu beginnen. Aber erst einmal solle Syrien mit den Bauarbeiten anfangen. Sonst nämlich würde die ganze Gewalt der zu erwartenden israelischen Vergeltungsschläge den kleinen Libanon treffen. Außerdem, so sagte man in Beirut, sei eine Ableitung des Hasbani zum Banias gar nicht optimal. Günstiger wäre es, das Hasbani-Wasser in den Litani zu pumpen.

Zwei Monate später wurde im Libanon tatsächlich gearbeitet, am Wadi Sarid, einem Hasbani-Nebenflüßchen, dessen Quellen überhaupt nur im Winter und Frühling fließen. Außerdem, so wurde sofort hinzugefügt, handele es sich nur um »vorbereitende Arbeiten«. Ehe noch die so lautstark herausposaunte Jordan-Ableitung überhaupt beginnen konnte, zeichnete sich auch schon das vorzeitige Ende des Unternehmens ab. Ende März 1965 beschoß israelische Artillerie syrische Traktoren am künftigen Banias-Umleitungskanal. Die Arbeiten wurden eingestellt. Da alle Ableitungsarbeiten aus geographischen und technischen Gründen unmittelbar an der israelischen Grenze ausgeführt werden mußten, also in Reichweite israelischer Gewehrläufe, war den Eingeweihten klar: Hier läuft nix mehr.

Israels Stellvertretender Ministerpräsident Abba Eban aber malte dessen ungeachtet schlimmste Gefahren an die Wand. »Es besteht gar kein Zweifel,« sagte er am 22. April 1965 in einem Interview, »daß dies« – die Jordan-Umleitung – »völkerrechtlich ein Kriegsgrund ist ... Ehe wir uns aushungern lassen, werden wir unser Recht auf Wasser erkämpfen. Das steht fest und die Araber wissen es.« Sie wußten es. Die Hasbani-Umleitung werde, so hatten die Techniker errechnet, bis zu 24 Monaten Bauzeit in Anspruch nehmen, während die Syrer für den Banias-Yarmuk-Kanal bis zu 36 Monate brauchen würden. Frühestens im Sommer 1967 könnte der Hasbani abfließen, im Sommer 1968 dann auch der Banias. Vorausgesetzt, man arbeitete weiter daran.

Am 31. Mai 1965 sagte der syrische Präsident Amin al-Hafez einer Zeitung: »Wir glauben nicht an dieses Umleitungsprojekt.« Syrien habe zwar wie zugesagt mit den Arbeiten begonnen, aber als die israelische Armee die Baustelle angriff, sei kein anderer Staat den Syrern zu Hilfe gekommen.

Die Antwort aus Kairo kam am gleichen Tag. »Jeder arabische Staat versucht, die Schuld dem anderen zuzuschieben,« sagte Präsident Nasser. Ägypten könne nicht riskieren, von Syrien in einen Krieg hineingezogen zu werden. Die Araber seien für einen Krieg gegen Israel zu schwach. Nasser schlug vor, die Ableitungsarbeiten einzustellen.

Damit war das Jordan-Wasser wieder aus den Schlagzeilen. Lediglich Syrien arbeitete noch zögerlich weiter. Am 14. Juli 1966 bombardierte die israelische Luftwaffe die syrische Baustelle bei al-Magor, zehn Syrer wurden getötet, zahlreiche Baumaschinen zerstört. Als am 21. August 1966 im Libanon die 20. Tagung des Interarabischen Technischen Ausschusses zur Jordan-Umleitung stattfand, blieb ihr nur, einen Bericht über die Schäden des israelischen Angriffs entgegenzunehmen und in einem Kommuniqué zu konstatieren, man habe »den Fortgang der Arbeiten für die Ausnutzung des Jordan und seiner Zuflüsse überprüft und die erforderlichen Beschlüsse gefaßt«. Im Februar 1967 trat der

Syrer Subhi Kahhale als Vorsitzender der 1963 gegründete Arabischen Organisation für die Nutzung des Jordan-Wassers zurück. Die Arabische Liga zahlte nicht mehr, die Organisation war pleite. In den Medien wurde der Rücktritt als Israels »moralischer Sieg« gefeiert. Es war das Ende der Pläne zur Umleitung des Jordan.

Kommuniqué von Arafat

Am 2. Januar 1965 sei, so heißt es, ein junger Palästinenser in Beirut von Zeitungsredaktion zu Zeitungsredaktion gelaufen, um dort ein Kommuniqué abzugeben. »Kommandotrupps der al-Assifa haben,« so hieß es in diesem »Kommuniqué Nr. 1«, »im Hinterland des zionistischen Feindes am 31. Dezember 1964 insgesamt zehn militärische Aktionen gegen Israel durchgeführt. Eines der Ziele war die Pumpstation von Eilabun, wo die Wasser unseres Jordan nach Israel gepumpt werden. Revolution bis zum Sieg! Al-Assifa – der Sturm.« Der junge Mann, so die Geschichte, der da das Kommuniqué in Beirut verteilte, habe den Decknamen Abu Amar getragen, er habe Yasser Arafat geheißen.

Die Aktion vom 31. Dezember 1964 gilt als die eigentliche Geburtsstunde der palästinensischen Revolution. Ende der 50er Jahre hatte sich im Protest gegen die alte Generation palästinensischer Politiker und gegen die Politik der arabischen Staaten allmählich eine Bewegung formiert, die glaubte, die Geschichte des palästinensischen Volkes durch revolutionäre Taten wenden zu müssen. Die Bewegung al-Fatah mußte zuerst in strikter Illegalität wirken, sie wurde von den arabischen Regimes beargwöhnt, zu Zeiten auch verfolgt. Dies war auch einer der Gründe dafür, daß sie ihre erste Aktion unter dem Decknamen »al-Assifa« durchführte.

Stichtag war der 31. Dezember 1964. »An diesem Tag sollten in Cisjordanien, im Gazastreifen und im Libanon zusammengestellte Kommandos heimlich die Grenze nach Israel überqueren und an verschiedenen Orten militärische und wirtschaftliche Objekte angreifen, insbesondere die mit der

Umleitung des Jordan zusammenhängenden Einrichtungen,« schrieb der 1991 ermordete Abu Iyad, einer der Mitbegründer von al-Fatah. »Der Trupp aus dem Gazastreifen wurde jedoch eine Woche vor dem für das Unternehmen festgesetzten Zeitpunkt bis auf den letzten Mann von den ägyptischen Sicherheitsbehörden verhaftet. Zwei von Nasser bezahlten Agenten war es gelungen, sich in den Kommandotrupp einzuschleusen. In Cisjordanien und im Libanon wurde das Geheimnis besser gehütet; von hier aus konnten unsere Fedajin ihre Mission, insgesamt zehn Überfälle, mit Erfolg zu Ende führen.«

Abu Iyads Resumee der Aktion: »Sie fügte dem Feind keinen großen Schaden zu, was übrigens auch nicht unser wichtigstes Ziel war. Unsere Absicht war vor allem, durch eine spektakuläre Aktion zu beeindrucken: einmal die Israelis, denen wir unsere Existenz in Erinnerung rufen wollten, dann die Palästinenser selbst, deren Bereitschaft zum autonomen Widerstand wir stärken wollten, dann natürlich die arabischen Regierungen, die wir herausforderten, und schließlich die Weltöffentlichkeit, die vom Schicksal unseres Volkes nichts wußte, oder vorgab, nichts davon zu wissen.«

Zunächst wurde das Kommunique der »al-Assifa« von den Medien ignoriert. Aber dann, nach einigen Tagen des Schweigens, erhob sich ein Aufschrei der Empörung. Als »fanatische Moslem-Brüder« wurden die Fatah-Leute denunziert, auch als »Agenten des CIA« oder als »Agenten des internationalen Kommunismus«, jedes arabische Regime identifizierte die palästinensischen Kämpfer mit seinem jeweiligen Hauptfeind.

Wenige Tage nach dem 31. Dezember 1964 hatte die junge palästinensische Bewegung ihren ersten Toten zu beklagen. Ahmed Mussa wurde bei der Rückkehr von einem Einsatz in Israel von jordanischen Soldaten erschossen.

Die Anschläge von al-Fatah und der anderen entstehenden palästinensischen Guerrilla-Gruppen, den Fedajin, konzentrierten sich zunächst gegen den National Water Carrier und hatten insofern einigen Symbolwert. Dabei aber sind sie in den Jahren 1965 bis 1967 nichts als Nadelstiche gewesen. Das Shiloah Center for Middle Eastern and African Studies der Universität Tel Aviv, listete für 1965 und 1966 arabische Angaben über 3000 Anschläge gegen militärische Einrichtungen und Wasser-Installationen auf, darunter auch gegen den National Water Carrier. Es fügte aber hinzu: »Israelische Berichte bestätigen nur einen ganz geringen Teil dieser Behauptungen.« Die sich ab Januar 1967 zuspitzende Krise zwischen Syrien und Israel, von der israelischen Regierung immer mit den offensichtlich wenig wirksamen Anschlägen der Fedajin in Verbindung gebracht, eskalierte in den ersten Junitagen des Jahres 1967 zum Präventivkrieg gegen Ägypten, Syrien und Jordanien. Sicherlich waren die Gründe für diesen Sechstagekrieg komplex. Die Eskalation militärischer Aufmärsche, das Trommelfeuer von Drohungen und Gegendrohungen schuf eine Atmosphäre, in der die Welt am Ende bereit schien, einen Krieg hinzunehmen ...

Wesentliches Resultat dieses Krieges, der nicht einmal eine Woche dauerte, war es, daß Israel nun neben der Sinai-Halbinsel (die es im Gefolge des Camp-David-Abkommens 1979 wieder räumte), die Golan-Höhlen und das Westjordangebiet besetzte. Damit war nicht nur jegliche Möglichkeit einseitigen arabischen Zugriffs auf wichtige Wasservorräte unterbunden. Vielmehr hatte sich Israel seinerseits den Zugriff auf das Jordan-Wasser gesichert, zunächst durch die Besetzung der Golan-Höhlen, also des Hasbani-Oberlaufs und des Quellgebiets des Banias. Nur einer gezielten Panzeroffensive, einer siegreichen Schlacht hatte es dazu bedurft. Das Vorrücken in das Westjordangebiet bis an den Jordan, das hieß, nun auch wichtige Grundwasservorräte zu kontrollieren.

Mehr als zehn Jahre nach Beginn der Besatzung der sogenannten Westbank schrieb die israelische Zeitung »Davar« am 26. November 1978: »Unser großes Glück ist es, daß die Westbank nicht entwickelt ist. Bis 1967 gab es dort vor allem Trocken-Ackerbau, der seinen Wasserbedarf ausschließlich durch Regen deckte: 800 Millimeter per annum in der Umgebung von Nablus und Ramallah, bis 500 Millimeter per annum in Hebron ... Bewässerte Landwirtschaft war begrenzt und speiste sich aus Quellwassern. Nur einige wenige Brunnen wurden gegraben, zumal es notwendig war, in Tiefen von hunderten von Metern zu bohren, um den Grundwasserspiegel zu erreichen. Die Brunnen wurden zumeist für den häuslichen Verbrauch genutzt, und der war begrenzt: an die 40 Kubikmeter pro Kopf pro Jahr, verglichen mit den 100 Kubikmetern pro Kopf und Jahr in den israelischen Siedlungen im Jerusalem-Korridor.«

Die Zeitung lieferte noch eine Erklärung nach: »Dieser große Unterschied ergibt sich aus der Tatsache, daß sich die Söhne unseres Volkes im Vergleich zu ihren Nachbarn öfter waschen und um ihre Wohnungen Gärten anlegen.« Da die, wie allgemein bekannt, schmutzigen Araber sich weniger waschen, konnte Israel unbesorgt die Quellen anzapfen.

Die Wasserversorgung Zentral-Israels innerhalb der Vorkriegsgrenzen von Juni 1967 (also innerhalb der sogenannten »Grünen Linie«) hing immer schon vom Yarkon-Taninim-Grundwasserspeicher ab, der das Wasser der relativ regenreichen westlichen Bergkette, die sich von Norden nach Süden durch Palästina zieht, sammelt. Dieses Grundwasserbecken mit einer jährlichen Aufnahmekapazität von 335 Millionen Kubikmetern dehnt sich vor allem unter der Westbank aus. Genau so der Nördliche Grundwasserspeicher (Gilboa-Beit-Schean-Becken) mit 140 Millionen Kubikmetern. Aus diesen beiden Vorkommen haben die beiden israelischen Wasser-Gesellschaften Mekorot und Tahal schon immer den Löwenanteil genutzt. Vor 1967 bezog nämlich Israel ein Drittel seines Wassers – 1,6 Millionen Kubikmeter jährlich – aus diesen Grundwasserspeichern der Westbank. Nun, da man sie kontrollierte, mußte man sich auch keine Zurückhaltung mehr auferlegen. Inzwischen pumpt Israel 95,5 Prozent des Wassers ab, für die Palästinenser der Westbank bleiben nur 20 Millionen Kubikmeter jährlich.

Der östliche Grundwasserspeicher (Nablus-Jenin-Becken), auf den Israel bis 1967 keinen Zugriff hatte, ist dagegen vergleichsweise kleiner, seine jährliche Kapazität beträgt nur 80 Millionen Kubikmeter.

Wer kontrolliert die Westbank-Quellen?

Das politische und wirtschaftliche Ziel war 1967 klar, und es hat sich im Grunde bis heute nicht geändert: Israel will weiterhin den größten Anteil des Wassers selbst nutzen, es will selbst über die Vorräte bestimmen.

Im November 1978, als im Zusammenhang mit dem ägyptisch-israelischen Friedensvertrag von Camp David auch über eine eventuelle »Autonomie«-Regelung für die Westbank debattiert wurde, stellte eine israelische Regierungskommission in einem Interimsbericht an den Ministerpräsidenten fest, »daß der Staat Israel weiterhin die Wasservorräte in den Gebieten« – gemeint waren die besetzten Gebiete – »kontrollieren muß, sowohl wegen der Gefahren für die Wasserversorgung innerhalb der Grünen Linie, aber auch, weil es unmöglich ist, neue israelische Siedlungen in den Gebieten zu errichten, ohne Kontrolle und Beaufsichtigung der Wasserressourcen.«

Die Siedlungen, die seit 1967 auf der Westbank auf arabischem Land gegründet worden sind – mehr als 200 inzwischen – sind extensive Wasserverbraucher und geben deshalb dem Problem eine zusätzliche Dimension. So betrug 1986 der jährliche Pro-Kopf-Verbrauch an Wasser in den Siedlungen 90 Kubikmeter, verglichen mit einem Verbrauch an Haushaltswasser in Europa von 83 Kubikmetern, ganz zu schweigen von den 20 Kubikmetern, die den palästinensischen Bewohnern des Westjordanlandes zur Verfügung standen.

Israel regiert die besetzten Gebiete durch eine Militärverwaltung, die offiziell als »Ziviladministration« bezeichnet wird. Es regiert mit Hilfe von Militärbefehlen – Military Orders (MO) – von denen inzwischen weit über tausend erlassen worden sind. Dazu gehört auch eine Anzahl von Military Orders, deren Sinn es war, der Westbank mit der zuvor gültigen Wasser-Gesetzgebung Jordaniens die israelischen Wassergesetze überzustülpen. Die alten Prinzipien der Chafa (das »Recht, den Durst zu löschen«) und der Chirb (das Recht, zu bewässern), wurden außer Kraft gesetzt.

Am Anfang stand die MO 291/68, die jegliche Grundwasserbenutzung von einer staatlichen Genehmigung abhängig machte. Das jordanische Recht, das eine quasi-automatische Bohrerlaubnis im Falle des Austrocknens eines Brunnens oder einer Quelle vorsah, erlosch.

Die MO 1015/82 wurde von den Militärbehörden erlassen, »um die Wasservorräte zu schützen«. Sie verbietet den palästinensischen Bauern die Anpflanzung von Obstbäumen ohne vorherige Genehmigung. Dabei ist für jeden einzelnen Baum eine gesonderte Erlaubnis zu beantragen. Ohne behördliche Genehmigung gepflanzte Bäume mußten bei Erlaß der MO 1015/82 innerhalb von 90 Tagen nachträglich angemeldet werden. Nichtgenehmigte Bäume dürfen von den Militärbehörden gerodet werden – auf Kosten des Besitzers!

Der Zugriff der Westbank-Bewohner auf ihr Grundwasser wird sodann durch eine Vielzahl anderer Restriktionen behindert, durch die Einrichtung von »Schutzzonen«, »Rationierungsgebieten«, »Entwässerungsdistrikten«, »Bodenschutzgebieten«, ganz zu schweigen von den »militärischen Sicherheitszonen«, die den Zugang der arabischen Bevölkerung zum Wasser zusätzlich beschränken. Neben der Beschlagnahme von Boden ist die Wasserpolitik Israels zu einem wichtigen Instrument der Annektion und der Kolonisierung geworden. Zahlen, die das belegen, werden natürlich möglichst vertraulich behandelt. Aber auch die schon etwas zurückliegenden Daten geben eine Idee davon, um welche Dimensionen es sich da handelt. Vom Juni 1967 bis 1982 wurden durch die Besatzungsbehörden mindestens 25 neue artesische Brunnen auf der Westbank gebohrt – in Tiefen zwischen 100 und 600 Metern. Für sechs Brunnen und für elf Quellen arabischer Dörfer waren die Folgen fatal: Sie trockneten aus. Die neuen Brunnen für die israelischen Siedlungen im besetzten Gebiet zeichnen sich durch eine hohe Förderleistung aus. So haben im Jahr 1977/78 die damals existierenden 17 Brunnen der jüdischen Siedlungen auf der Westbank zusammen 14,1 Millionen Kubikmeter Wasser gefördert, während die 106 Brunnen der palästinensischen Dörfer insgesamt nur 12,1 Millionen Kubikmeter lieferten.

Die »Zivilverwaltung für Judäa und Samaria« widmet in ihren gut gedruckten und ansprechend illustrierten Rechenschaftsberichten auch stets einen Abschnitt der Wasserversorgung. Es sind eindrucksvolle Erfolgsstatistiken, die da ausgebreitet werden. Fließendes Wasser, wird da in bunten grafischen Darstellungen demonstriert, hätten auf der Westbank 1967 nur 18 Prozent der Haushalte zur Verfügung gehabt, wohingegen es Mitte der 80er Jahre schon 45 Prozent waren. Und jetzt besäßen auch 35 Prozent aller Westbank-Familien eine Badewanne.

Wie hat doch der seinerzeitige Minister Moshe Dayan bei den Gesprächen über die »Autonomie«-Frage gesagt: »Die Araber in Judäa und Samaria werden nicht mehr Wasser erhalten, als sie heute haben.« Jenseits aller Statistik passierte im Sommer 1988 im Flüchtlingslager Shu'fat in Ost-Jerusalem dies: Die jordanische Regierung kündigte ihre administrative Zuständigkeit für die besetzte Westbank aus der Zeit vor 1967 formell auf; deshalb stellte sie auch die Bezahlung der Wasserrechnung für Shu'fat ein. Die Stadtverwaltung von Jerusalem wollte nun bei den Bewohnern des Lagers kassieren, aber die konnten beim besten Willen nicht zahlen, Flüchtlingslager sind soziales Notstandsgebiet. Sie verwiesen auf die UNRWA, das Flüchtlingshilfswerk der Vereinten Nationen.

Die Verhandlungen zogen sich hin. Indessen sperrte die Verwaltung die Wasserzufuhr für das ganze Lager, für einige tausend Menschen. Ohne Genehmigung schlossen die Bewohner das Netz immer wieder an, bis den Israelis der Kragen platzte. Am 25. November 1990 rollten in Shu'fat Bulldozer an, die das ganze Wasserleitungsnetz des Lagers, das erst 1980 mit 285.000 Dollar von der UNRWA gelegt worden war, zerstörten. Auch das war Krieg um Wasser.

Krieg um Wasser auch im Jordan-Tal. Auf dem Ostufer hat Jordanien nach 1967 seine Bemühungen um die Erschließung und Nutzung des East-Ghor-Projekts fortgesetzt. Mitten im Tal hatten sich schon 1952 palästinensische Flüchtlinge niedergelassen; 1967 war aus dem Zeltlager von damals eine kleine Stadt mit 25.000 Einwohnern geworden. Dann sind im

Sommer 1967 nochmals mehr als 25.000 Palästinenser über den Jordan geflohen und haben sich in diesem Ort niedergelassen, der dank des Ghor-Kanals gewisse Lebensmöglichkeiten bot. Al-Karame hieß die Stadt, und das bedeutet »Würde«.

Guerrillas sollen sich, so lautete die Formel Mao-Tsetungs, im Volke bewegen, wie Fische im Wasser. So beherbergte Karame bald auch palästinensische Fedayin, die nachts den Jordan überquerten und israelische Militärposten am anderen Ufer attackierten.

Die lästigen Nadelstiche der Partisanen waren der äußere Anlaß für den Vorstoß der israelischen Armee am 21. März 1968. Man behauptete aber auch, die ursprüngliche Absicht der Israelis sei es gewesen, das Jordan-Ostufer zu besetzen und auf diese Weise den Fluß allein zu kontrollieren.

Vier Panzerkolonnen setzten über den Fluß. Die Luftwaffe griff ein. Hubschrauber trugen Infanterie aufs andere Ufer.

Die israelischen Truppen waren aus den bisherigen Blitzkriegen daran gewöhnt, auf wenig Widerstand zu stoßen. Hier erlebten sie es zum ersten Mal anders. An die dreihundert Fedayin verteidigten sich erbittert. Dann griff von den Bergen am Ostrand des Jordantals her auch die jordanische Armee ein. Nach vielen Stunden einer verlustreichen Schlacht zogen sich die israelischen Truppen wieder zurück. Sie hinterließen die völlig zerstörte Stadt al-Karame. Aber auch ein Mythos war in den Augen der Araber zerstört, der Mythos von der Unbesiegbarkeit israelischer Waffen. In al-Karame begann im März 1968 der rasche Aufstieg der palästinensischen Widerstandsbewegung.

Zwischen 1968 und 1970 hat allerdings das Ost-Ghor-Projekt einen harten Rückschlag erlitten. Fast jeden Tag ist über den Jordan hinweggeschossen worden. Die meisten der 60.000 Bewohner des Tals flüchteten. Die landwirtschaftliche Produktion, die sich zwischen 1959 und 1965 verdoppelt hatte, sank rapid. Der East-Ghor-Kanal konnte nicht mehr korrekt gewartet werden und begann zu verschlammen.

1972 hat dann die jordanische Regierung einen neuen Plan für das Jordan-Tal ausgearbeitet, und erst 1976 vermittelten die USA einen zerbrechlichen Kompromiß, der es Jordanien erlaubte, die Arbeiten fortzusetzen. Wieder ließen sich Menschen im Ghor nieder. Der Maqarin-Staudamm wurde erweitert, für den Ost-Ghor-Kanal stand mehr Wasser zur Verfügung, zusätzlich 12.500 Hektar konnten bewässert werden. 1977 stellte man am Jordan-Nebenfluß Zarqa den König-Talal-Damm fertig – Staukapazität 48 Millionen Kubikmeter – und 1985 einige kleinere Projekte an Seitenwadis.

Jordaniens Probleme aber waren damit nur aufgeschoben. Lediglich 4.800 Quadratkilometer des 92.600 Quadratkilometer großen Landes sind landwirtschaftlich nutzbar, und das Ghor macht nur einen ganz geringen Teil davon aus.

Im Gefolge des Golfkrieges vom Frühjahr 1991 sind hunderttausende Palästinenser und Jordanier, die in Saudi-Arabien und den Scheichtümern am Golf sowie in Irak gelebt und gearbeitet hatten, wieder in das Königreich Jordanien zurückgekehrt. Allein die Einwohnerzahl der Hauptstadt Amman wuchs in den Sommermonaten des Jahres 1991 um 250.000 bis 300.000 Menschen.

Mit einem Pro-Kopf-Wasserverbrauch von jährlich 85 Litern hat jeder Jordanier nur ein Viertel dessen zur Verfügung, was ein Israeli nutzt. Die Situation ist mehr als kritisch geworden.

Außerdem ist Jordanien schon jetzt zu 73 Prozent vom Import von Nahrungsmitteln abhängig, und dies, obwohl die Landwirtschaft 70 Prozent des zur Verfügung stehenden Wassers erhält (11 Prozent bekommt die Industrie, 9 Prozent stehen für den häuslichen Bedarf zur Verfügung). 1991 mußten die jordanischen Behörden anordnen, daß nur noch ein Drittel der Felder im Jordantal bebaut werden darf, Folge der enormen Trockenheit.

Als Jordanien seinerzeit die Arbeiten am Ghor-Projekt wieder aufgenommen hatte, war in Israel die Entscheidung gefallen, auf jeden Fall einen breiten Landstreifen am Jordan-Westufer zu behalten, sei es als militärische Sicherheitszone, sei es für landwirtschaftliche Nutzung. 23 militärische Wehrdörfer sind inzwischen von den israelischen Behörden im Jordan-Tal gegründet worden. Sie haben sich den Zugriff auf einen Großteil des vorhandenen Grundwassers gesichert. Von den ursprünglich 85.000 arabischen Bewohnern des westlichen Talabschnitts sind nur noch 14.000 in ihren Heimatdörfern geblieben.

Eines dieser palästinensischen Dörfer ist al-Ouja, zehn Kilometer nördlich von Jericho gelegen. Von den 8.000 Einwohnern, die es 1967 hier gab, leben nur noch 2.000 in dem Ort. Früher wurden von ihnen 500 Hektar mit Gemüsekulturen angebaut, auf 145 Hektar zog man Bananen, auf 25 Hektar Zitrusfrüchte und 300 Hektar waren mit Getreide bestellt. Das alles war möglich, weil die Bauern von al-Ouja die größte Quelle des Westjordangebiets nutzen konnten, die jährlich 5,7 Millionen Kubikmeter Wasser spendete.

Doch dann waren unweit von al-Ouja die israelischen Siedlungen Yitav und Gilgal gegründet worden. Für deren Versorgung bohrte man drei Brunnen. Nun lieferte die Quelle von al-Ouja nur noch die Hälfte ihrer vorherigen Kapazität, bis sie Anfang 1970 ganz versiegte. Der Verlust: 130 Hektar Bananen- und 15 Hektar Zitruspflanzungen vertrockneten, 2,7 Millionen Dollar vorgesehener Gewinn. Der Gemüseanbau mußte auf 200 Hektar reduziert werden. Im Endergebnis waren noch einmal 1.500 Dorfbewohner gezwungen, ihre Heimat zu verlassen, weil sie ihnen keinen Lebensunterhalt mehr bieten konnte.

Am schlimmsten aber stellt sich das Wasserproblem wohl im Gaza-Streifen, einem der dichtestbesiedelten Gebiete der Erde, vollgestopft mit palästinensischen Flüchtlingslagern, die nun auch noch durch israelische Siedlungen bedrängt werden. 700.000 Menschen sind von ständig überausgebeuteten Brunnen abhängig, die bereits von Versalzung bedroht werden, weil Meerwasser in den Grundwasserspiegel nachrückt. Zu Ende dieses Jahrhunderts, so Dr. Elisha Kally, ehemaliger Direktor der israelischen Wasserbehörde Tahal, werde es in Gaza nicht einmal mehr genügend Wasser für den häuslichen Bedarf geben, von der Landwirtschaft ganz zu schweigen. Dr. Kally meinte übrigens, Ägypten müsse das Wasserproblem des Gaza–Streifens lösen. Denn in Kairo werde überlegt, den zu Ägypten gehörenden Küstenstreifen der Sinai-Halbinsel mit jährlich einer Milliarde Kubikmeter Wasser aus dem Nil zu bewässern. Mit nur einem Zehntel dieser Menge seien die Probleme des Gaza-Streifens beseitigt. Aber auch ein solches Vorhaben könnnte nur ernsthaft diskutiert werden, wenn zuvor eine politische Lösung über die Zukunft des Gaza-Streifens gefunden wäre.

1990/91 haben sich die Dinge in Israel, auf der Westbank und in Gaza dramatisch zugespitzt. Der Großverbraucher in Israel ist die – weitgehend exportorientierte – Landwirtschaft.

Aufgeschobene Wassernot

Anfang 1991 kündigte der israelische Landwirtschaftsminister die Rationierung und die Kürzung der Frischwasserlieferungen für die landwirtschaftlichen Betriebe um 37 Prozent an. Die Bauern antworteten mit einem empörten Aufschrei. »Schon eine Kürzung um 30 Prozent würde zum Verlust der meisten Ernten führen. Eine Kürzung um 50 Prozent würde bedeuten, daß die Pflanzungen verdorren und absterben, und uns bliebe einfach nichts,« sagte der Präsident des israelischen Bauernverbandes, Eliahu Izakson. Auch eine Preiserhöhung für das seit jeher vom Staat subventionierte Wasser könne nicht akzeptiert werden. »Wassersubventionen müssen Teil der Politik der Regierung sein, wenn diese die Bauern auf dem Boden halten will, nicht nur aus wirtschaftlichen Gründen, sondern auch, weil sie das Land verteidigen.«

Der Generaldirektor des Bauernverbandes, Shlomo Reisman, erklärte einige Monate später, die ins Auge gefaßten Wasserkürzungen würden in einer ersten Etappe zu einem zehnprozentigen Rückgang der Gemüseerzeugung und zu einer dreißigprozentigen Kürzung der Obstproduktion führen. »Das Ergebnis wird sein, daß die Uhren um fast vierzig Jahre zurückgestellt werden. All die neuen Arten von Produkten, die wir über die Jahre hinweg entwickelt und eingeführt haben, werden verloren sein.« Man müsse damit rechnen, daß der Export landwirtschaftlicher Erzeugnisse – vor allem jener »neuen Arten«, die besonders viel Wasser benötigen – von einer Milliarde Dollar (soviel waren es 1990) auf 700 bis 800 Millionen Dollar sinken würde. Außerdem müsse Israel dann auch landwirtschaftliche Produkte für den Eigenbedarf importieren. Und außerdem, so noch einmal die Warnung, dürfe die Regierung nicht zulassen, daß die israelischen Bauern ihren Boden aufgeben, »wegen der Sicherheitsprobleme des Landes«. Denn, so Reisman: »Die meisten landwirtschaftlichen Siedlungen liegen in Grenznähe.«

Wenn auch dank der reichlichen Regenfälle des Winters 1991/92 die ganz große Wassernot in letzter Minute noch einmal hinausgeschoben wurde – die regierenden Kreise Israels sind sich sehr wohl dessen bewußt, daß die Wasserfrage auf der Tagesordnung bleibt.

Die Regierung in Jerusalem und die Mehrheit der israelischen Parteien bleibt bei der alten Position, die schon 1978 bei der Debatte um eine mögliche palästinensische Autonomie der Westbank eingenommen wurde. Damals zitierte die die israelische Zeitung »Al-Hamishmar« (am 25. Juni 1978) Regierungskreise mit der Feststellung, es sei »unvorstellbar«, eine Autonomieregelung zu treffen, die nicht verhindert, daß »Israel die Fähigkeit verliert, sich gegen die Möglichkeit abzusichern, daß lokale Elemente, unterstützt durch ausländisches Geld, durch Tiefbohrungen Wasser aus dem Grundwasserspeicher im Westen Samarias abpumpen ...«

Oder, um es etwas genauer zu sagen: Ein Abkommen über palästinensische Autonomie – ganz zu schweigen von der Gründung eines selbständigen palästinensischen Staates auf der Westbank – müsse die Klausel enthalten, daß die Palästinenser auch künftig nicht über ihr eigenes Wasser verfügen dürfen.

Pläne für einen Krieg mit Wasser
Man sucht nach Alternativen – Phantastische Projekte im Angebot

Man befindet sich in einer Sackgasse. Als Ende Oktober 1991 in Madrid nach mühseligen Vorbereitungsgesprächen eine Nahost-Friedenskonferenz eröffnet werden konnte, bei der sich (auch) Israelis und Palästinenser gegenüber saßen, war klar, daß es ohne eine Regelung der Wasserfrage keine Lösung des Nahost-Konflikts geben könne. Deshalb einigte man sich auf eine spezielle Wasserkonferenz. Sie trat im Mai 1992 für zwei Tage in Wien zusammen. 39 Staaten waren vertreten, aber einige Hauptakteure fehlten. Irak und Iran waren nicht eingeladen worden. Syrien und Libanon boykottierten das Treffen. Ohne jedwedes Resultat ging man wieder auseinander.

Die Vertreter Israels hatten darauf bestanden, nur rein technische Aspekte sollten besprochen werden. Die arabische Seite verlangte, an erster Stelle müsse die Verteilung des Wassers geklärt werden.

Im Vorfeld dieses Treffens hatte Prof. John Kolars von der Universität Michigan verlangt, man solle als allerersten Schritt ein regionales Informationszentrum gründen. Im Nahen Osten würden noch zu viele und zu ungenaue Daten über Wasservorräte und -verbrauch kursieren. Zunächst müßten sich die betroffenen Staaten auf gemeinsame Zahlen einigen, bevor man seriös über Lösungen diskutieren könne.

Alles blickt gebannt auf die großen Flüsse. Gäbe es nicht Alternativen zu ihrer ausschließlichen Nutzung? Es gibt sie. Aber sie sind aufwendig und teuer und der Erfolg umfassender Maßnahmen ist manchmal nur sehr begrenzt.

Israel, besonders von der Wasserknappheit betroffen, hat, auch dank ständigen Kapitalzuflusses und dank eines hochentwickelten wissenschaftlich-technischen Standards, viel Forschungskapazitäten in die Wasserfrage investiert. In den 70er Jahren wurden hier jährlich mehr als 500.000 Dollar für

Experimente mit der »Impfung« von Wolken ausgegeben. Im Bereich des Tiberias-Sees »impften« Flugzeuge Wolken mit Silberjodidkristallen, um die sich Wassertropfen kondensierten und schließlich abregneten. Man erwartete von dieser Methode um 15 Prozent höhere Niederschläge. Aber eines kann man nicht steuern: Wohin der Regen fällt. Manchmal gelangte das künstlich erzeugte Regenwasser nicht in den See sondern ins Mittelmeer oder in die jordanische Wüste.

Weit mehr Erfolge hat die Meerwasserentsalzung gebracht. Dafür gibt es mehrere unterschiedliche Verfahren, man kann sich des Phänomens der Elektro-Osmose bedienen, man kann die Elektro-Dialyse anwenden. Zumeist aber benutzt man eine Methode, die im Prinzip der Destillation von Wasser entspricht.

Heute befinden sich mehr als 60 Prozent der weltweiten Kapazitäten zur Meerwasserentsalzung im Nahen Osten. 30 Prozent des entsalzten Meerwassers erzeugt allein Saudi-Arabien. Die Wasserversorgung von Kuweit hängt fast zu 100 Prozent von Meerwasser-Entsalzungsanlagen ab, deren erste schon 1953 in Betrieb ging.

Das Verfahren hat Nachteile. Es verlangt einen sehr hohen Einsatz von Energie. Sodann fallen große Mengen an Kalziumsulfat an, das sich an Kessel- und Rohrwänden festsetzt. Schließlich korrodiert das Meerwasser alle Metallteile der Anlage. Dort aber, wo genug billige Energie vorhanden ist oder als Abprodukt der Erdölproduktion sogar zusätzlich anfällt, kann man es sich leisten, großzügig zu sein.

Zum Beispiel Abu Dhabi in den Vereinigten Arabischen Emiraten am Persischen Golf: Mit 60 bis 100 Millimeter Niederschlag im Jahr ist das eine Wüstenregion, in der außerdem 72 Prozent der spärlichen Regenfälle sofort verdunsten und 14 Prozent ungenutzt ins Meer abfließen. Aber das Emirat Abu Dhabi besitzt seit altersher eine sehr fruchtbare Oase: al-Ain. Dank der reichen Erdölvorkommen konnte man es sich leisten, hier mit einem ehrgeizigen Landwirtschaftsprojekt auf 32.000 Hektar zu beginnen, (das ist ein Drittel der gesamten nutzbaren Fläche der VAE, aber nur 0,4 Prozent des Territoriums des Landes). Zwischen 1978 und 1986 schaffte es das Emirat, 50 Prozent der Lebensmittel für die 1,2 Millionen Einwohner selbst zu produzieren. Doch beim gegenwärtigen Umfang des Projekts werden die Quellen von al-Ain in etwa zehn Jahren erschöpft sein. So baute man eine Pipeline von der Hauptstadt Abu Dhabi an der Küste in die Oase im Hinterland. Sie wird von Meerwasserentsalzungsanlagen gespeist.

Weil heute auch Nahrungsmittel eine Waffe sind, leisten sich die öl- und energiereichen Golfstaaten solchen Luxus. In Saudi-Arabien werden 90 Prozent des aus dem Meer gewonnenen Wassers für die Landwirtschaft genutzt. Das Wüstenkönigtum ist inzwischen zu einem Getreideexporteur geworden. Dabei ist der subventionierte Weizen von der arabischen Halbinsel mit Abstand der teuerste der Welt. Auch in Israel entsalzt man Meerwasser. Eine Entsalzungsanlage deckt die Hälfte des Bedarfs der Hafen- und Touristenstadt Eilat am Golf von Aqaba. Aber Israel mangelt es auch an Energie. Ein gemeinsames Projekt mit den USA will die Kernenergie für die Wasseraufbereitung nutzen. Das Ziel sind 120 Millionen Kubikmeter im Jahr bei vergleichsweise niedrigen Produktionskosten: 0,20 bis 0,30 Dollar für den Kubikmeter.

Vornehmlich in der Landwirtschaft hat man sich auch schon lange Gedanken über die Einführung wassersparender Technologien gemacht. Im Grunde gibt es drei Möglichkeiten der Bewässerung. Da ist die traditionelle Art und Weise – man leitet das Wasser durch Kanäle, Gräben und Rinnen für begrenzte Zeit direkt auf das Feld. So macht man es im Nahen Osten seit Jahrtausenden. Das ist, was die Wasserausnutzung betrifft, recht effektiv, erfordert aber einen hohen Arbeitsaufwand. Ständig muß mit Hacken der Wasserlauf reguliert und verändert werden.

Sodann kann man Sprengen, so wie es in nördlichen Ländern üblich ist. In Israel tut man das auf 87 Prozent der bewässerten Flächen. Es ist weniger Arbeitsaufwand nötig, aber 40 Prozent des eingesetzten Wassers gehen durch Verdunstung verloren. Man rechnet auf den Hektar mit einem Verbrauch von 100 Kubikmeter pro Stunde. Das kann man hochrechnen: 162.000 Hektar werden in Israel auf diese Weise bewässert. In jeder Stunde, in der die Sprenger arbeiten, braucht man 16,2 Millionen Kubikmeter Wasser.

10 Prozent der bewässerten Fläche in Israel erhalten das nötige Wasser durch die Tröpfchen-Bewässerung. Kunststoffschläuche geben das Wasser tröpfenweise direkt an die Wurzeln der Pflanze. Die Einsparung an Wasser beträgt 50 Prozent. Nachteile: Das System ist aufwendig und teuer.

Als der Damm von Marib brach

In Israel und auch einigen arabischen Ländern schalteten sich Archäologen in die Bemühungen um die Wassernutzung ein. Sie entdeckten in ausgesprochen trockenen Regionen antike Bewässerungsanlagen, die offenbar seinerzeit recht effektiv waren und sogar größeren Städten wie der Felsenstadt Petra, der Hauptstadt des arabischen Nabtäerreiches eine lange Blütezeit garantierten. Israelische Wissenschaftler begannen in der Negev-Wüste, solche alten Systeme zu reaktivieren. Das Prinzip besteht darin, die spärlichen Niederschläge aufzufangen und sinnvoll zu nutzen.

Es ist ja eine Eigenart der Wüste, daß der äußerst seltene Regen fast immer als Sturzregen kommt. In den Wadis, den ansonsten trockenen Flußtälern sammelt sich dann das Wasser und strömt mit verheerender Gewalt davon. Schon im Altertum sind von den Bewohnern der Wüste Anlagen erbaut worden, um dieses Wasser so zu lenken, daß es zeitweiligen Ackerbau möglich machte.

Eines der faszinierendsten Zeugnisse für diesen intelligenten Umgang mit dem kostbaren Naß war der Staudamm von Marib im Jemen. Eine der frühesten Beschreibungen dieses wahrhaften Weltwunders stammt von dem französischen Forscher T.J. Arnaud, der 1843 den Jemen bereiste. Er schrieb: »Ich gelangte zu dem großen Damm, als es soeben begann, heiß zu werden, und mich erregte der Anblick dieses antiken Bauwerks in einem Landstrich, in den noch kein Europäer den Fuß gesetzt hatte ... Sogleich stieg ich das rechte Flußbett empor, daß nun ausgetrocknet und dicht von dürren Gräsern und Sträuchern bewachsen war. Zwischen zwei gut erhaltenen Steinfundamenten entdeckte ich zuerst eine in den Felsen gehauene Inschrift, die ich unverzüglich kopierte ...«

Arnaud begann dann mit der Vermessung der Entfernung zwischen den beiden Seiten des Damms. »Um keine Zeit zu verlieren, begann ich mit den Messungen bei der Stelle, an der ich mich befand; so konnte ich an dem entgegengesetzten Punkt die ursprüngliche Breite des Dammes nach dem Ausmaß der im Altertum herangeschafften Erd- und Gesteinsmassen der beiden Hügel berechnen. Endlich erstieg ich noch einmal den höchsten Punkt des alten Mauerwerks des Dammes, der zu Füßen des Hügels in Landesinnere eindrang ...

Am äußersten Ausläufer des Dammes entdeckte ich gut erhaltene alte Mauerreste. Ich lief auf den Fundamenten bis zu diesen Mauerresten und starrte wie gebannt auf einen etwa zwei Fuß hohen, quadratischen Steinblock, in den eine Figur eingemeißelt war ...«

Fünf gewaltige Wadis führen zwei Mal im Jahr eine Flutwelle von den südarabischen Bergen herab, den Sail. An diesen fünf Trockenflüssen sind vor 3.000 Jahren Königreiche entstanden: Main, Saba, Qataban, Awsan und Hadramaut. Das war Arabia Felix, das Glückliche Arabien, das Land der biblischen Königin von Saba, aus dem der Weihrauch kam.

Der große Damm von Marib ist dem arabischen Geschichtsschreiber Isfahani zufolge etwa im 9. Jahrhundert v.Chr. unter dem ersten Herrscher des Königreiches Saba erbaut worden. Ein 680 Meter langer und zuletzt 15 Meter hoher Erdwall, begrenzt von Kanälen und Schleusen sperrte das Wadi Dhana ab. Etwa um die Mitte des 4. Jahrhunderts n.Chr. wurde der Damm »von einem gewaltigen Wolkenbruch hinweggeschwemmt«. Man reparierte den Bau sofort wieder, aber 452/453 brach der Damm erneut. Angeblich sollen 20.000 Leute an seiner Wiederherstellung gearbeitet haben.

Anfang des 7. Jahrhunderts kam es zu der Katastrophe, die das Bauwerk endgültig zerstörte und die auch das Ende der Blütezeit Südarabiens markierte. In der 34. Sure beschreibt der Koran das Ereignis: »Die Sabäer hatten doch an ihrem Wohnort ein Zeichen, das sie hätten beherzigen sollen: zwei Gärten, einen zur Rechten und einen zur Linken ... Aber sie wandten sich ab, statt sich dankbar zu zeigen. Da sandten wir die Dammflut über sie und tauschten ihnen gegen ihre beiden fruchtbaren Gärten zwei andere ein, in denen es nur Dornbuschfrüchte, Tamarisken und einige wenige Sisyphusbäume gab.«

Der Marib-Damm hat nie als Staudamm gedient. Seine Aufgabe war es vielmehr, das Wasser des Sail in die Kanäle zu leiten, die es auf die Felder in verschiedenen Ebenen führten. Die zweimal jährliche Flut führte große Mengen Schwemmstoffe mit sich, die sich auf den Feldern absetzten und sie düngten. Andererseits war durch den Abfluß für Drainage gesorgt und einer Versalzung vorgebeugt. Ein Stausee wäre in Marib wahrscheinlich innerhalb von hundert Jahren von Ablagerungen gefüllt worden. So aber konnte die Anlage mehr als tausend Jahre lang betrieben werden.

In den 80er Jahren nun kam man auf die Idee, Marib wieder zu beleben. Drei Kilometer oberhalb des antiken Damms wurde – mit Geld aus Abu Dhabi – ein neuer Erddamm erbaut, 39 Meter hoch und 750 Meter lang. Er staut einen See von maximal 400 Millionen Kubikmetern auf einer Fläche von 30 Quadratkilometern auf.

Was man in der Antike wußte, ist bei dem Neubau ignoriert worden. Es verdunstet viel Wasser, der See bietet den Überträgern von Bilharziose, Malaria und anderen Tropenkrankheiten ideale Lebensbedingungen, und spätestens in hundert Jahren wird er mit Ablagerungen gefüllt sein. Die Region von Marib hat mit dem Neubau einen spürbaren Aufschwung erfahren. Aber auf Dauer?

Überall werden Versuche unternommen, das Wasser zu bewahren. Oman an der Südküste der Arabischen Halbinsel sieht sich mit dem Problem der allmählichen Versalzung der Brunnen in Küstennähe infolge von Übernutzung konfrontiert. Zugleich aber fließen die – geringen – Niederschläge ungenutzt ab. Also beschloß die Regierung, Dämme zu bauen, deren einzige Aufgabe es ist, das Regenwasser in die Erde sickern zu lassen, um den Grundwasserspiegel anzuheben. 17 Millionen Dollar wurden für einen fünf Kilometer langen Damm bei der Hauptstadt Maskat aufgewandt, der bis zu 11,5 Millionen Kubikmeter zurückhalten kann.

Immer phantastischer werden die Projekte, zu denen man in der Not Zuflucht nimmt. Das Emirat Qatar am Persischen Golf, wirtschaftlich begünstigt durch reiche Erdölvorkommen, hatte sich schon Mitte der 70er Jahre vorgenommen, in der Versorgung mit Lebensmitteln autark zu werden. Ein Programm für Aufforstung und die Entwicklung der Landwirtschaft wurde aufgelegt. Qatar verfügt über keinen Fluß, und die Niederschläge erreichen kaum 50 Millimeter jährlich. Man war mithin auf das Grundwasser angewiesen, das nun extensiv ausgebeutet worden ist. Die Idee, die Grundwasservorräte durch Einleitung von entsalztem Meerwasser in die grundwasserführenden Schichten zu erneuern, verwarf man wegen der enormen Kosten. Überdies waren die in Qatar erzeugten Nahrungsmittel im Schnitt sechsmal so teuer, als wenn man sie auf dem Weltmarkt gekauft hätte. Jetzt wird der Plan debattiert, durch eine 2.000 Kilometer lange Pipeline Wasser aus dem Karun-Fluß im Iran nach Qatar zu bringen.

Der »Fluß von Menschenhand«

Fast genau so lang wie die geplante Qatar-Wasserleitung ist der »Große Fluß von Menschenhand«, der – im August 1991 eingeweiht – die libysche Wüste über 1.900 Kilometer durchzieht.

Im September 1970, genau ein Jahr nach dem Sturz des libyschen Königs, hatte der Revolutionsführer Muammar Gaddafi für den nordafrikanischen Wüstenstaat die Parole ausgegeben: »Wasser ist wichtiger als Erdöl. Denkt daran. Wasser ist Leben, und Ihr, meine lieben Brüder, Ihr habt das Recht, es überall zu suchen, wenn es sein muß, auch im Tschad oder in Sizilien.«

Nun, so weit brauchte man nicht zu gehen. Schon in den 20er Jahren hatten die Italiener, damals die Kolonialherren in Libyen, rund um die Oase Kufra größere Wasservorkommen entdeckt. Die Erdölsuche in den 50er und 60er Jahren brachte weitere Erkenntnisse über einen gewaltigen unterirdischen Ozean im Herzen der Sahara. Jüngste Schätzungen gehen von 10.000 Kubikkilometern Wasser im Becken von Saris aus, von 4.800 Kubikkilometern im Becken von Mursuk und von 20.000 Kubikkilometern im Becken von Kufra.

»Es gibt keine Unabhängigkeit für Länder, die ihre Nahrung aus dem Ausland einführen,« hatte Muammer Gaddafi gesagt. 1984 nahm man das Projekt des »Großen Flusses von Menschenhand« in Angriff. Kosten für den ersten Abschnitt 8 Millionen Dollar, Gesamtkosten 25 Milliarden Dollar, aufzubringen aus den Erdöleinnahmen.

Südkoreanische Firmen gingen mit 10.000 koreanischen Arbeitern ans Werk. Fabriken zur Herstellung von Betonröhren wurden gebaut. 28.000 Zementrohre von je 73 Tonnen Gewicht waren herzustellen. Kanäle, Auffangbecken, Straßen, eine breite Infrastruktur für das Jahrhundertbauwerk war anzulegen. Dabei sind keine Pumpen notwendig. Das Wasser fließt mit natürlichem Gefälle durch die Röhren – neun Tage benötigt es für die 800 Kilometer lange Strecke vom Saris-Becken bis Benghazi.

1995, wenn das Werk vollendet ist, soll ein 4.000 Kilometer langes Verteilersystem fertiggestellt sein, sollen 60.000 Hektar Neuland bewässert werden. Mehrere hunderttausend ägyptische Bauern sollen dann aus dem übervölkerten Niltal nach Libyen umgesiedelt werden. Wird Libyen, das einst die Kornkammer des Römischen Reiches war, dann von Lebensmittelimporten unabhängig sein?

Der »Große Fluß von Menschenhand« ist der Zugriff auf einen Schatz, der sich nicht erneuern läßt. In 20.000 Jahren hat sich das Wasser in 1.000 bis 1.500 Metern Tiefe in unterirdischen Becken gesammelt. In 200 Jahren, so haben Experten errechnet, wird es verbraucht sein. Noch weiß kaum jemand etwas Genaues über die Folgen dieses Eingriffs in die Natur. Werden die Grundwasservorräte der Nachbarländer in Mitleidenschaft gezogen?

Das Becken von Kufra wird, so vermutet man, auch von unterirdischen Wasserspeichern im nubischen Bergland und in Äthiopien gespeist, die gleichfalls Sudan und Ägypten versorgen, und sie könnten in den nächsten 50 bis 60 Jahren erschöpft sein. Unklar ist der unterirdische Zusammenhang des Beckens von Mursuk mit den Grundwasservorkommen unter der algerischen Sahara. Aber auch Algeriens rasend schnell wachsende Bevölkerung leidet zunehmend unter Wassermangel. In Algier blickt man, wie in Tunis, in Kairo und in Khartum voll Mißtrauen auf die libyschen Wasserkünste. Für Libyen aber scheinen erst einmal die Probleme gelöst. Hier funktioniert zunächst das, was auch schon als »größenwahnsinniger Unsinn« denunziert worden ist.

Nicht jedes Zukunftsprojekt ist bereits im Werden. Im Mai 1980 hatte der damalige israelische Regierungschef Menachem Begin in Ein Bokek am Toten Meer den Grundstein für ein Jahrhundertwerk gelegt, das längst fertiggestellt sein sollte, und dessen Bau dennoch gar nicht begonnen hat. Begin zitierte den Vater des Zionismus, Theodor Herzl, der einst diese Vision formuliert hatte: »Ein großer Lärm war von fern zu hören, der Lärm der Wasser des Kanals, die vom Mittelmeer herangebracht wurden und in die Tiefe stürzten.«

Diese nun bald 90 Jahre alte Idee sollte verwirklicht werden, ein Kanal vom Mittelmeer zum Toten Meer, von den Journalisten bald griffig »Med-Dead« getauft.

1978 begann ein Planungsausschuß unter Leitung von Prof. Yuval Ne'eman (einem der Führer der ultrarechten Tehija-Partei) mit den vorbereitenden Arbeiten. Der Kanal sollte eine Gesamtlänge von 108 Kilometern haben. Beginnend bei Katis im Gaza-Streifen, würde das Mittelmeerwasser sechs Kilometer lang durch unterirdische Röhren fließen und dann in einen hundert Meter höher liegenden Kanal gepumpt. Der offene Kanal sollte 26 Kilometer lang sein, bis ihn ein Tunnel unter dem judäischen Gebirge hindurch zum Rand des Toten Meeres leitet, wo das Wasser über eine Kaskade fast vierhundert Meter in die Tiefe stürzt. Hier würde ein Kraftwerk etwa 600 Megawatt Strom erzeugen.

Der eigentliche Baubeginn war für 1983 geplant, 1990 sollte das erste Wasser strömen. Die Kosten waren – zu Preisen von 1980 – auf 800 Millionen Dollar veranschlagt.

Die Liste der Probleme um »Med-Dead« reichte von der Finanzierung über die zu erwartenden politischen Spannungen bis zu den noch nicht abzusehenden ökologischen Folgen.

Für die Finanzierung hatte die israelische Regierung sich auf das bewährte Mittel der »Israel Bonds« besonnen: Israelische Staatspapiere werden im Ausland verkauft. Sie werden nur niedrig verzinst, bilden also billiges Kapital. Da es sich um eine Art Staatsanleihe handelt, wird der Käufer zugleich an der Stabilität des Staates Israel interessiert. Mitte August 1980 wurden denn auch 42 wohlbetuchte Ausländer, vor allem Amerikaner, bei glühender Hitze zu der künftigen Baustelle geschafft, um von den Felsklippen oberhalb des Toten Meeres auf die Salzkruste des tiefsten Punktes der Erde hinabzublicken. Sie gehörten zu jenen mehr als hundert Interessenten, die jeweils 100.000 Dollar für den Kanalbau zugesagt hatten.

Während die Auserwählten die künftige Baustelle bewunderten, meldete sich Prof. Kash von der Hebräischen Universität Jerusalem zu Wort: Die Auswirkungen des Baus auf das ökologische System des Toten Meeres seien noch nicht abzuschätzen. Tatsächlich vermag niemand vorherzusagen, wie das in Jahrtausenden entstandene Salzmeer auf Zufluß reagieren wird.

In der abflußlosen Senke haben sich die vom Jordan angeschwemmten Mineralien bei hoher Wasserverdunstung so sehr konzentriert, daß der Salzgehalt des Wassers sechsmal so hoch ist, wie in den Weltmeeren. Auch Nichtschwimmer können hier nicht untergehen, was schon der römische Kaiser Vespasian (9–79 n.Chr.) erprobt haben soll: Er ließ Gefangene mit gefesselten Händen ins Wasser werfen und beobachtete, wie sie sogleich wieder auftauchten.

Das Tote Meer ist durchaus nicht nutzlos. 1929 hat die jüdische Firma Dead Sea Works von der britischen Mandatsverwaltung die Konzession für die Gewinnung von Kali erhalten. Am flachen Südteil des Toten Meeres errichtete sie zwei Werke. Mitten im See entstanden kilometerlange Dämme; in den auf diese Weise gebildeten Becken konnte das

Wasser schneller verdunsten. Inzwischen »erntet« die israelische Gesellschaft jährlich mehr als eine Million Tonnen Kali. Mit 65.000 Tonnen Brom werden hier zugleich 30 Prozent der Welt-Bromproduktion erzeugt.

Die Arbeit der Dead Sea Works ist nicht davon beeinträchtigt worden, daß der Wasserspiegel des Toten Meeres seit Beginn dieses Jahrhunderts ständig sinkt, nicht zuletzt infolge der Jordan-Ableitungen. Diese Austrocknung wurde nun von den Initiatoren des »Med-Dead«-Projekts als wichtiges Argument für den Kanalbau angeführt. So soll der Kanal in den ersten Jahren jeweils 1,6 Milliarden Kubikmeter in das Tote Meer leiten. Später, wenn der ursprüngliche Wasserspiegel wieder erreicht sei, würde man den Zufluß auf 950 Millionen Kubikmeter jährlich reduzieren.

Wie würde sich das in den Südteil des Sees strömende Meerwasser verhalten? Im Nordteil gab es infolge des Jordan-Zuflusses zwei Schichten mit unterschiedlicher Salzkonzentration, wobei die obere Schicht deutlich weniger Salz enthielt. Infolge des Rückgangs der Wasserzufuhr stieg jedoch der Salzgehalt in der oberen Schicht immer mehr an, bis schließlich 1979 die nördliche Hälfte des Toten Meeres »umkippte«. Eine Wasserdurchmischung mit einer Sauerstoffanreicherung in der Tiefe und dort einsetzenden Oxydationsprozessen war die Folge. Das läßt gewisse Rückschlüsse auf die Folgen von »Med-Dead« zu.

Zweifel gibt es auch hinsichtlich der Gewinn- und Verlustrechnung für das geplante Kraftwerk. Kritiker in Israel hatten errechnet, daß allein etwa 30 Prozent der erzeugten Energie für das Hochpumpen des Wassers am Kanaleingang draufgehen würden. Die Verwendung des Kanalwassers für die Kühlung von zwei noch zu errichtenden Atomreaktoren bei Beersheba würde positiv zu Buche schlagen, aber die USA zögern mit der Lieferung der Reaktoren: Israel hat sich geweigert, den Atomsperrvertrag zu unterzeichnen.

Eindeutiger hingegen sind die politischen Probleme, die mit der Absicht verbunden sind, den Kanal im Gaza-Streifen beginnen zu lassen. Das wird gemeinhin als untrügliches Zeichen dafür angesehen, daß Israel nicht die Absicht hat, den seit 1967 besetzten Streifen je wieder zu räumen oder einem zu gründenden palästinensischen Staat zuzuschlagen.

Sodann wird darauf aufmerksam gemacht, daß drei Viertel der Ufer des Toten Meeres nicht zu Israel (in den Grenzen von 1948) gehören, sondern zu Jordanien oder der okkupierten Westbank. Eine einseitige Veränderung der natürlichen Gegebenheiten wäre also völkerrechtswidrig.

Jordanien würde auch wirtschaftlich vom »Med-Dead« betroffen. Auf dem Südteil des Toten Meeres ist auf jordanischer Seite ein Werk der Arab Potash Company entstanden, seinerzeit das größte Industrieprojekt Jordaniens. Der mit 51 Prozent Beteiligung des jordanischen Staates errichtete Betrieb erzeugt jährlich 1,7 Millionen Tonnen Kali und extrahiert dazu noch etwa 50 andere chemische Grundstoffe. Für ihre eigenen Pottaschewerke haben israelische Experten als Folge des Kanalbaus einen Produktionsrückgang um 15 Prozent vorhergesagt. Das würde für Jordanien vergleichsweise einen jährlichen Exportverlust von 27 Millionen Dollar bedeuten. Außerdem haben die Jordanier ihre Verdunstungsbecken auf 397,5 Meter unterhalb des Meeresspiegels ausgelegt. Würde der Kanal – wie geplant – den Wasserspiegel auf 395 Meter anheben, würden die jordanischen Deiche überflutet werden.

Israel legte die »Med-Dead«-Pläne vorerst wieder beiseite. Ägypten holte indessen einen Vorschlag seines ein Jahrzehnt zuvor ermordeten Präsidenten Anwar as-Sadat wieder hervor. Von einem »Friedenskanal« hatte Sadat gesprochen, der Nilwasser durch die Halbinsel Sinai bis nach Israel leiten könne.

Natürlich wurde die Idee in Jerusalem mit Wohlwollen zur Kenntnis genommen. Da verhandelte die israelische Regierung denn auch mit den Behörden in Kairo über die Lieferung von jährlich einer Milliarde Kubikmeter. Aber da wandten die Ägypter sogleich ein, so viel Nilwasser könnten sie nicht entbehren, wollten sie nicht eigene Projekte gefährden.

Von Israel ist inzwischen nicht mehr die Rede. Aber schon fließt Wasser aus dem Nil nach Sinai. Bisher sind es nur zwei je 150 Kilometer lange Pipelines, die die 500.000 Bewohner der Halbinsel versorgen. Bereits 1995 sollen zweieinhalb Millionen Kubikmeter bis al-Arish fließen. 300.000 Hektar kann man mit diesem Wasser kultivieren. Aber das kostet! Bis zu 40.000 DM Erschließungskosten können pro Hektar anfallen. Wird sich das lohnen?

Wasser und Frieden – die Politiker, die recht gut über den Zusammenhang zwischen Wasser und Krieg Bescheid wissen, lieben es, die Vision vom Wasserfrieden zu beschwören.

Lösung durch die »Friedenspipeline«?

Da hat der türkische Präsident Turgut Özal schon in den 80er Jahren Aufsehen mit seinem Vorschlag einer »Friedenspipeline« erregt. Auf einen Schlag, so suggerierte er, könnten und würden, wie durch einen Zauberstab bewegt, alle Schwierigkeiten der Region beseitigt, alle Streitfragen im Nahen Osten gelöst. Die große Idee des Turgut Özal: Zwei gewaltige Rohrleitungen von fast 3000 Kilometern Länge würden das Wasser der türkischen Flüsse Seyhan und Ceyhan, die bislang ins Mittelmeer fließen, in acht Länder des Nahen Ostens leiten, bis hin nach Oman ganz am Ende der Arabischen Halbinsel. Die Kosten wurden auf 21 Milliarden Dollar geschätzt, der Bau würde acht bis zehn Jahre dauern, 15 Millionen Menschen könnten jährlich mit 8 Milliarden Kubikmetern Wasser versorgt werden.

Saudi-Arabien, Kuwait und Abu Dhabi hätten großes Interesse gezeigt, hieß es zunächst. Dann wurde gesagt, die arabischen Staaten lehnten den Vorschlag ab, weil auch Israel an die Pipeline angeschlossen werden solle. Die Türkei forderte eine finanzielle Beteiligung, Saudis und Kuwaitis verweigerten sich, aber das waren wohl alles nur Nebengefechte. Denn bislang ist keine Antwort auf die Hauptfrage gefunden worden: Welche Garantien gibt es? Denn sicherlich wäre die »Friedenspipeline« kein philantropisches Unternehmen. Sie würde der Türkei enorme Einnahmen und noch größeren Einfluß bringen. Die türkische Hand am Wasserhahn des Nahen Ostens – wäre das auf neue Weise die Rückkehr ins alte Osmanische Reich?

Der Phantasie sind keine Grenzen gesetzt. Da berichten die Medien schon mal über die grandiose Idee, Eisberge aus der Antarktis bis vor die Küste Saudi-Arabiens zu schleppen. Und könnte nicht die Türkei Israel Wasser verkaufen – unter Umgehung arabischen Territoriums! Was sich überspannt anhört, wird schon bis in die technischen Details erörtert: Die Türken bringen Wasser über eine Leitung zu einem künstlichen See unweit der Küste (Kosten 50 Millionen Dollar), während Israel die Transportcontainer – gewaltige Plastesäkke –, spezielle Terminals und die Schlepper stellt, die die Wassersäcke durchs Mittelmeer ziehen (ca. 200 Millionen Dollar). Israel würde auf diese Weise jährlich 250 Millionen Kubikmeter kaufen. Der Preis pro Kubikmeter soll sich angeblich auf 0,22 Dollar belaufen. Das in Israel geförderte und aufbereitete Wasser kommt auf 0,27 Dollar zu stehen, die Sache könnte sich also rechnen, vorausgesetzt, die Zahlen stimmen.

Im Nahen Osten kumulieren Probleme, die es auch in anderen Teilen der Welt gibt. Vor zehn Jahren hatten die Vereinten Nationen eine Internationale Wasserdekade proklamiert, wollten sie aufmerksam machen auf diese gravierende Frage, sollten Schritte zur Sicherung des Wassers der Menschheit eingeleitet werden.

Die Dekade ist offenbar ein Fehlschlag gewesen. Denn die Bilanz nach zehn Jahren muß pessimistisch stimmen. 1,2 Milliarden Menschen haben keinen Zugang zu sauberem Trinkwasser. Für 2,2 Milliarden Erdenbewohner gibt es keine Abwasserentsorgung.

Im Süden Afrikas hat eine Krise ohne Beispiel eingesetzt, Folge einer extrem langen Trockenheit. Die Ernten verdorren, das Vieh verdurstet, für die Menschen geht es um Leben und Tod.

Spanien wird von einer großen Dürre bedroht. England wird von der längsten Trockenperiode seit mehr als 200 Jahren heimgesucht und zwanzig Flüsse sind akut vom Austrocknen bedroht.

Die Aussichten sind trübe. Der Umweltgipfel in Rio im Juni 1992 hat bewiesen, daß auf kaum einem Gebiet der Umweltbewahrung über ein gemeinsames sinnvolles Vorgehen eine Einigung zu erreichen ist. Das betrifft die Eindämmung des Treibhauseffekts ebenso, wie den Schutz der Arten, die Bewahrung der tropischen Regenwälder wie den vernünftigen und gerechten Umgang mit Wasser.

Der Egoismus hinsichtlich des kostbarsten Gutes der Erde, ohne das das Leben nicht denkbar ist, ist auch die Folge höchst ungleichmäßiger Verteilung. 64 Länder der Erde, in denen 17 Prozent der Weltbevölkerung leben, verfügen über einen Überschuß an Wasser. 65 Länder mit 66 Prozent der Erdbevölkerung besitzen ausreichend Wasser – scheinbar, denn Vergeudung und Verschmutzung lassen auch hier, beispielsweise in Westeuropa und auch in Deutschland das Wasser zunehmend zur Mangelware werden.

Das sind die Zahlen von heute. Die von morgen sehen schlechter aus. Wasserüberfluß wird es im Jahre 2025 voraussichtlich nur noch für 51 Länder mit 16 Prozent der Weltbevölkerung geben, ausreichend Wasser für 61 Länder mit 34 Prozent der Weltbevölkerung.

Oder andersherum: Heute reicht für 17 Prozent der Weltbevölkerung in 46 Ländern das Wasser schon nicht mehr aus. Im Jahre 2025 werden 50 Prozent der Erdenbewohner in 63 Ländern akut vom Mangel betroffen sein.

Krieg um Wasser? Die schreckliche Vision könnte schon bald Wirklichkeit sein.

Seit dem Golfkrieg vom Frühjahr 1991 richten sich die Generalstäbe darauf ein. Man braucht viel Wasser, wenn man den Krieg um Wasser führen will.

Im Golfkrieg mußten mehr als 100 000 amerikanische Soldaten in der Wüste Saudi-Arabiens mit Wasser versorgt werden. Noch waren die Mineralwasserfabriken in den Golf-Emiraten und in Saudi-Arabien in der Lage, den Bedarf der Truppe zu decken. Aber was, wenn irakische Raketen diese Anlagen getroffen hätten?

In Washington schuf man zu jener Zeit eine Water Resources Management Action Group, eine Art interministeriellen Ausschusses unter Federführung des Verteidigungsministeriums. Sie hatte Pläne zur Versorgung der Armee mit Trinkwasser auszuarbeiten. Wasser zu den Soldaten zu schikken würde teuer kommen, teurer, als die Einheiten mit Treibstoff zu versorgen. Also sandte man erst einmal Anlagen zur Trinkwasseraufbereitung ins Kampfgebiet.

Zur gleichen Zeit hat das U.S. Corps of Engineers, die Pioniertruppe der amerikanischen Armee, Notpläne zum Schutz der Wasservorräte in den USA selbst aufgestellt. Das Wasser in Übersee zu schützen, dafür fehlten die Mittel, hieß es im Pentagon.

Ohne Wasser kein Krieg um Wasser. Und Wasser könnte dann auch noch zur Waffe werden.

Das wird seit langem befürchtet. Schon im ägyptisch-israelischen Oktoberkrieg von 1973 gab es in Kairo Ängste vor einem möglichen israelischen Luftangriff gegen den Assuan-Damm, durch den das Niltal und mit ihm ein Großteil der Ägypter buchstäblich ersäuft werden könnten.

Was damals pure Spekulation war, ist im Frühjahr 1991 Teil exakter militärischer Planung gewesen. Dies hat ein Jahr später Prof. Arnon Sofer, der israelische Wasserexperte und Regierungsberater enthüllt. Innerhalb von sechs Wochen hatte die irakische Armee während des Golfkrieges vierzig Raketen von Typ Scud auf Tel Aviv und Haifa abgeschossen. Da die Treffgenauigkeit nicht besonders gut war, da einige Raketen von amerikanischen »Patriot«-Antiraketen abgeschossen werden konnten, und da dieirakischen Geschosse nur mit konventionellem Sprengstoff bestückt waren, hielt sich der Schaden in Grenzen.

Doch man wußte, der Irak besaß Giftgas, hätte seine Scud-Raketen mit Giftgas bestücken können. Prof. Sofer: »Bedenken Sie, Giftgas, das auf Israel herabregnete. Wir hätten in diesem Fall an das irakische Volk herangehen müssen.«

Die israelische Drohung mit einem Gegenschlag wurde gemeinhin als der Hinweis auf einen möglichen Einsatz von Atomwaffen interpretiert. Der Wasserexperte Sofer aber plante im Auftrag seiner Regierung anderes: »Wir hätten die

Staudämme des Irak zerstört.« Als Ziel war der größte Staudamm des Irak ausersehen, der Saddam-Damm am Tigris nördlich von Mossul. Man stelle sich vor: Ein drei Kilometer langer Damm staut 11,1 Milliarden Kubikmeter Wasser auf. Nach der Bombardierung wären pro Sekunde 551 000 Kubikmeter freigelassen worden. Die 47 Meter hohe Flutwelle hätte das obere Tigristal mitsamt einer Million Menschen unter sich begraben. Im Ölzentrum Mossul wäre die Flutwelle immer noch fast 23 Meter hoch gewesen. Weit stromabwärts in Samarra hätten die 6,70 Meter der Sturzflut allemal ausgereicht, Zehntausende zu ersäufen. Selbst Bagdad wäre noch mit einem Wasserstand von 2,60 Metern schwer in Mitleidenschaft gezogen worden.

Für einen Einsatz von Giftgas werde der Irak »einen schrecklichen Preis bezahlen«, hatte Israels Regierungschef Itzchak Schamir gedroht. In der Tat. Die Enthüllung des Professors Arnon Sofer gibt eine Idee davon, was im Nahen Osten bei einem Krieg um Wasser bevorstehen könnte.

Anhang

Der Nil

Gesamtlänge: 6.671 km
Wichtigste *Nebenflüsse*:
Blauer Nil
Atbara
Sobat
Bahr al-Ghazar
Größe des Nilbeckens:
3.301.000 km^3 (= 10 % der Fläche Afrikas)
Anteil der *Anrainerstaaten* am Nilbecken:
Sudan 62,7 % (23,8 Mill. Einwohner)
Äthiopien 12,1 % (49,5   Mill. Einwohner)
Ägypten 9,9 % (52 Mill. Einwohner)
Uganda 7,7 %(17,1 Mill. Einwohner)
Tansania 3,8 % (24 Mill. Einwohner)
Kenya 1,8 % (23,8 Mill. Einwohner)
Zaire 0,8 %
Ruanda 0,7 %
Burundi 0,5 %
Wasserführung des Nil im langjährigen Mittel (bei Assuan):
83,83 Mrd. m^3;
größte gemessene Wasserführung: 137 Mrd. m^3 (1879);
geringste gemessene Wasserführung: 45,5 Mrd. m^3 (1913).
Wasserzuflüsse des Nil:
aus Nebenflüssen in den Victoria-See: jährlich 16.000 Mill. m^3
direkt durch Regen in den Victoria-See: jährlich 98.000 Mill. m^3
Verdunstungsverluste im Victoria-See: jährlich 93.000 Mill. m^3
Ausfluß aus dem Victoria-See: jährlich 21.000 Mill. m^3
Einfluß in den Sudd: jährlich 27.000 Mill. m^3
Ausfluß aus dem Sudd: jährlich 14.000 Mill. m^3
Zufluß des Blauen Nils: jährlich 48.000 Mill. m^3
Zufluß des Atbara: jährlich 12.000 Mill. m^3

Wichtigste Nil-Staudämme:
Assuan-Damm (Bau 1902, Erweiterungen 1912 und 1934);
Kapazität: 6.300 Mill. m^3
Sadd al-Ali (Assuan-Hochdamm) (Fertigstellung 1971);
Kapazität: 165.000 Mill. m^3
Kashm el-Girba (Fertigstellung 1964); Kapazität: 1.200 Mill. m^3
Dschebel Auliya (Fertigstellung 1937); Kapazität: 3.600 Mill. m^3
Sennar (Fertigstellung 1925); Kapazität: 1.000 Mill. m^3
Roseires (Fertigstellung 1966); Kapazität: 3.000 Mill. m^3

Der Euphrat

Länge: 2.320 km (davon entfallen auf die Türkei 445 km, auf Syrien 675 km und auf den Irak 1.200 km).
Größe des Euphrat-Beckens: 440.000 km$^"$ (davon entfallen auf die Türkei 28 %, auf Syrien 17 %, auf den Irak 40 % und auf Saudi-Arabien 15 %).
Ursprung des Euphrat-Wassers: 88 % in der Türkei, 12 % in Syrien.
Wichtigste Nebenflüsse:
Balikh
Khabur (460 km lang)
Durchschnittliche jährliche *Wasserführung*: 31.820 Mill. m^3;
gemessenes Minimum: 16.871 Mill. m^3;
gemessenes Maximum: 43.457 Mill. m^3.
Wichtigste Staudämme:
Keban-Damm (Türkei, 1973)
Karakaya-Damm (Türkei, 1987)
Atatürk-Damm (Türkei, 1990)
Al-Thaura-Damm (Syrien, 1973)
Ramadi-Damm (Irak, 1954)
Hindiya-Damm (Irak, 1913)

Die beiden größten Dämme:
Der Atatürk-Damm: 169 m hoch, fast 2.000 m lang;
Fassungsvermögen des Stausees: 817 Mrd. m^3.
Der al-Thaura-Damm: 60 m hoch, 4.500 m lang;
Fassungsvermögen des Assad-Stausees: 11,9 Mrd. m^3.

Der Tigris

Länge: 1.656 km (davon 300 km in der Türkei, 1.358 km im Irak).
Größe des Tigris-Beckens: 471.000 km^2.
Anteil der *Anrainerstaaten* am Flußbecken: 12 % Türkei, 0,2 % Syrien, 54 % Irak, 34 % Iran.
Staudämme:
Eski Mosul (Saddam-Hussein-Damm) (1974)
Samarra (1956)
Kut (1939)
Nebenflüsse mit Staudämmen:
Großer Musaib (Bakma-Damm)
Kleiner Musaib (Dokhan-Damm, Haniya-Damm)
Adhain
Diyala (Diyala-Damm, Hemrin-Damm, Debend-i-Khan-Damm)

Der Schatt al-Arab

Länge vom Zusammenfluß von Euphrat und Tigris bis zum Golf: ca. 100 km.
Nebenfluß: Kharun (mit 800 km der längste Fluß des Iran; Einzugsbecken 67.340 km^3)
Das *Sumpfgebiet* am Schatt al-Arab umfaßt je nach Jahreszeit zwischen 8.300 und 28.500 km^3.

Der Jordan

Gesamtlänge: 650 Kilometer (Länge des Jordantals in Luftlinie: 252 Kilometer).
Größe des Flußbeckens: 18.300 km^2; davon entfallen 3 % auf Israel in den Grenzen von 1949.
Quellflüsse:
Dan (in Israel);
Hasbani (entspringt im Libanon, durchfließt Syrien; seit 1967 völlig unter Kontrolle Israels);
Banias (in Syrien, seit 1967 von Israel kontrolliert).

Nebenflüsse:
Yarmuk (in Syrien und Jordanien),
Zarqa (in Jordanien).
Größe des Yarmuk-Beckens: 7.252 km², davon entfallen 80,3 % auf Syrien, 19,6 % auf Jordanien, 0,1 % auf Israel.
Staudämme:
Maqarin (am Yarmuk, 1964);
Mukheiba (am Yarmuk, 1973);
King-Talal-Damm (am Zarqa, 1977).

Israels Wasserverbrauch (in Millionen Kubikmetern)

	Insgesamt	davon Landwirtschaft
1948	350	260
1958	1.274	1.032
1969/70	1.564	1.249
1976/77	1.670	1.271

Israels Verbrauch der erneuerbaren Wasserressourcen
1949 = 17 %
1968 = 90 %
1976 = 98 %

Wasserverteilung nach dem Johnston-Plan von 1955 (in Millionen m³ pro Jahr)

	Libanon	Syrien	Jordanien	Israel	Zusammen
Hasbani	35	–	–	–	35
Banias	–	20	–	–	20
Jordan(Hauptfluß)	–	22	100	375	497
Yarmuk	–	90	377	25	492
Seiten-Wadis	–	–	243	–	243
Zusammen	35	132	720	400	1287

Bewässerungswirtschaft
Bewässerte Fläche (in 1.000 Hektar) und der Anteil an der gesamten kultivierten Fläche

	1970	%	1975	%	1980	%	1985	%
Ägypten	2843	100	2825	100	2447	100	2486	100
Irak	1480	30	1561	30	1750	32	1750	32
Israel	168	41	181	43	203	49	271	65
Jordanien	34	9	36	9	37	9	43	10
Libanon	68	21	86	26	86	28	86	29
Libyen	175	8,6	200	9,7	225	10,8	234	11
Saudi-Arabien	365	42	375	34	390	35	415	35
Sudan	1750	15	1565	12,9	1600	13	1700	13,6
Syrien	451	8	516	9	539	9	652	12
Türkei	1800	7	1980	7	2070	7	2150	8

(Quelle: FAO Productive Yearbook, Rom 1987)

Selbstversorgung mit Nahrungsmitteln (in Prozent)

	1970	1981	1970	1981	1970	1981	1970	1981
	Getreide		Pflanzenöl		Fleisch		Zucker	
Ägypten	81	49	56	32	94	75	100	52
Irak	91	47	15	4	98	44	–	–
Libyen	25	20	42	28	60	30	–	–
Saudi-Arabien	22	7	–	–	38	27	–	–
Syrien	73	84	100	90	100	75	17	24

(Quelle: U.S. Department of Agriculture. Middle East and North Africa: Situation and Outlook Report; Washington D.C., Economic Research Service, 1984)

Die Wasservorräte der Erde

1.384.120.000 km^3; davon befinden sich 97,39 % in den Meeren
2,02 % in den polaren Eiskappen und in Gletschern
0,58 % im Grundwasser
0,02 % in Seen und Flüssen
0,001 % in der Atmosphäre

Künstlich bewässerte Flächen (1988)

in Asien 142.757 Mill. ha
in Nord- und Mittelamerika 25.809 Mill. ha
in Europa 17.297 Mill. ha
in Afrika 11.146 Mill. ha
in Südamerika 8.755 Mill. ha
in Australien und Ozeanien 2.126 Mill. ha

China 44.938 Mill. ha
Indien 41.790 Mill. ha
UdSSR 20.782 Mill. ha
USA 18.102 Mill. ha
Pakistan 15.680 Mill. ha
Indonesien 7.500 Mill. ha
Iran 5.750 Mill. ha
Mexico 5.100 Mill. ha
Thailand 4.050 Mill. ha
Rumänien 3.400 Mill. ha
Spanien 3.320 Mill. ha
Italien 3.080 Mill. ha
Japan 2.889 Mill. ha
Afghanistan 2.660 Mill. ha
Brasilien 2.220 Mill. ha
Brasilien 2.600 Mill. ha
ÄGYPTEN 2.580 Mill. ha
IRAK 2.538 Mill. ha
Bangaladesh 2.220 Mill. ha
TÜRKEI 2.200 Mill. ha
SUDAN 1.880 Mill. ha
Australien 1.850 Mill. ha

(1) Bevölk.Zuwachs 1980–1989
(2) Bruttosozialprodukt-Zuwachs pro Kopf 1965–89
(3) Index Nahrungsmittelproduktion 87/88 1979/81 = 100
(4) %-Anteil von Nahrungsmitteln am Import

	(1)	(2)	(3)	(4)
Ägypten	2,6	4,2	109	27
Äthiopien	1,4	-0,1	89	17
Sudan	3,0	0,0	87	20
Tansania	3,5	-0,1	90	8
Kenia	3,8	2,0	101	9
Uganda	3,2	-2,8	87	9
Irak	3,6	–	98	27
Iran	3,0	0,5	87	22
Syrien	3,6	3,1	86	21
Türkei	2,3	2,6	97	8
Israel	1,7	2,7	106	9
Jordanien	3,7	–	117	19
Libanon	–	–	–	26
Kuweit	4,3	-4,0	–	16
Oman	4,7	6,4	–	20
Saudi-Arabien	5,1	2,6	–	15
Ver.Arab.Emirate	4,6	–	–	13
Bundesrepublik Deutschland	-0,1	2,4	112	11

(Lt. Weltentwicklungsbericht der Weltbank).

Literaturverzeichnis
(Auswahl)

Ewan Anderson: The Violence of Thirst; in: The Geographical Magazine, London, Mai 1991.

Peter Beaumont: Water Resources and their Management in the Middle East; in: John I. Clarke and Howard Bowen-Jones: Change and Development in the Middle East; London / New York 1981.

Meron Benvenisti / Ziad Abu-Zayed / Dany Rubinstein: The West Bank Hand Book; Jerusalem 1986.

Burchard Brentjes: Völker beiderseits des Jordan; Leipzig 1979.

Eduard Claudius: Syrien. Reise in sieben Vergangenheiten; Halle/S., 1975

Peter A. Clayton: Das wiederentdeckte alte Ägypten; Bergisch-Gladbach 1983.

Earl of Cromer: Das heutige Ägypten; Berlin 1908.

Uri Davis: Israel's Water Policies; in: Journal of Palestine Studies, Washington, Winter 1980.

Jeffrey D. Dillman: Water Rights in the Occupied Territories; in: Journal of Palestine Studies, Washington, Autumn 1989.

Alan George: Wrangle over the Euphrates; in: The Middle East, London, October 1987.

A.B. de Guerville: Das moderne Ägypten; Leipzig 1906.

Sven Hedin: Bagdad-Babylon-Ninive; Leipzig 1918.

Chris Hellier: Draining the Rivers Dry; in: The Geographical Magazine, London, July 1990.

Thor Heyerdahl: Tigris. Auf der Suche nach unserem Ursprung; Berlin 1980.

Friedrich W. Hinkel: Auszug aus Nubien; Berlin 1978.

Horst Klengel: Zwischen Zelt und Palast; Leipzig 1972.

Felix Langenegger: Durch verlorene Lande; Berlin 1911.

Andrew Lycett: Special Survey – Water Resources; in: The Middle East, London, October 1981.

Josh Martin und Mushtak Parker: The Politics of Thirst; in: The Middle East, London, August 1991.

Al-Mas'ûdî: Bis an die Grenzen der Erde; übersetzt von Gernot Rotter; Stuttgart 1988.

Thankmar Freiherr von Münchhausen: Mameluken, Paschas und Fellachen. Berichte aus dem Reich Mohammed Alis, 1801-1849; Tübingen 1982.

Thomas Naff und Ruth C. Matson: Water in the Middle East: Conflict or Cooperation?; Boulder 1984

E.W. Polson Newman: Großbritanniens Kampf um Ägypten; Zürich 1930.

Judith Perera: Water Politics; in: The Middle East, London, February 1981.

Geoff Petts: Riches of the Nile; in: The Geographical Magazine, London, March 1988.

Heinrich Pleticha: Der Mahdiaufstand in Augenzeugenberichten; Stuttgart 1981.

Stephen und Nandy Ronart: Lexikon der Arabischen Welt; Zürich/München 1972.

Joyce R. Starr und Kenneth P. Libre: The Israeli Water Crisis; in: New Outlook, Tel Aviv, August 1988.

Joe Stork: Water and Israel's Occupation Strategy; in: MERIP Reports, Washington, July – August 1983.

A Survey of Palestine. Prepared in December 1945 and January 1946 for the information of the Anglo-American Committee of Inquiry; Reprint Washington 1991.

MORGENBUCH

Barbara Gutt (Hrsg.)

„Goh' doch zum Psychiater!"

Was Frauen ver-rückt macht

200 S., Pb., DM 24,80
ISBN 3-371-00329-9

Ja, was macht denn die Frauen verrückt? Darüber und ... und ... und, denken Frauen nach. In journalistischer oder literarischer Form, in Essays, in Briefen. Barbara Gutt, bereits durch die Herausgabe von „Frauen in Berlin" bekannt, hat diese Texte aus bereits Veröffentlichtem ausgewählt oder Frauen unterschiedlichen Alters, unterschiedlicher Berufe und Lebenserfahrung angeregt, original für diesen Band darüber nachzudenken, was sie persönlich verrückt macht.

Morgenbuch Verlag
Postfach 30 46 . 1000 Berlin 30

Sabine Kebir
Eine Bovary aus Brandenburg
Roman
260 S., geb., DM 36,–
ISBN 3-371-00353-1

Die Geschichte einer jungen Frau inmitten einer „geschlossenen Gesellschaft" und ihrer unbändigen Sehnsucht nach der Ferne. Eine Geschichte vom Weggehen ohne Anzukommen.

Sabine Kebir
Ein akzeptabler Mann?
Streit um Bertolt Brechts Partnerbeziehungen
200 Seiten, geb., DM 14,80
ISBN 3-371-00091-5

Brechts Partnerbeziehungen zu Frauen waren und sind ein heiß umstrittenes Thema.
Sabine Kebir gelingt es, ohne Brecht zu einem „emanzipierten Musterknaben" zu stilisieren, eine neue Sicht vorzustellen.

Morgenbuch Verlag
W-1000 Berlin 30 · Postfach 30 46

Charly Mauer (Hrsg.)

Liebeswende – Wendeliebe
Erzählungen
200 S., Pb.,
DM 24,80
ISBN 3-371-00348-5

Diese beeindruckenden Liebesgeschichten bekannter und unbekannter Autoren spielen in der Wendezeit. Sie tragen sehr persönliche Facetten zur deutschen Einigung bei. Der Bogen reicht dabei von denen, die sich endlich glücklich in die Arme fallen konnten, bis zu denen, deren Beziehungen an der neuen Freiheit zerbrachen. Ein sehr heiteres und gleichzeitig ein sehr ernstes Lesevergnügen.

Morgenbuch Verlag
Postfach 30 46 . 1000 Berlin 30